KB002462

진선미

되살려야 할 인간의 가치

진선미

하워드 가드너 지음 | **김한영** 옮김

북스넛
Booksnut

옮긴이 / 김한영

1962년생. 서울대 미학과를 졸업했고 서울예대에서 문예창작을 공부했다. 현재 전문번역가로 활동 중이다. 옮긴 책은 『미래 마인드』, 『빈 서판』, 『본성과 양육』, 『마음은 어떻게 작동하는가』, 『사랑을 위한 과학』, 『디지털 생물학』, 『이머전스』, 『미국의 거짓말』, 『마더 나이트』, 『갈리아 전쟁기』, 『우연한 마음』, 『단어와 규칙』, 『생명의 개연성』 등이 있다.
제45회 한국백상출판문화 번역상을 수상했다.

진선미

1판 1쇄 인쇄_2013년 1월 21일
1판 1쇄 발행_2013년 2월 5일

지은이_하워드 가드너
옮긴이_김한영
발행인_문정신
발행처_북스넛
등록_제1-3095호
주소_서울시 마포구 성산동 112-7 예건빌딩 3층
전화_02-325-2505
팩스_02-325-2506

ISBN 978-89-91186-79-8 03100

서문 ■

1904년, 저명한 역사학자이자 미국 최고 명문가의 후손인 헨리 애덤스는 〈몽생미셸과 샤르트르: 13세기 통일성에 관한 연구Mont-Saint Michel and Chartres: A Study of Thirteen-Century Unity〉라는 제목의 길고(거의 2백쪽에 달한다) 복잡한 논문을 개인적으로 발표했다. 애덤스는 그가 태어난 1838년 이후에 발생한 도시의 성장과 대중 운송수단의 등장, 이민자 유입, 정치적 암살, 다윈론 같은 과학의 약진들, 그리고 무엇보다 엑스선, 라디오, 자동차 같은 신기술 등의 많은 변화들을 받아들이기가 버거웠다. 동시대인이었던 소설가 헨리 제임스와 달리, 그는 이 달갑지 않은 변화들을 외면하고 유럽으로 건너가지 않았다. 대신에 훨씬 더 이전 시대, 즉 중세 유럽을 동경의 눈으로 바라보았다.

그는 11세기와 12세기 프랑스인들의 삶에서 이상을 발견했다. 그리고 장대한 고딕 성당이야말로 그 이상을 가장 극적으로 전달하고 구현한다고 보았다. 다양한 배경 및 계급에 속한 개인들이 모여 예배를 올리고 화려한 예술작품을 바라보고 아름다운 합창을 듣고 영적 고양을 경험하는 이 장엄한 건축물들은 삶의 귀중한 통일성을 보여주는 증거였다. 추상적 실체인 가톨릭교회와 그 물리적 실체인 성당은 모든 인간이 열망할 수밖에 없는 세계를 상징했다. 성당은 하느님의 말씀에 복종하는 진실한 세계이고, 하느님의 형상을 본떠 장대하게 빚은 아름다운 세계이며, 교회의 영적 가르침과 그리스도와 성인들의 모범을 보며 올바른 삶을 영위할 수 있는 선한 세계였다. 애덤스는 특유의 한 구절에서 열정적으로 낭송한다.

> 몽생미셸 어디에나 예전처럼 장려한 양식이 살아 숨쉬고 있다. 이곳은 교회와 국가, 신과 인간, 평화와 전쟁, 삶과 죽음, 선과 악의 통일을 표현하고, 우주 전체의 문제를 해결한다. …… 신이 모든 것을 화해시킨다. 그 세계엔 분명하고 명확한 신의 조화가 있다. …… 사람들은 그 모든 것을 하나의 그림으로, 통일성의 상징으로 기억하고, 지금까지 그 어떤 예술이 표현한 것보다 인간과 신이 더 대범하고 신기하고 밀접하게 통일되었음을 주장하는 증거로 기억한다.[1]

자신의 나이와 비교하는 것으론 명료함이 부족하다는 듯 그는 이렇게 표현했다. "수백 년의 세월은 이상을 다르게 표현하고 말았다. 기적이 아닌 발전기로, 돔이 아닌 탄갱으로, 성당이 아닌 만국박람회로."

거의 1백 년이 지난 2010년, 소설가에서 평론가로 전환한 데이비드 쉴즈는 〈진실 기아: 선언문Reality Hunger: A Manifesto〉이란 책을 발표했다.

26개의 장마다 알파벳 철자와 함축적 제목이 달려 있는 이 책은 몇 단어에서 한두 쪽에 이르는 618개의 풍자문으로 이루어져 있다. 주제는 글쓰기에서부터 기억, 통신, 정치에 이르기까지 범위가 매우 넓고, 풍자문들의 순서는 임의적이다 못해 무작위로 보인다.

이 책의 독특함은 거의 모든 내용이 다른 저자들의 인용문이라는 점이다. 신중하거나 지식이 넓은 독자라면 많은 본문들이 다른 저자들의 것이지만, 대부분의 경우 말을 하는 '나'와 '우리'가 누구인지, 또는 인용하고 있는 책이나 문헌이 무엇인지 분명하지 않음을 서서히 알게 된다. 끝에 가서야 저자인 쉴즈는 자기가 무엇을 했고 왜 그랬는지 밝힌 다음, 마지못해 랜덤하우스 출판사 변호사들의 충고에 따라 수십 개의 주註로 거의 모든 인용문의 출처를 공개한다.

그러나 이때쯤이면 나 같은 독자들은 벌써 의심의 눈초리를 번득인다. 2백 쪽을 읽는 동안 줄곧 사기를 당한 마당에 왜 갑자기 저자를 믿어야 할까? 게다가 사실 거의 모든 인용문들은 진리가 무엇인지, 우리가 진리에 도달할 수 있는지, 과연 진리가 중요한지를 문제 삼고 있다. 몇 개만 예를 들어보자.

"사실의 수명이 단축되고 있지만, 그것을 구할 시간이 없다고 생각한다."
"최고의 이야기들은 모두 사실이다."
"어떤 것은 사실인 동시에 사실이 아닐 수 있다."
"일어난 것과 일어난 것처럼 보이는 것을 구별하기는 어렵다."[2]

나는 헨리 애덤스의 영감을 자극했던 삼위일체에 비추어 쉴즈의 책을 다시 평가해야 한다. 진실을 연구하는 학자로서 나는 물어야 한다. "쉴즈의 책에서 과연 무엇이 진실인가?" 도덕성을 연구하는 학자로서 나는 물어야 한다. "인용문들을 나열해놓고 첫머리에 그 사실을 밝히지 않은 책을 발표하는 것은 좋은가?" 예술을 연구하는 학자로서 나는 물어야 한다. "이 책은 아름다운가?"

원칙적으로 데이비드 쉴즈의 책은 어느 시대에나 나올 수 있다. 분명 헨리 애덤스의 시대에도 나올 수 있고 어쩌면 중세에도 나올 수 있다. 그러나 그의 책은 우리 시대의 작품으로서 나무랄 데가 없다. 완전무결한 가치를 인정하는 모든 개념에 단호히 도전하는 포스트모더니즘의 정서를 대변하기 때문이다. 그리고 이 책은 새로운 디지털 미디어로 가능해진 콜라주, 뒤섞기, 혼성모방 같은 기법들을 의식적으로 구현한다.

위의 두 책과 두 저자는 이 책이 제기하는 문제를 여실히 보여준다. 회의론자가 아니더라도 더 이상 우리는 진, 선, 미 같은 말들을 의심 없이 받아들이지 못한다. 그러나 적어도 어떤 사람들, 혹은 대부분의 사람들은 그 가치들이 유효한 형태로 보존되길 원한다.

그러므로 이 책에서 나는 이중의 목표를 추구하고자 한다. 진, 선, 미를 우리 시대에 맞게 정의하는 일과, 우리가 이 가치들을 어떻게 가꾸고 발전시킬 수 있는지를 자세히 설명하는 일이다.

■ 차례

일러두기

1. 고유명사의 한글 표기는 우리나라에서 이미 널리 쓰이고 있는 것은 그에 따랐고, 생소한 경우 외국어 발음표기규칙에 따랐다.
2. 모든 저자 주는 미주로 처리했다.
3. 모든 역자 주는 각주로 처리했다.

1.

되살려야 할 인간의 가치

TRUTH
BEAUTY
GOODNESS

긴 안목에서 본 나라의 가치는 그것을 구성하는 개인들의 가치다.

— T. S. 밀

나는 지금 매사추세츠 주 캠브리지의 우리 집 서재에 앉아 있다. 상쾌하고 쌀쌀한 1월 아침, 왼쪽 창문을 통해 햇살이 밀려들어온다. 책상 위에 놓인 상자에는 그림엽서들이 담겨 있고 거기에는 유명한 인상주의 그림들이 복사되어 있다. 내가 지금 쓰고 있고, 지금쯤 여러분이 읽고 있는 이 책은 두 개의 목적을 갖고 있다. 이 책의 첫 번째 의도는 세 가지 중요한 가치인 진, 선, 미의 현재 상태를 우리 모두 정확히 보고 생각하도록 돕자는 것이다. 그리고 그렇게 재구성한 관점에서 우리가 다음 세대들을 어떻게 교육시켜야 하는지를 깊이 고민하는 부모들과 교사들 그리고 우리 자신들에게 몇 가지 제안을 하고자 한다.

방금 나는 훈련된 철학자를 제외하고 거의 누구에게도 반론의 여지가 없을 것처럼 보이는 몇 줄의 문장을 썼다. 사실 그 문장들은 앞으로 내가 고전적 가치라 부를 덕목들을 예시할 수 있다. 우선 위의 진술들은 **참**이다. 실제로 지금은 1월이고, 나는 서재에 앉아 있기 때문이다. 나는 클로드 모네와 에드가 드가 같은 화가들의 그림들, 즉 많은 사람들이 **아름답다**고 간주하는 작품들을 언급했다. 그리고 나는 이 글쓰기의 두 목표(주축이 되는 문제들을 철저히 논의하는 것과 확고한 교육적 권고사항들을 제시하는 것)를 언급했는데, 일반적으로 그런 목표의 추구는 **좋은** 일로 간주된다.

이런 진술들과 그 속에 포함된 정서들은 실제로 내가 방금 주장한 것처럼 문제가 되지 않는다고 가정해보자. 이 책은 쉽게 마무리될 것이고, 지금 여기서 끝날 수도 있다. 사실 대부분의 사람들은 이런 가치들을 당연시하며 산다. 우리는 남에게서 들은 것, 매스미디어에서 골라잡은 것, 자신의 감각으로 지각한 것이 대부분 진실이라고 가정한다. 만일 자신의 감각과 정신에 입력되는 낱낱의 정보를 실시간 의심한다면 정상적으로 살아가기는 힘들 것이다. 이와 마찬가지로 미라는 단어를 사용하든 하지 않든 우리가 내리는 선택들에는 우리의 미적 감수성이 반영된다. 우리는 어떤 장면과 소리를 다른 것들보다 더 높이 평가하고, 어떤 장면과 경험을 피하려 해도 중력에 끌리듯 자연스럽게 다가가고, 우리 자신의 외모뿐 아니라 우리가 책임지고 꾸며줘야 한다고 느끼는 사람들(더 나아가 애완동물, 정원, 식당, 식사)의 겉모습에도 정성을 들인다. 그리고 다른 사람들과의 관계도 문제가 되고, 개인적으로 아는 사람들뿐 아니라 뉴스, 역사, 문학에서 만나는 사람들의 행동에 대한 평가도 문제가 된다. 우리는 거의 주저하지 않고 누구는 좋고 누구는 나쁘다고 평가하고, 나머지 대부분은 양자의 혼합쯤으로 평가한다. 만일 우리가 암묵적으로라도 참인 것들(그리고 참이 아닌 것들), 아름다운 것들(그리고 아름답지 않은 것들), 선한 것들(그리고 선하지 않은 것들) 사이를 헤집고 다녀야 한다면 살아있기조차 힘이 들 것이다. 한번 시도해보라!

그런데 우리의 고전적 가치들은 시대적 흐름에 시달리고 난타를 당해왔다. 서양에서 최근 몇 십 년 동안 진, 선, 미의 개념은 예상치 못한 두 방향에서 유례가 없을 정도로 큰 압력을 받아왔다. 그 방향들은 둘다 아주 새로운데, 하나는 흔히 포스트모더니즘이라 부르는 개념이고, 또 하나는 갈수록 팽창하고 강력해지고 있는 디지털 미디어가 그것이다.

한 방향, 즉 **철학**의 방향에서 인문학에 기인하는 포스트모더니즘 비평들은 이 트리오 개념(이후로 **트리오**)의 적합성을 의문시해왔다.[1] 이 회의론에 따르면 진, 선, 미에 대한 평가는 주어진 시점에 권력을 쥐고 있는 사람의 기호 외에는 아무것도 반영하지 않는다고 본다. 다문화적이고 상대주의적인 세계에서 우리가 바랄 수 있는 최선의 것은 종종 화해할 수 없는 경계선 너머에서 대화를 하는 것뿐이다. 그렇다면 가령 온건한 포스트모더니스트는 내가 단지 우연한 상황들을 통해 미술 교과서를 지배하게 된 평가 기준에 굴복했다고 주장하면서 인상주의 그림을 아름답다고 보는 내 견해에 도전할 것이다. 보다 공격적인 모더니스트들은 **아름답다**는 용어 자체를 거부하고, 그런 개념은 무의미하거나 돈으로 매수할 수 있으며 내가 어떤 객체● 의 장점을 독단적으로 결정했다는 것을 간단히 줄여 표현하고 있을 뿐이라고 주장할 것이다. 또한 진과 선에 대한 나의 진술들도 오만하거나 주관적이거나 무의미하다고 간주할 것이다.

아주 다른 방향, 즉 **과학기술**의 방향에서 새로운 디지털 미디어는 일종의 혼돈 상태를 불러들였다.[2] 디지털 미디어가 우위를 점한 탓에 온갖 주장들과 반대 주장들이 뒤섞여 우리 앞에 펼쳐진다. 온갖 창조

● object. 이 책 전체에서 object란 용어는 현대 미술 또는 미술사의 테두리를 벗어나 미적 현상 전반에 적용할 수 있는 의미로 사용되고 있다. 따라서 '오브제'보다는 '객체'로 번역하는 것이 적절해 보인다.

물들이 한 덩어리로 뒤엉켜 끊임없이 교정되고, 규제와 검토를 벗어난 도덕은 혼동을 불러일으킨다. 내가 누구인지, 내가 무엇을 하고 있는지에 대한 위키피디아의 진술이 누구에 의해서든 언제라도 변할 수 있는 시대에 무엇이 '진'인지 어떻게 확정할 수 있을까? 누구라도 자신이 원하는 모습으로 소셜 네트워크 사이트에 등장할 수 있는 시대에, 또는 블로거들이 증거나 결과를 무시하고 미국 대통령 오바마가 케냐에서 태어났다고 주장할 수 있는 시대에• 무엇이 '미'인지 어떻게 확인할 수 있을까? 한때 인정받았던 거장의 사진을 포토샵으로 끊임없이 편집하거나, 전문가들이 내린 작품에 대한 평가보다 다수의 대중이 내린 평가가 더 중요시되는 시대에 어떻게 선, 즉 올바른 행동 방침에 도달할 수 있을까? 남의 사생활에 대한 근거 없는 소문이 아주 쉽게 퍼져나가거나, 불법인 줄 알면서도 거의 모든 사람이 음악을 불법으로 다운로드하는 시대에 무엇인 옳은지 어떻게 알 수 있을까?

포스트모더니즘 비평과 디지털 미디어는 기원과 역사가 서로 다르지만 끈끈하고 강력한 친분을 맺고 있다. 각각의 세력은 한 쪽만으로도 진, 선, 미를 존중하는 사람들에게 불안을 안겨주고, 둘이 합세하면 진, 선, 미를 강하게 확신하는 사람들조차 멈칫하게 만든다. 이 책에서 나는 이런 추세에 굴하지 않고 세 가치의 중요성을 지지하고 더 나아가 그 본질적 생명력을 옹호할 것이다. 이 가치들이 단지 사람을 불안하게 만드는 동인이라고 주장하는 대신, 나는 포스트모더니즘과 디지털 미디어가 야기하는 위협들을 진지하게 숙고할 것이다. 그리고 거

• 버락 오바마는 하와이 주 호놀룰루에서 태어났다.

기에 기초한 분석은 이 가치들의 '본질적 핵심'을 추출해내고, 우리 시대에 그 핵심을 보존하고 어떻게 해야 그 가치들을 다음 세대들에게 가장 잘 전달할지를 제안하는 데 도움이 될 거라 믿는다.

왜 우리는 진, 선, 미에 관심을 **기울여야 하는가**? 그리고 왜 **실제**로 관심을 기울이는가? 더 나아가 왜 나는 이렇게 깊이 관심을 기울이는가? 그것은 인간인 우리에게 기본적인 관심이며 수천 년 동안 우리는 그렇게 존재해왔다. 초기 인간들은 마키아벨리즘적 지능을 과시했다. 그들은 말이나 행동으로 서로를 속였는데, 이는 자기가 참이라 믿는 것에 다른 사람은 접근할 수 없다고 믿을 때에만 가능한 행위였다. 또한 초기 인간들은 자신의 몸과 무덤을 장식하고, 무엇보다 그들이 의식을 행하던 동굴의 벽면에 극적인 장식을 새겼다. 이는 분명히 새롭게 떠오르는(그리고 훌륭한) 미적 표현이었다. 그리고 초기 인간들이 영웅적인 인간과 신을 기리기 위해 조상彫像을 세운 바로 그 순간부터, 집단의 규범을 노골적으로 위반한 자들, 야비하다고 간주되는 행위를 범하는 자들에겐 신속하고 잔인한 처벌이 돌아갔다. 실제로 역사의 시초부터 모든 문명은 어느 진술이 참이고 거짓인지, 어느 경험이 아름답거나 추하거나 진부한지, 그리고 어느 행동과 인간관계가 선하거나 타협적이거나 명백히 악인지의 개념을 발전시켜왔다.

이 가치들과 그 부재에 대하여 명시적으로 말을 하거나 글을 쓰기 시작했을 때 인류는 중대한 이정표에 도달했다. 헤브라이의 성경, 공자의 논어, 베다의 우파니샤드처럼 기초가 되는 문헌에서 우리는 중요한 진리들, 아름다운 언어와 형상들, 선악의 확실한 분별에 관한 언급들을 볼 수 있다. 그리고 소크라테스, 플라톤, 아리스토텔레스 같은 아테네 철학자들이 진, 선, 미의 정의와 이 가치들이 인도하는 대로 사는 것이 무엇을 의미하는지 분명히 밝혔을 때 인류는 새로운 이정표에 도달했다. (철학자 알프레드 노스 화이트헤드는 다음과 같이 말했을 때 모두가 인정할 수 있는 과장법의 한계를 넘지 않았다. "유럽철학의 특징을 일반화하자면 플라톤의 저작에 달린 일련의 각주라고 보는 것이 가장 안전하다.")[3]

때때로 이 가치들에 대한 정의와 묘사는 폭넓게 논의되기보다 그저 높은 곳에서 하달되는 쪽에 가까웠다. 전체주의와 권위주의 정권들은 세 가치의 지속적인 탐구에 근본적으로 반대해왔다. 스탈린, 마오쩌둥, 히틀러 같은 독재자들은 이 문제들은 이미 다 해결되었고 이견을 가진 사람이 튀어나오면 철저히 억눌러야 한다고 주장한다. 디스토피아 소설 〈1984년〉에서 진리부가 "전쟁은 평화, 자유는 예속"[4]이라고 선언할 때, 작가인 조지 오웰은 그런 사회를 염두에 두었을 것이다.

이 가치들이 늘 사람들의 관심을 재촉하는 동안, 생기 넘치는 사회에서는 그에 대한 논쟁이 활발히 퍼져나갔다. 소크라테스의 노예에 관한 질문이 암시하듯 진리에 대한 앎은 선천적인가, 아니면 총명한 사람들이 알아내고 아리스토텔레스가 상술한 관찰과 분류법에 의해 결정되는가? 미는 황금비율을 엄격히 고수할 때 나오는가, 아니면 신들이나 유일신에게서 얻거나 빼앗은 신성한 선물인가? 선은 어느 단일한 신에게서 나오는가, 올림포스의 판테온에 걸터앉은 신들의 투쟁에서 나오는가, 아니면 강력한 지도자나 민중의 대표자들이 석판에 새겨 넣은 법률에서 나오는가? 이런 논의는 함무라비 통치기의 바빌로니아, 기원전 4세기의 그리스, 공화정 시대의 로마, 중국의 송나라, 시리아와 이집트의 무어인 칼리프 시대, 이탈리아 르네상스, 현대의 위대한 입헌 민주주의 초기에 성행했다. 역사가 주는 지혜 덕분에 우리는 논쟁과 조사의 정신이 편협한 견해들과 충돌할 때 발생하는 위험을 분명히 알고 있다. 마이모니데스의 중세 코르도바는 스페인의 종교재판에 짓눌렸고, 시인, 화가, 현자가 넘쳐나던 유교의 나라 중국은 수백 년 동안 쇠락한 끝에 마오쩌둥이 이끄는 대학살과 문화 파괴를 맞이했다.

그러나 한 사회 안에서 여러 개념들이 너무 격하게 충돌할 때에는 대격변이 일어날 수 있다. 20세기 초 몇십 년 동안 마지막 숨을 내쉬던 제정 러시아나 1920년대 말 독일 바이마르공화국의 쇠퇴기를 생각해보라. 각 사회에서 자유로운 논쟁은 쇠약해지고 무력 집단들이 출현했다. 시인 예이츠의 표현을 빌려 말하면, 그것은 "중심이 제 자리를 벗어난 것"이었다. 최종 결과는 굴락(교정 노동 수용소)이 지배하는 스탈린 러시아와 강제 수용소가 판치는 나치 독일이었다. 세 가치에 대한 자유로운 담화를 **완전히** 금기시하는 사회가 출현했다.

우리 사회, 우리 시대는 국가적으로나 세계적으로 자유로운 조사와 논쟁을 명백히 보장한다. 그리고 이 상태는 그 대안보다 분명히 낫다. 몇몇 예를 들어보자. 가치를 옹호하는 권위자의 모든 진술에 대하여 꼭 그만큼 반대 진술이 존재한다. 노벨상 수상작가인 알베르 카뮈는 "지구상에 정의보다 더 유익한 것이 단 하나 있다. 진리 자체는 아니지만 진리의 추구가 그것이다."[5]라고 선언했다. 마치 이에 답하기라도 하듯 노벨상 수상작가 해럴드 핀터는 이렇게 주장했다. "참과 거짓을 가르는 확고한 구분법은 존재하지 않는다. 어떤 것이 반드시 참이거나 거짓이어야 할 필요는 없다. 그것은 참인 동시에 거짓일 수 있다."[6]

작가 귀스타브 플로베르는 양쪽을 함께 수용하려 했다. "모든 거짓말 중 예술이 가장 진실하다." 한 세대의 모든 예술가들과 예술비평가들이 미에 관한 논의를 회피했지만, 곧이어 문학평론가 일레인 스캐리, 철학자 로저 스크루턴, 박식가 움베르토 에코는 미를 탐구하는 데에 책 전체를 할애했다.[7] 분명 이 문제들은 재검토가 필요하다. 조건이 변하고, 사람들이 변하고, 지속적인 대화가 없는 상황에서 통념이 무분별한 정설로 진화한다. 그럼에도 우리는 한편으로 차이점들을 얼버무리는 태도와 다른 한편으로 반대 관점을 노골적으로 적대시하는 태도 사이에서 끊임없이 길을 찾아나가야 한다.

이렇게 하여 우리는 현재 상황에 이르렀다. 존속되길 바라는 사회라면 반드시 이 개념들과 가치들을 생명력 있는 형태로 후세에 전달해야 한다. 어떤 의도나 목적에서든 진, 선, 미가 이끄는 삶 또는 적어도 그 가치들을 꾸준히 탐구하는 삶을 포기한다면 우리는 모든 것이 무가치하고 무엇이나 통용될 수 있는 세계에 굴복하게 된다. 그렇게 우울하고 변덕스럽고 무의미한 존재로 떨어지지 않으려면 트리오 가치의 개념을 명백한 관점에서 재검토하는 것이 필수적이다. 과거의 문명들이 뚜렷이 보여준 활발한 논쟁들을 돌이켜볼 때, 우리는 무엇이 본질적인지, 무엇을 단념할 수 없고 단념해서는 안 되는지, 무엇이 더 이상 적절하거나 정당하지 않은지, 그리고 무엇을 다시 생각하고 발전시켜야 하는지를 결정할 필요가 있다. 토론은 좋고 일방적 무시는 나쁘다. 궁극적으로 우리는 포스트모더니즘의 상대주의와 종종 그에 수반하는 냉소주의를 초월해야 한다. 우리는 디지털 세계에 수반하는 엄청난 변화를 지배해야 하지만, 지난 시대나 현 시대를 지배하는 독재 정권의 단순한 논리나 절대주의로 회귀해서는 안 된다. 또한 우리의 젊은이들에게 세 가치를 어떻게 소개해야 할지, 그리고 기성세대가 정기적으로 어떻게 어느 선까지 세 가치를 재정립해야 할지를 다시 생각해야 한다.

먼저 진리부터 시작하자. 포스트모더니즘 비평을 존중하여 진리는 명백하고 합의 가능하다고 우리가 자신 있게 말할 수 없다고 가정해보자. 어쩌면 우리는 폭스 뉴스나 미국공영라디오방송,* 또는 BBC나 알자지라에서 얻은 각자의 편견을 통해 세계를 보고 있는지 모른다. 어쩌면 진리는 권력과 너무 깊이 뒤얽혀 있는 탓에 타당성이 전무할지 모른다. 어쨌든 오웰 풍의 스탈린주의 러시아나 마오쩌둥주의 중국에서, 또는 부시-체니-럼스펠드가 이끈 워싱턴의 '사이비 진실 truthiness'[8]에서 정말 무엇이 진실이었는가? 그리고 우리가 아무 검색 엔진에서나 접할 수 있는 정보와 오보의 뒤범벅을 고려할 때, 무엇이 진실인지 또는 과연 진실의 추구가 헛수고인지 아닌지를 어떻게 판단할 수 있을까?

다음으로 미를 생각해보자. 어쩌면 우리는 고대 그리스의 화병이나 페르시아 세밀화나 내 책상 위에 있는 클로드 모네의 바다 그림이 아름답다는 보편적인 동의, 또는 압도적 다수의 전문가들과 예술애호가들의 동의를 얻을 수 있을지 모른다. 그러나 서양미술사 개론에서 배운 것처럼, 140년 전 식견이 있는 비평가들은 대부분 모네를 비롯한 인상주의 화가들의 그림을 인정하지 않았다. 그리고 오늘날 규모를

* 폭스 채널은 대표적인 보수 방송이고, 미국공영라디오는 진보 방송으로 유명하다.

갖춘 어느 미술관에 가더라도 가치 있고 또 가치를 인정받으면서도 보통 **아름답다**는 형용사를 붙일 수 없는 수많은 작품들이 전시되어 있는 것을 볼 수 있다(예를 들어 두 영국 화가 프랜시스 베이컨과 루시안 프로이트의 그림들이 그렇다). 오늘날 많은 미술 비평가들이 미에 관한 주장을 완전히 회피하는 것도 놀라운 일이 아니다. 실제로 학계에서나 잡담을 좋아하는 계층에서는 대체로 미에 대해 언급하는 것을 세련되지 못한 행위로 간주한다. 오늘날 '계몽된 견해'가 주장하듯이 예술의 목적은 아찔할 만큼 근사한 객체를 만드는 것이 아니라(그런 건 한물갔거나passé 저속하다kitsch), 우리를 충격에 빠뜨리거나 새로운 생각으로 인도하는 데 있기 때문이다.

또는 새로운 디지털 미디어가 제공하는 선택사양들을 생각해보자. 우리는 포토샵으로 그림을 무한정 만들거나 개작할 수 있고, 멜로디를 무수히 짜 맞출 수 있고, 유명하거나 유명하지 않은 시인들의 구절들을 뒤섞어 원하는 시 혹은 원하지 않은 시를 줄줄이 지어낼 수 있다. 그때 '아름다움'에 대한 권위 있는 평가는 변덕스러운 개인적 취향으로 대체되거나 한 번도 작품을 만들거나 완성해보지 않은 이름 없는 다수 군중의 집단적 노력으로 대체된다. 어떤 이미지나 소리 패턴이 덧없이 사라질 때, 그리고 마우스를 쥔 사람이 미술을 창작할 때 미란 용어는 기초가 빈약해지거나 사이버 공간을 정처 없이 표류한다. 포스트모더니즘 사상을 보여주는 교과서적인 예로, 고인이 된 비평가 수전 손택은 다음의 견해를 밝힌다. "사진의 형태로 사물과 사건은 새롭게 사용되고 새로운 의미를 부여받아 미와 추, 진실과 거짓, 유용함과 무용함, 선한 취미와 나쁜 취미의 구분을 뛰어넘는다."[9]

마지막으로 선을 보자. 특정한 역사적 시대나 지리적 영역 안에서 사람들은 무엇이 선하고 무엇이 악한지를 웬만큼은 자신 있게 판단할 수 있다. 예를 들어 고대 아테네에서는 전사의 용맹함과 노예에 대한 친절을 선으로 보았다. 전투를 기피하거나 노예를 가혹하게 다루는 행위는 독약을 마셔야 할 이유까지는 못될지라도 좋지 않은 평판의 씨앗이 되었다. 그러나 인류 역사의 우여곡절을 파헤치고 다양한 문화들을 알면 알수록 우리는 선과 악에 관한 주장들 앞에서 머뭇거리고 소심해지게 된다. 한 집단의 테러범은 다른 집단의 자유 투사다. 누가 선한 편이고 누가 악한 편인가? 아테네인가 스파르타인가, 하마스인가 유대방위연맹인가?

다시 한 번, 과학기술로 포화상태가 된 우리 시대는 무엇이 선하고 도덕적이고 윤리적인지에 대해 과거에는 비교적 논쟁을 불러일으키지 않았던 주장들에 근본적으로 도전하고 있다. 디지털 시대에 우리는 사생활의 범위나 저작권을 어떻게 생각해야 하는가? 또 얼굴을 직접 들여다볼 수 없고 언제라도 소셜 네트워크나 블로그에 완전히 다른 가면을 쓰고 나타날 수 있는 전자메일 발송자의 신뢰성을 어떻게 생각해야 하는가? 세컨드라이프Second Life의 가상현실에서는 무엇이 '선'인가? 월드 오브 워크래프트World of Warcraft는 결국 현실이 아니니 그런 다수 이용자 게임에서는 남을 속이고 협박해도 괜찮을까? 인터넷에 빛의 속도로 떠돌고 있는 그럴듯한 미확인 소문들은 유익한 경종인가, 더 자세한 조사가 필요한가, 아니면 유해한 거짓말인가? 다차원적이고 파편화된 디지털 시대에 공통의 도덕적 기준이라는 이상은 그 어느 때보다 도달하기 어려워진 듯하다.

내가 보기에 세 가치는 개념상 서로 독립되어 있다. 각각의 가치는 자체적인 차원에서 고려되어야 한다. 예를 들어 우리는 어떤 것이 아름답거나 선하지 않아도 진실할 수 있다고 생각한다(5만3천 명 이상의 미국인이 베트남전쟁에서 목숨을 잃었다는 사실처럼). 이와 마찬가지로 어떤 것은 아름답지 않고도 선할 수 있다. 교도소 개혁의 필요성을 충격적으로 인식시키기 위해 죄수들의 수감 생활을 보여주는 암울한 다큐멘터리 프로를 생각해보라. 그리고 모든 인간이 사망한 뒤의 어떤 자연 경치는 역사적으로 참이거나 선하지 않아도 최소한 멸종된 그 종, 즉 우리 인간에겐 영화처럼 아름다울 수 있다.

그러나 지식을 갖춘 현대 성인들에게 자명하게 여겨지는 것이 과거에도 항상 그렇진 않았다는 사실을 인식할 필요가 있다. 베른하르트 슐링크의 〈홈커밍Homecoming〉에서 주인공은 이렇게 숙고한다.

"아이들은 헛된 희망을 품는다, 선한 것은 진실하고 아름답고, 악한 것은 거짓이고 추하다고."[10]

실제로 역사의 거의 전 기간 동안 많은 사회들은 세 가치를 서로 동일하진 않아도 마치 하나처럼 연결되어 있다고 보았다. 작가 마거릿 애트우드는 그런 연결의 한 예로 고대 이집트의 '마-아트' 개념을 언급했다.

"마-아트는 진리, 정의, 균형, 자연과 우주의 지배 원리들, 시간의 장중한 진행, …… 진실하고 공정하고 도덕적인 행동 기준들, 사물들의 적절한 존재 방식을 의미했다. 이 모든 개념이 그 짧은 한 단어에 둘둘 말려 있었다. 그 반대는 물리적 혼돈, 이기심, 거짓말, 악한 행동, 즉 종류를 막론하고 신이 규정한 만물의 경향에서 어긋나는 모든 것이었다."[11]

그러므로 나는 이 책에서 아슬아슬한 곡예를 해야 한다. 이제부터 나는 세 가치를 독립적으로 다룰 것이다. 나는 각 가치의 결정적 특징들, 변화하는 자질들뿐 아니라 항상적 자질들, 그리고 포스트모더니즘과 디지털 미디어에서 비롯하는 위협들을 지적할 것이다. 사실 내가 보기에, 우리 시대에 세 가치는 각기 다른 지위를 누리고 있으며 각기 다른 운명을 앞두고 있다. 그러나 나는 시대와 연령대를 뛰어넘어 세 가치를 융합하는 인간의 자연스러운 성향을 염두에 둘 것이다. 그리고 실제로 둘 이상의 가치를 다루고 있을 때에는 그 사실을 지적할 것이고, 가치들이 서로 충돌할 때에는 어떻게 충돌하고 있는지를 설명할 것이다.

지금까지 큰 틀을 펼쳐보였지만, 나를 여기까지 이끈 힘에 대해 설명할 필요가 있다. 나는 발달심리학, 신경심리학, 인지심리학 분야에서 전문적 훈련을 받은 심리학자다. 다른 학과들의 영역을 두루 유랑하는 동안에도 나는 항상 심리학의 렌즈를 통해 세계를 보았다. '유랑'의 성과는 이 책에 제시된 세 주제에 스며들어 있다. 첫째, 나는 예술심리학자로 출발했고 전통적인 **미**의 영역을 조사했다. 그런 뒤 여러 해 동안 지성과 오성에 관한 연구를 통해 무엇이 **진실**이고 우리는 어떻게 그런 결정을 내리는지에 초점을 맞춰 인간의 인지를 조사했다. 그리고 최근에는 15년 동안 윤리학 분야에서 공동 연구를 진행해왔다. 우리 연구팀은 속도가 빠르고, 매스미디어가 만연해 있고, 소비자가 주도하고, 세계화된 21세기 사회에서 **선한** 노동자, **선한** 시민, **선한**

사람이란 무엇을 의미하는지 결정하고자 노력해왔다. 전체 계획(최소한 내 눈 앞에 드러난 계획)이 없는 상황에서 나의 학문적 경로는 사실 미에서 진을 거쳐 선에 이르는 둥근 궤적을 그린 셈이다.[12]

나는 이 책에서 다룬 주제들에 오랫동안 관심을 기울여왔지만, 최근 몇 년 사이에 나 자신의 생각은 상당한 변화를 겪었다. 지능에 관한 나의 심리학 연구들,[13] 특히 다중지능이론 덕분에 나는 미국과 해외에서 여러 교육 계획에 참여하게 되었다. 그리고 이 참여에서 자극을 받은 결과로 나 자신의 교육 철학을[14] 제시할 수 있었다. 1999년에 발표한 〈훈련된 마음The Disciplined Mind〉에서 나는 세 주제인 다윈의 진화론, 모차르트 음악, 2차 세계대전의 홀로코스트를 중심으로 하는 종합 커리큘럼을 고안했다. 세 주제는 아무렇게나 선택하지 않았다. 진화론은 명백히 과학적 진리의 사례로 선택했고, 모차르트는 예술적 아름다움의 사례로, 홀로코스트는 인간의 악함을 보여주는(선과 가장 극명하게 대비되는) 역사적 사례로 선택했다. 이제 와서 돌이켜보면 내가 그 책을 순진하게 썼다는 말을 들을 수 있을 듯하다. 진, 선, 미라는 고전적 가치들을 그냥 문제없이 받아들였기 때문이다. 나는 분명 포스트모더니즘 사고를 잘 알지 못하는 대부분의 독자들 그리고 대부분의 교사들과 다르지 않았다.

그러나 이제는 그런 순진함에 도사린 위험을 알고 있다. 만일 우리가 세 가치를 순진하게 인정한다면, 진, 선, 미의 개념을 공격하는 (설령 궤변적이진 않아도) 정교한 논증들에 허를 찔릴 것이다. 예를 들어보자. 처음에 식견이 높은 비평가들은 인상주의 화가들을 거부했다. 그렇다면 우리는 그들의 작품을 존경하고 그들의 미를 찬양할 때 우리가 옳다는 것을 어떻게 알 수 있을까? 우리는 1890년의 '눈'보다 더 영리하고 명민해졌을까? 철학과 민주주의가 맨 처음 꽃을 피운 고대 그리스 사회에서 사람들은 어떻게 노예 신분 또는 여성의 열등한 지위를 수용했을까? 왜 사람들은 태양이 지구의 주위를 돌고 지구가 편평하다고 그렇게 오랫동안 믿었을까? 왜 그렇게 많은 사람들이 아직도 인간은 여섯째 날에 창조되었다고 주장할까? (기독교 리서치 전문기관인 바나 그룹Barna group이 최근 시행한 여론조사에 따르면 신이 6일 동안 우주를 창조했다고 믿는 미국인이 60퍼센트나 된다고 한다.)[15] 그런 성가신 조사들에 만족스러운 대응이 없다면 심지어 지적인 성인들마저도 진, 선, 미의 개념에서 고개를 돌릴 수 있다. 이미 사회적 통념에 한창 도전하는 나이에 들어선 불안정한 젊은이들은 훨씬 더 쉽게 그럴 것이다.

1999년 무렵 그 순진한 저작에서 나는 또한 급속한 문화적 변화를 무시했다. 예를 들어 새로운 디지털 미디어의 출현은 이 고전적 개념들을 적어도 **문제시**하게 만든다. 위키피디아의 항목이 눈 깜짝할 사이에 수정될 수 있다면, 무엇이 진실인지 또는 진리가 과연 존재하는지를 어떻게 확인할 수 있을까? 미술가 데미언 허스트의 웹사이트가 꾸준히 관심을 끌고 그의 작품 가격이 기록을 돌파한다면, 그의 작품들(특히 가장 악명이 높은 예로, 방부제 위에 둥둥 떠 있는 죽은 상어)이 명백히 아름답다거나 미는 더 이상 중요하지 않다고 결론지을 수 있을까? 만일 10대 청소년이 페이스북에서 누군가에게 이름을 삭제당하거나 섹스 장면이 몰래 사진으로 찍힌 뒤 자살을 했다면, 악하다고 비난할 수 있는 특정한 개인이 있을까? 나는 다니엘 켈만의 소설 〈명예Fame〉의 주인공이 느끼는 감정들을 이해한다.

"우리가 과학기술에 이끌려 더 이상 고정된 장소가 존재하지 않는 세계에 빠져들다니 참으로 이상하다. 당신은 존재하지 않는 곳에서 이야기하고, 또 어느 곳에나 있을 수 있다. 그리고 아무 제약도 없기 때문에 당신이 무엇을 상상하겠다고 마음을 먹든 간에 그건 본질적으로 진실이다. 내가 있는 곳이 어디인지 아무도 나에게 증명해줄 수 없다면, 나 자신이 누구인지 절대적으로 확실하지 않다면, 이것들을 판결할 법정은 어디인가?"[16]

한 책의 요점은 잊을 수 없는 한 순간에 불쑥 나타나지만 그 포자들은 시공간 상에 항상 흩어져 있다. 나는 〈훈련된 마음〉을 쓸 때에도 내가 가장 뚜렷한 예들을 선택했고, 진, 선, 미 개념은 결코 논란의 여지가 없거나 자명하지 않다는 걸 알고 있었다. 강의를 할 때 종종 질문자들이 나에게 이 점을 상기시킨다. 내 아이들, 아이 친구들, 내 학생들 사이에서 나는 이 고전적 가치에 대하여 허무주의적이진 않지만 상대주의적인 견해들을 항상 인지했다. 한두 세대 어린 사람들에게 세 가치는 시대착오적이진 않아도 대단히 문제가 되는 듯했다. 나는 여러 해 동안 포스트모더니즘의 설명들을 알고 있었지만, 뉴욕 현대미술관에 깊이 참여하면서부터 더욱 큰 관심을 기울이기 시작했다. 무엇보다 나는 디지털 미디어를 배우기 시작했다. 나는 매우 주저하면서 디지털 미디어들을 사용하기 시작했고, 재능 있는 동료들의 도움을 받아 젊은이들이 디지털 미디어를 어떻게 사용하는지를 체계적으로 연구했다. 나의 가장 근본적인 가정들이 도전받고 있다는 생각이 점차 분명해졌다. 그리고 이 문제를 연구하고, 숙고하고, 내가 종종 그랬듯이 책 형태로 나의 결론을 제시할 때가 되었다는 생각이 들었다.

나는 이 결론들을 간결하게 말할 수 있다. 각각의 가치는 각각의 추상적 경험 영역을 포함한다. 말로 표현된 명제, 환기적 경험, 타인과의 관계가 그것이다. 각각의 가치는 구체적인 인간 활동들을 통해 가장 잘 예시된다. 과학과 저널리즘은 진리를 다루고, 예술과 자연은 미의 영역이며, 선은 인간관계의 질과 관련이 있다. 세 가치는 의심할 바 없이 변화를 겪고 공격을 당하는 동안에도 여전히 인간 경험에, 더 나아가 인간 생존에 불가결한 요소로 남는다. 인간은 이 가치들을 단념하지 말아야 하고 단념하지도 않을 것이다.

세부적으로 들어가 보자. 우리는 진리가 몇몇 영역에 존재한다고 항상 확신할 수 있다. 우리는 진리들을 판정하고 확인하기 위해 노력하는 동시에 언제라도 새로운 지식에 비추어 그 진리들을 수정할 준비가 되어 있어야 한다. 우리는 미적 규범의 한계들, 그리고 그와 동시에 미가 지배하는 예술적 속성들의 한계를 인정해야 한다. 오늘날 미는 예를 들어 흥미로움interestingness 같은 다른 강력한 미적 가치들과 나란히 위치한다. 이 점을 보상하듯 이제 각각의 개인들은 개인화된 미적 감각에 도달할 더없이 좋은 기회를 누릴 수 있다. 선과 관련하여 우리는 두 영역을 인식해야 한다. 이웃들 사이에서 얻게 되는 장기적인 도덕과, 끊임없이 진화하는 노동자 및 시민의 역할과 관련된 윤리가 그것이다. 다양한 인간 사회들은 자신의 특수한 관습들을 소중히 여겨야 하지만, 그와 동시에 구체적인 시공간을 초월하는 선의 개념들을 창조하고 존중해야 할 과제에 직면해 있다.

각 시대는 지배적인 설명 방식, 즉 당대의 사고를 지배하거나 구성하는 설명 방식을 갖고 있다. 예를 들어 물리학에서 뉴턴 혁명이 일어난 뒤, 인간과 우주를 기계 장치로 개념화하여 설명하는 방식이 보편화되었다. 이와 마찬가지로 계몽운동 철학자들은 세계가 **진보**, **이성**, **완벽함**의 멜로디에 맞춰 꾸준히 전진한다고 보았고, 정치 혁명이 그 진전에 도움이 된다면 그만큼 더 좋다고 생각했다. 그런 뒤 18세기 말의 과도한 정치적 격변에 대한 반작용으로, 19세기에 개개의 문화, 문명, 종교, 민족의 특수한 관행들을 믿는 경향이 싹텄고, 비합리적인 영향과 사고의 힘이 강조되었다.

이 책을 쓰게 만든 나 자신의 동기들을 들여다볼 때, 나는 인간 조건에 대한 두 강력한 분석에 대응할 필요성을 느꼈음을 부인할 수 없다. 하나는 생물학에서 왔고 다른 하나는 경제학에서 왔다. 내가 보기에 이 설명들은 최근 몇십 년 동안 과도한 지배권을 누려왔다. 물론 거의 모든 사람들이 생물학과 경제학의 여러 개념 및 연구 결과에서 많은 것을 배웠고, 나는 그 예들과 주장들을 얼마든지 인용할 수 있다. 그러나 전체적으로 나는 세상을 보는 이 두 렌즈에 날카롭게 이의를 제기하고자 한다. 생물학이나 경제학의 설명에 신세를 지는 사람들은[17] 종종 개별 행위자들의 힘, 또는 바람직한 목표를 성취하기 위해 자발적으로 그리고 지칠 줄 모르고 협력하는 개인들의 효력을 대수롭지 않게 여긴다. 어떤 면에서 이 책은 생물학적 결정론이나 경제학적 결정론의 헤게모니에 대한 일관된 반대 주장으로 읽힐 수 있다.

먼저 생물학의 렌즈를 살펴보자.[18] 뇌와 유전학을 알면 알수록 학자들과 일반인들 모두 신경생물학이 인간의 다양한 특징들을 어느 선까지 결정하는가에 호기심을 느끼게 된다. 우리의 미적 감각에 관여하는 유전자가 있을까? 진리의 발견을 전담하는 뇌 부위가 있을까? 있다면 어느 부위일까? 도덕적 판단을 지배하는 뇌 회로를 확인할 수 있을까? 생물학적으로 구체적인 장소는 확인될 수도 있고 그렇지 않을 수도 있다. 그러나 어떤 유전자들의 작용 때문에 우리가 어떤 그래픽 묘사를 더 좋아하게 된다거나, 우리가 어려운 윤리적 결정을 내리고 있을 때 어느 뇌 부위들이 활성화된다는 사실을 안다고 해서 그것으로 우리의 미적 감각이나 도덕관념에 최종 선고를 내릴 순 없다. 심지어 나는 그런 지식이 첫마디조차 될 수 없다고 확신한다. 과거에 몰랐지만 이제 알게 된 것이 대체 뭐란 말인가?

둘째, 경제학의 렌즈를 살펴보자.[19] 의문의 여지없이 경제학은 인간 행동을 사회적, 과학적으로 설명하는 방식으로서 특별한 지위를 누리고 있다. 미국인들에게 특히 매력적으로 다가가지만 세계 다른 나라에서도 매혹적으로 부상하면서 언제부턴가 막강한 지적 특권을 거머쥐게 된 이 방법은 현실적인 문제에 수학적 또는 통계학적 모델을 적용한다. 계산해보자, 서열을 매겨보자, 도표로 그려보자, 변수들을 상관지어보자. 그럴 때 우리는 무엇이 무엇인지 그리고 십중팔구 무엇을 해야 하는지를 알게 된다. 간략히 말하자면, 우리는 정량화와 서열화를 할 수 있고 또 해야 한다. 그리고 그 정량화와 그로부터 나온 서열화의 결과는 모두가 신뢰할 수 있다. 군중은 현명하고, 그래서 우리는 무엇이 참인지 군중의 결정에 의존할 수 있다. 이와 마찬가지로 시장은 과오가 없고, 그래서 최고의 예술작품은 최고가를 찍는다. 마지막으로 기적적이진 않아도 굉장한 과정을 통해, 사람들이 각자 합법적으로 자기 이익을 추구하면 결국 사회는 더 유복해진다.

2008년 9월 금융위기가 닥치기 전에도 많은 논평자들이 인간과 시장을 보는 이 견해에 결함이 있음을 지적했다.[20] 우리 앞에 놓인 충분한 증거들을 보면, 시장은 자동적으로 조정되지 않는다는 것, 사람들은 무엇이 자기에게 이익이 되는지를 모른다는 것, 개인과 시장은 둘 다 종종 비합리적이며 신뢰할 수 없다는 것, 둘의 조합은 유일할 뿐 아니라 유해할 수 있다는 것을 알게 된다. 그러나 특히 미국에서 다수의 국민은 여전히 경제학의 렌즈에 의존한다. 이 관점의 결함과 한계를 새롭게 인식하고 있는 상태에서도, 다수 국민은 사회는 가능할 때마다 경제학적 분석을 공적 의무로 보고 그에 의존해야 한다고 믿는다. 만일 한 서열화 방법이 실패하면 다른 방법을 사용한다. 현재로서 다른 어떤 인간 본성론도 그 영향력에 근접하지 못한다.

나는 저널리스트 말콤 글래드웰의 책들을 즐겨 읽는다.[21] 그의 책들은 티핑포인트tipping point●, 직관적 판단 또는 '번득임blink', 이런저런 이유로 '아웃라이어outlier' 부류에 속한 사람들이 보여주는 종종 놀라운 성과 등을 다루어 갈채를 받고 있다. 글래드웰의 책을 읽으면 그 현저한 사례에 놀라게 된다. 박물관에서 구입한 새 작품이 모조품인 것을 한 눈에 알아보는 전문가, 프로하키 선수들이 연초에 태어나는 경향이 있다는 사실의 발견, 천천히 팔리던 책이 갑자기 베스트셀러 목록에 오르는 현상 등이다. 그러나 깊이 생각해보면 글래드웰의 놀라운 사례에 반하는 경우들을 어렵지 않게 확인할 수 있다. 한 순간에 이루어지는 직관적 판단이 정확하다고 판명되는 경우는 그런 판단이 정확하지 않고 더 나아가 비참한 결과로 이어질 때를 제외하고서다. 프

● 큰 변화가 극적으로 폭발하는 순간.

로하키 선수들이 연초에 태어나는 경향이 있다는 말이 참이려면, 그 때 태어났지만 특별히 성공하지 못한 많은 하키 선수들 또는 연말에 태어났지만 재능을 타고난 수많은 하키 선수들을 제외해야 한다. 그리고 대다수의 책들은 베스트셀러가 될 현실적 가능성이 전혀 없고 단지 점진적인 매출 변화를 보인다.

내가 보기에 생물학의 렌즈와 경제학의 렌즈는 동일한 결함, 좀 더 부드럽게 표현하자면 예측성이나 설명의 **한계**를 안고 있다. 우리가 이타적 행동을 할 때 밝게 빛나는 유전자나 뇌 부위가 있을지 모르지만, 그럼에도 우리가 이기적으로 행동하는 상황들은 너무 많이 존재한다. 인간은 특히 경제학이 짜 놓은 게임을 할 때에는 당연히 합리적 결정을 내리지만, 성격이나 상황적 혹은 이데올로기적 요인들이 비합리적 반응을 유발하는 그 모든 상황들은 거기서 제외된다.

나는 찰스 다윈의 연구와 그가 최초로 제시한 진화론의 중요성을 존경하는 면에서 누구에게도 뒤지지 않는다. 그러나 인간의 행동, 잠재력, 한계를 다윈론의 관점에서 설명하려는 노력은 너무 멀리 벗어났다고 생각한다. 아름다움에 대한 인간의 평가는 동부 아프리카 사바나에서 수만 년 동안 진화한 선천적 취향보다는 역사와 문화 그리고 순전한 우연의 장난에 훨씬 더 많이 의존한다. 이와 마찬가지로 진화론은 인간이 근본적으로 이타적이고 헌신적이고 선하다거나, 반대로 인간이 근본적으로 이기적이고 무감각하고 심술궂다고 입증하지 못한다. 인간에겐 두 방향 모두로 향하는 강한 성향들이 존재한다. 그보다는 역사, 문화, 인간 발달, 교육의 기초에 놓인 사실들을 살펴봐야 한다. 바로 이 사실들이 특수한 시대, 특수한 환경에서 어느 특징들이 핵심을 이루게 될지를 결정한다. 인간의 작용은 대단히 중요하다. 사실 그 덕분에 우리는 시장 이론가들과 진화론자들이 단언하는 결정론을 초월할 수 있다.

다음 글에서 내 의도는 바로잡기가 정당하다고 여겨지는 경우를 제외하고는 생물학적 또는 경제학적 관점을 타파하자는 것이 아니다. 그보다 나는 생물학이나 경제학이 인간의 행동, 결심, 생각에 대한 최종 설명을 제공하지 못한다고 강조할 것이다. 심지어 신경경제학이라는 새 분야처럼 둘을 합쳤을 때에도 그 설명의 힘은 몹시 제한적일 수밖에 없다. 대신에 나는 특수한 역사, 독특한 문화적 측면, 그리고 행복하거나 불행한 우연에 독자의 주의를 돌리고자 한다. 그리고 특정한 방향으로 떠미는 강한 압력 하에서도 자신만의 결정을 내리는 개인들의 주목할 만한 능력, 그리고 뛰어난 지식과 상상력으로 역사의 흐름에 새로운 변화 가능성을 여는 훌륭한 개인들의 놀라운 능력을 강조하고자 한다. 경제학과 생물학이 우리의 이해를 끌어올린다면 그것은 좋은 일이다. 그러나 최근 몇십 년 동안 종종 그랬듯이 그로 인해 인간의 미답 영역을 조사할 수 없다면 그런 관점들은 버림받아 마땅하다.

학제적(다학문적) 관점을 취하지 않고는 세 가치의 지위를 이해할 수 없다. 철학도 필요하지만, 심리학, 역사, 문화 연구도 필요하고, 심지어 경제학과 생물학도 필요하다. 다음에 이어질 글에서 나는 이 학문들의 경계를 자유롭게 넘나들 것이고, 그와 동시에 현재의 사건들과 나 자신의 경험을 포함한 일상적 경험들에서 필요한 예들을 인용할 것이다. 그러나 일반 원리, 개요, 무책임한 약속어음은 가급적 피하고

자 한다. 이제 각각의 가치를 먼저 자체적으로 살펴보고, 그런 뒤 새로운 사조들과 새로운 과학기술 형식들이 우리 앞에 던진 과제들에 비추어 살펴보고자 한다. 세 가치를 조사한 뒤에는 청소년들을 위한 최상의 교육 방법, 그리고 성인이 된 후에도 이 영구적인 주제들에 계속 관심을 기울일 수 있는 방법에 대하여 내가 숙고하여 얻은 견해들을 제시할 것이다. 나는 진, 선, 미를 이상화된 형태로 복원할 수 있다고 우리 자신을 기만하지 않겠지만, 그럼에도 우리가 이 고전적 가치들의 핵심 자질들을 지켜낼 수 있다고 믿는다.

2. 진

TRUTH
BEAUTY
GOODNESS

결국은 진리가 정복할 것이라고 나는 믿는다.

— 위클리프

이 장은 진리를 다루는 만큼, 이 가치에 대한 고찰로 시작하고 또 내가 오로지 진실을 말할 거라고 분명히 해두는 것이 좋겠다. 그렇지 않으면 왜 여러분이 내 글을 읽느라 시간을 낭비해야 하겠는가? 따라서 간단한 주장으로 시작해보자.

진리는 본질적으로 진술, 명제의 한 성질이다. '2+2=4'는 참이고, '2+2=5'는 거짓이다. 진술은 과거, 날씨, 사람의 열망, 두려움 등 어느 주제라도 표현할 수 있다. 그리고 이 단락의 첫 문장이 드러내는 것처럼 진술은 진술 자체에 관한 것일 수도 있다.

사실, 진술이 자기 지시적일 수 있는 바로 이 상황이 우리를, 나를 곤란에 빠뜨릴 수 있다. 우리는 유명한 거짓말쟁이의 역설에 부딪힌다. 내가 "하워드 가드너는 항상 거짓말을 한다."는 진술을 했다고 가정해보자. 만일 이 진술이 내가 말한 대로 참이라면, 나는 진실을 진술했기 때문에 나 자신과 모순을 일으켰다. 반면에 그 진술이 거짓이라고 가정해보자(여러분이 지금까지 읽은 부분에서 나는 나 자신에 대해 진실을 말하고 있었다). 그러면 나 자신을 만성적인 거짓말쟁이로 묘사한 게 거짓말이 된다. 거짓말쟁이의 역설은 많은 사람들에게 재미를 선사하는 반면에, 주로 철학자들에겐 소화불량을 일으킨다.[1] 이 역설은 언어는 쓰기 나름이라는 사실을 상기시켜준다. 착시 현상처럼 언어도 우리의 마음을 갖고 장난을 칠 때가 있다.

방금 나는 진리(그리고 거짓)는 까다로운 문제임을 암시했다. 참과 거짓은 자명하고 간단한 상식의 문제라는 생각은 자세히 살펴보면 허점이 드러난다. 더 나아가 나는 우리가 진리를 매우 확실하게 입증할 수 있다거나, 어떤 진술들의 묶음은 고사하고 어느 한 진술도 모든 상황에서 항상 거역할 수 없는 참으로 판정될 수 있다고 생각하지 않는다(비록 2+2=4는 거의 그렇지만 말이다).

그러나 정반대 자세, 즉 진리에 접근하고 가능할 때에는 진리를 확립하려는 노력을 포기하는 자세는 비극적인 결과를 불러올 것이다. 포스트모더니즘의 관점을 극단으로 몰고 가서, 진리는 단지 권력의 표현이라거나, 진리는 입증해도 전혀 유효하지 않다거나, 진리는 속이 텅 빈 개념이라고 말해보자. 그런 상황이라면 정상적으로 살아가기가 거의 불가능할 것이다. 혹은 우리가 모든 판단을 디지털 미디어에게 양도해야 한다면, 다시 말해 진리는 웹페이지 상의 다수 표결에 불과하다고 가정하거나 온라인 백과사전의 최신판이 전문가들의 축적된 판단보다 더 결정적이라 믿는다면, 우리는 신중한 판단을 포기하고 군중(또는 컴퓨터 앞에 하루 종일 붙어 있는 웹 서퍼들)의 변덕에 의지하게 될 것이다.

우리는 진리의 핵심 개념을 구조救助하고 더 나아가 그 중요성을 인정해야 한다. 인간은 시간이 지남에 따라 신중하게, 반성하고, 협력적으로 일하면서 판단을 한 곳에 수렴하고 현실 상황에 대한 결론, 즉 세계의 실질적 존재 방식에 도달한다. 그러나 진리는 단 하나의 영역으로만 존재하지 않는다. 서로 다른 현실 영역에 서로 다른 진리가 있을

뿐 아니라, 서로 다른 학문 영역에 서로 다른 진리가 있다. 이 진리들을 서로 혼동하거나 뒤섞지 말아야 한다.

다음에서 나는 진리 의식이 발전하는 경로를 개략적으로, 그리고 우리가 우리의 감각적 증거를 그대로 신뢰할 수 없는 여러 이유들을 살펴볼 생각이다. 진리의 다양한 영역들을 고찰하고, 포스트모더니즘과 디지털 미디어가 진리 의식에 가하는 위협들을 검토하고, 가치에서 무엇이 남는지를 지적할 것이다. 물론 적어도 내가 이 책에서 계속 펼쳐나갈 선, 미, 교육에 대한 탐구를 위해 먼저 진리의 정당성을 확립하는 것이 중요하다는 점은 두 말할 필요가 없다. 진리는 미나 선과 동일하지 않지만, 진리가 없으면 어떤 가치에 대한 신중한 판단도 애초부터 배제되기 때문이다.

진리의 모태는 인간의 언어지만, 진실한 상태의 확인 가능성은 전前언어기의 유아에까지 확장된다. 세상에 태어날 때부터 우리의 오감은 세계가 어떤지 그리고 암암리에 세계가 어떻지 않은지를 우리에게 알려준다. 아기는 컵을 향해 손을 내밀고 그 컵을 자신 있게 붙잡는다. 거기에 실제로 컵이 있기 때문이다. 아기는 가상의 컵에 손을 내밀고 손가락을 허우적거리고, 그것이 환영임을 깨달으면 울먹이거나 실망스런 몸짓을 하거나 심지어 울음을 터뜨린다.[2]

2년이 훌쩍 지나가면 비슷한 사건이 언어 차원에서 발생한다. 아이는 "저거 아빠야."라고 말하고, 엄마는 고개를 끄덕이며 "그래, 아빠야."라고 말한다. 그러나 엄마가 자기 사진을 가리키며 "여기 아빠 있다."고 말하면 아이는 놀라고 당황한다. 그리고 "아니, 아빠 아냐."라고 외친다. 이 단순한 언어 명제가 구체적으로 보여주듯이 어떤 의미에서 2살 된 아이는 참과 거짓의 차이를 안다.

우리의 진리 개념은 처음에 상식common sense에서 발생하는데, 상common과 식sense에 함께 강조점이 놓인다. 먼저 우리는 우리의 감각에 의지하고, 그런 다음 공동의 감각, 즉 단지 우리가 아니라 사회를 대표하는 다른 구성원들, 특히 지식이 있다고 간주되는 사람들이 보거나 듣거나 냄새 맡는 것에 의지한다. 유명한 '클래펌 행 승합마차에 탄 사람'•뿐 아니라 '더뷰크에서 온 작은 노부인'••에게도 그것이면 충분하다.

슬프게도 상식은 우리를 멀리까지 인도하지 못한다. 오보나 역정보가 사회 전체에 쉽게 퍼질 수 있고, 경제학자 존 케네스 갤브레이스의 유명한 냉소적 표현대로 어느새 '일반적 통념conventional wisdom'이 된다. 여하튼 우리의 감각 정보와는 달리 지구는 편평하지 않고, 태양은 지구 주위를 돌지 않고, 지구와 그밖의 천체들은 에테르 속에 떠 있지 않고, 시간과 공간은 절대적이지 않고, 인간은 여섯째 날에 창조되지 않았다. 이렇게 한때 널리 인정받았지만 이제 거부당하는 진리들의 목록은 끝이 없다. 그리고 헤아릴 수 없이 많은 진리들이 전혀 흥미롭지 않다는 점을 덧붙일 수 있다. 나는 그 목록에 오늘은 1월 9일이고, 내일은 1월 10일, 모레는 1월 11일이라고 무한정 쓸 수 있고, 어느 것도 틀리지 않지만 '참'이면서 사소한 진술들을 산더미처럼 쌓아올린다고 해서 아무 것도 나오지 않는다. 심지어 수학의 영역에서도 신중

• 영국 법정에서 판결의 기준으로 삼는 '일반 보통 사람'을 말한다. 클래펌은 런던 교외의 도시다.
•• 에드워드 올비Edward Albee의 희곡, 〈The Lady from Dubuque〉에 나오는 정체불명의 노부인.

한 태도가 바람직하다. 2 더하기 2는 5가 아니지만, 비유클리드 기하학에서 평행선은 만난다.

심지어 당연히 감각에 의존해야 할 때에도 우리는 감각들이 자발적으로 제공하는 증거를 무시하도록 쉽게 조작 당한다.[3] 반세기 전 사회심리학자 솔로몬 애시는 탁자에 둘러앉은 사람들에게 두 선 중 어느 선이 더 긴지 지적하라고 요구했다. 한 선이 다른 선보다 확연히 길었기 때문에 정답은 명백했다. 그러나 2라운드 실험에서 참가자들은 실험자와 실제로 공모하여 모두 짧은 선을 선택했다. 이렇게 상황이 변하자 아무것도 모르는 진짜 참가자는 다른 구성원들에게 동조하여 자기의 믿음이 거짓이라고 단정하고 심지어 자신의 감각을 의심하기 시작했다. 남의 의견에 무작정 따르는 이 경향은 수많은 실험에서 재차 확인되었다. 예를 들어 한 집단에게 어떤 노래가 인기 있다고 믿게 하고 대조군 집단에게는 그 정보를 주지 않으면, 첫 번째 집단은 그 곡에 더 높은 점수를 매기고 더 자주 다운로드하는 경향을 보인다. 우리는 우리 자신의 감각 또는 우리 자신의 마음이 제공하는 증거와 반대쪽으로 쉽게 흔들릴 수 있다. 진리를 방어할 때는 항상 그런 유혹을 인지하고 있어야 한다.

마지막으로 모든 진술을 참이나 거짓으로 정확히 가를 수 없다는 점을 명심하는 것이 중요하다. 당분간 그렇든 항상 그렇든 많은 진술들이 막연하다. 예를 들어 "우리는 뇌의 10퍼센트만 사용한다."라는 자주 듣는 주장은 과학으로 확정할 수 있는 내용이 아니다. (사실 어떤 주장의 타당성은 그 주장이 무엇을 의미하는지 그리고 그것이 실제로 확인될 수 있는지에 달려 있다.) 그리고 물론, 다른 많은 진술들도 지나치게 바보 같거나

("나는 세상에서 가장 운이 좋은 사람이다"), 시적이거나("내 사랑은 한 송이 붉은 장미"),• 무의미하다("무색의 푸른 생각들이 맹렬하게 잠을 잔다").••

인간의 진리 탐구에 대해 곰곰이 생각할 때 우리는 감각들의 현상적 경험으로 시작할 수 있고 또 그것으로 시작해야 한다. 진리 탐색의 가능성은 감각 기관들의 존재에 달려 있다. 우리는 그렇게 해서 우리의 피부와 두개골 밖에 존재하는 세계를 알게 된다. 그러나 탐색은 거기서 그치지 않는다. 인간 지식의 범위는 오랜 세월과 여러 영역에 걸쳐 이루어진 공동의 여정을 표현한다. 그리고 이 여정의 목표는 진리에 대한 우리의 이해를 더 확고한 발판에 올려놓고, 근거 있는 진리들과 처음 마주쳤을 때 그와 똑같이 유혹적이지만 결국 거짓이나 무의미하다고 판단되는 진술들과 구별하고, 반복할 가치가 있고 더 나아가 '확실히 입증된 중요한 진리의 전당'에 모실 자격이 있는 진술들을 인정하는 것이다.

진리를 탐구할 때 우리의 가장 큰 동맹자는 학문분야들과 전문직들이며, 이 분야들은 수백 년 동안 발전하며 깊이를 더해왔다. 모든 학과, 모든 전문직은 저마다 다른 진리 영역을 탐구하고, 지적 진리와 실용적 진리를 확증하고자 노력한다.[4] 가장 확실한 진리들은 수학에 있다. 2+2=4이고, 우리가 산술의 범위를 벗어나지 않는다면 이 진리는 변하지 않는다. 유클리드가 발견한 정리들도 여전히 참이다. 비유

• My love is a red red rose. 로버트 번즈Robert Burns의 시.

•• Colorless green ideas sleep furiously. 노엄 촘스키Noam Chomsky의 유명한 예문.

클리드 기하학(또는 쌍곡 기하학)이라는 새로운 지류가 나왔을 때에야 비로소 수학자들은 그 새로운 하위 과목 안에서 유클리드의 전제들을 의문시할 수 있었다. 다른 학과들, 예를 들어 물리학, 생물학, 역사, 심리학, 경제학은 각자의 방법과 기준으로 진리를 확인한다.

수학이 출현하기 전에도 실용적인 연구들이 있었다. 작물을 심고 수확하는 법, 동물을 죽이고 요리해 먹는 법, 동을 제련하고 주조하는 법, 환자에게 해를 입히지 않게 열을 떨어뜨리는 법 등이 그것이다. 나는 이것들을 **실용적 기술**practical crafts이라 부른다. 실용적 기술은 저널리즘, 공학, 건축 같은 이른바 학문적 직업*에서부터 목걸이, 도수관, 바이올린 같은 물건을 만드는 일에 이르기까지 범위가 넓다. 여러분들에게는 내가 진리를 진술의 한 성질로 정의하다 잠시 궤도를 벗어난 것처럼 보일지 모른다. 그러나 중요한 점은, 이 행위들이 원칙상 언어적 명제로 표현될 수 있고 종종 그렇게 표현된다는 사실이다. "먼저 주위를 둘러보고, 무기를 들고, 신중히 겨냥하라, 등등." 대개 동물을 죽이고 고기를 베는 법을 **시범보이기**보다 그 행위들을 일련의 단어나 어구로 **전환하기**가 더 어렵다. 그럼에도 자립안내서(예를 들어 엄청난 성공을 거둔 "바보들을 위한 책Books for Dummies" 시리즈**)를 만들어 파는 산업에서는 우리가 실행할 수 있는 많은 행위들을 가끔씩 그림을 곁들여, 알맞은 언어 형태로 표현할 수 있다고 가정한다. 실용적 기술(어떤 직업들은 수백 년 이전으로 거슬러 올라간다)과, 17세기 유럽에서 처음

* learned professions. 본래는 신학 · 법학 · 의학을 가리켰다.

** 온갖 분야의 초보자를 위한 안내서 시리즈.

시작했고 현재 전 세계에서 추구하고 있는 과학 사이에는 강력한 연결고리들이 분명히 존재한다. 앨버트 아인슈타인은 누구의 기준에서도 위대한 과학자였지만 젊은 시절 특허청 직원으로 일할 때 실용적인 문제에 호기심을 느꼈다.[5] 한 노선 상에 있는 철도역들의 모든 시계에서 어떻게 시간을 일치시킬 수 있을까? 그러나 과학은 유용한 기능에 필요한 노력과 기본적으로 다른 노력이다. 과학은 실용적인 진리가 아니라, 세계가 어떻게 작동하는가의 모델, 혹은 고상함은 좀 떨어지지만 진실에 더 가깝게 말하자면, 세계가 어떻게 작동하는가의 여러 모델들을 확립하기 위한 노력이다. 그 모델들은 처음에 기술적記述的이지만(애벌레는 자라서 나방이나 나비가 된다) 결국 인과적이고(X 때문에 Y가 발생한다) 예측적일 수 있다(X를 발생시킬 수 있으면, 그 결과로 Y가 발생한다).

이상적 형태라면 과학자는 면밀하고 사심 없는 관찰을 하거나 신중하고 투명한 실험을 수행한다. 이 관찰과 실험에 기초하여 과학자는 물리계, 생물계, 인간 등에 관한 그런 모델들을 창조한다. 이 모델들은 절대 최종적이 아니다. 사실 과학과, 종교, 허구, 민간전승의 차이는 그 모델의 변경, 개정, 또는 반박의 가능성에 있다. 일반적으로 이 조정은 점진적으로 이루어진다. 그러나 과학사가들이 가르쳐주는 것처럼, 때때로 과학 패러다임에 갑작스럽고 극적인 변화가 일어나고, 그 뒤를 이어 완전히 새로운 진리 체계(예를 들어 진화론, 상대성 이론, 판구조론)가 전면에 부상한다.[6] 우리는 진리의 상대적 안정성에 따라 과학들을 정렬할 수 있는데, 물리학은 이 체계의 정점 근처에 있고, 심리학과 경제학은 바닥 근처에 있을 것이다. 그러나 모든 과학은 동일한 인식론의 북소리에 맞춰 행진하고, 적어도 행진하려고 노력한다.

역사도 진리를 확립하고자 노력하지만 역사학과 그에 속한 진리들은 기본적으로 다르게 작동한다. 역사는 과거에 일어난 일을 확증하려는 노력이고, 우리의 용어로 말하자면 과거에 대한 진실한 진술들을 창조하려는 노력이다. 그러나 과학과 다르게 역사는 관찰이나 실험에 종속되지 않는다. 역사는 한 번 발생하고, 그것이 전부다. 문자가 발명되기 전에 역사와 신화는 사실상 구별할 수가 없었다. 문자 이전의 집단들에는 그들의 '창조 신화'가 있었지만, 어떤 신화의 정당성도 입증할 방도가 없었다. 읽고 쓰는 능력(식자 능력)이 출현하고부터 역사가들은 기본적으로 문자 기록에 의존했고, 나중에는 녹취록과 도형 기록(사진, 영화, 비디오)에 의존했으며, 최근에는 전자메일 망에 의존하기 시작했다. 그러나 역사는 과학과 견줄 수 없을 정도로, 또는 적어도 과학과 다른 방식으로 **상상적 도약**을 감행한다. 역사가는 인간이 어떻게 그렇게 (때로는 시공간을 초월하여 서로 비슷하게, 때로는 터무니없고 거의 이해할 수 없이) 생각하고 행동하게 되었는지를 이해해야 한다. 애벌레가 어떻게 나비가 되는지를 이해하기 위한 생물학자의 도약은 비교가 되지 않는다.

또한 과학과 극히 대조적으로 각 시대의 역사가들은 과거의 연대기를 재가공해야 한다. 우리는 로마제국에 대해 80년 전보다 아는 것이 별로 많지 않을 것이다. 그러나 현대 미국 역사가들이 21세기 초에 로마 역사를 1930년에 썼을 법하게 쓰리라고는 상상할 수 없다. 더 좋은지 나쁜지는 모르겠지만 우리 시대에 미국은 로마제국이 되었다(허버트 후버 대통령의 재임* 말기쯤에 미국 역사가들이 품었던 생각과는 거리가 멀다). 우리 시대의 어느 로마사가도 어쩔 수 없이 그 생각에 물들어 있을 것이다. 그리고 이런 단서 조건들에도 불구하고 대개 역사가들은 그들이 유명한 19세기 역사가의 표현대로 "과거에 실제로 어떠했는지"에 점점 더 다가갈 수 있다는 믿음을 공유한다. 현대의 역사가 베니 모리스의 글에도 그런 생각이 반영되어 있다. "역사적 진리 같은 어떤 것이 존재한다고 나는 믿는다. 그 진리는 학자의 주관성과 독립적으로, 그로부터 초연하게 존재하는데, 거기에 도달하는 것이 역사가의 의무라고 나는 진실로 믿는다."[7]

지금 역사와 과학의 특징을 그렇게 규정하는 동안에도 나는 모든 과학자가 자신의 노력을 엄밀히 같은 방식으로 묘사하지 않는다는 사실, 그리고 역사가, 사료편찬위원, 역사철학자 등이 역사의 목표와 방법에 관하여 끝없이 논쟁을 벌인다는 사실을 잘 알고 있다. 과학과 역사는 둘 다 움직이는 표적이다. 과학자들도 강력한 은유들(탐험, 발견, 증거 제시, 공격과 반격)의 영향 하에 작업한다는 점, 역사도 그 범위와 수단이 지속적 변화를 겪는다는 점을 21세기의 학자들은 이전 세대의 학자들보다 훨씬 더 잘 알고 있다. 그럼에도 대부분의 과학자들과 대부분의 역사가들은 내가 제시한 대략적인 그림이 충분한 거리를 두고 보면 정확한 묘사라는 데 동의할 것이다. 다시 말해 과학과 역사는 각자의 진리를 표현하는 진술들을 추구한다. (진실한 설명과 그릇된 설명의 차이를 부인하고서 교수 재직권을 얻으려 해보라.) 그리고 더욱 중요한 면에서, 각자의 진리를 추구하는 과학(또는 과학 분야들)과 역사(또는 역

● 재임 1929~1933.

사 과목들) 사이에 중요한 차이들이 놓여있다는 점에 거의 모두가 동의할 것이다. 그러나 모두는 아니다. 포스트모더니즘에 빠진 사람들은 과학은 역사처럼 미약하고 역사는 과학처럼 미약하며, 과학적 또는 역사적 진리에 도달하거나 이끌어내려는 노력은 완전히 헛수고라는 실망스러운 결론을 피하지 못한다.

다른 학과들도 각자의 방식으로 진리를 추구하지만, 여기에서 수강편람을 펼칠 생각은 없다. (내가 심리학의 진리를 언급하지 않기 위해 노력하고 있다고 생각한다면, 여러분의 생각이 옳다!) 대신에 진리의 다른 무대, 즉 실용적 기술 및 전문직에 관심을 기울이고자 한다. 19세기 미국 철학자들이라면 실용주의적 진리의 영역으로 간주할 분야들이다.

고유한 진리를 확증하기 위한 노력의 일례로, 때때로 역사의 초고라 불리는 저널리즘을 생각해보자. 기자는 사건이 발생하고 있을 때나 발생 직후에, 오늘과 어제 무슨 일이 일어나고 있는지를 포착하려고 한다. 몇몇 측면에서 저널리스트는 역사가처럼 일한다. 그들 역시 텍스트를 읽고, 문맥, 동기, 관점을 확증하고자 노력한다. 그러나 물론 저널리스트들은 해당 주제와 거의 거리를 두지 못한다. 그들의 지식과 시점은 필연적으로 제한되어 있다. 그들은 몇 시간 안에 측량을 끝내야 한다. 마감시간이 항상 코앞에 있다. 저널리스트는 이야기를 바르게 이해하길 원하지만, 그것을 신속히 보도하는 것도 중요하다.

저널리스트는 만들어지는 것이지 태어나거나 한 순간에 창조되지 않는다. 과거의 이상적인 조건에서 그들은 견습생으로 첫발을 내딛었다. 신참기자들은 선배기자들과 함께 지역 뉴스를 취재하기 위해 파견되었다. 그들은 노련한 선배들이 어떻게 질문하고, 받아 적고, 출처를 확인하고, 초고를 쓰고, 부장들과 소통하고, 속보를 취재하고, 정정 기사를 내는지를 보고 배웠다. 어느 누구도 처음부터 백악관을 취재해 〈뉴욕타임스〉에 내지 않았다. 그보다 과거의 기자들은 작은 도시의 학교 이사회나 경범죄 사건을 취재하는 것으로 출발했다. 그 기술에 통달한 사람들, 예를 들어 펜실베이니아 주 마하노이시티에서 충분한 실습을 거친 기자들만이 해리스버그•나 필라델피아 금융가로 올라갔고, 특별히 운이 좋으면 미국 의회나 유럽의 어느 수도로 건너갔다.

이 '저널리스트 만들기'의 밑그림은 저널리즘의 황금기라 할 수 있는 시대에는 진짜처럼 들렸다. 20세기 중반 미국(그리고 다른 현대 국가들)에 주요 방송사는 몇 개에 불과했다. 〈라이프Life〉, 〈룩Look〉, 〈타임Time〉, 〈새터데이 이브닝 포스트Saturday Evening Post〉 같은 정기 간행물이 널리 읽혔고, 신문사들과 잡지사들은 전 세계 보도국들을 지원하고 저널리스트들에게 기사 작성, 사진 촬영, 편집 시간을 충분히 허락할 정도로 수익이 좋았다.

내가 태어난 후였지만 그 시대는 참으로 멀게 느껴진다.[8] 뉴스 아웃렛들의 급증은 1960년의 방송사나 주간지처럼 많은 사람들이 표본으로 채택할 수 있는 출처가 거의 없음을 의미한다. 수익이 빈약해지자 많은 보도기관들이 취재를 철저히 줄이거나 파산을 맞이했다. 가장 극적인 변화로 인터넷이 출현한 덕분에 누구나 자신이 목격한 것을 뉴스로 보도하고, 소문을 지어내거나 퍼뜨리고, 〈뉴욕타임스〉나 BBC 같은 입증된 보도기관들을 앞지르거나 논박할 수 있게 되었다.

• 펜실베이니아의 주도.

그리고 이 상황은 당혹스런 상황들로 이어졌다. 드러지 리포트*의 매트 드러지 같은 블로거들의 언론 쿠데타, 그리고 〈뉴욕타임스〉의 제이슨 블레어** 같은 기자들의 추잡한 표절 또는 순전한 발명이 그것이다.

오늘날 저널리즘의 특징이라 할 수 있는 압력과 비판이 역으로 저널리스트들을 공격하여, 저널리즘의 기술을 무시하거나 저널리즘적 진실의 이상에 도전하는 사람들의 먹이로 전락시킨다. 그들은 이렇게 묻는다. 실제로 저널리스트를 자칭하는 기자와, 자신이 목격한 것을 트위트에 올리거나 유투브에 범죄 장면을 게시하거나 시청이나 기후변화에 관한 인기 블로그를 운영하는 사람이 무엇이 다른가? 그리고 '기성 언론'에서 보도하는 많은 기사들이 결국 틀린 것으로 판명되고, 또 기성 언론이 많은 중요한 이야기들을 못 보고 지나치는 마당에, 왜 저널리스트들에게 특별한 지위를 부여해야 하는가? 왜 우리는 저널리즘적 진실을 숭배하거나 기대해야 하는가?

나는 저널리즘의 겉모습만 보는 사람들에게 분명히 반대한다. 저널리즘은 결점이 많고 또 결함이 있는 종사자들이 많지만, 여전히 필수적이고 가치 있는 직업이다. 우리 시대, 즉 우리가 살고, 행동하고, 결정을 내리고, 또 그 결정에서 고통이나 이득이 발생하는 이 시대에 무슨 일이 벌어지고 있는지를 확인할 수 있는 최적의 방법이기 때문이

* Drudge Report. 고졸 출신의 매트 드러지가 1995년 창간한 인터넷 신문. 주로 선정적인 특종을 터뜨려 화제를 모았다.

** 2003년 이라크사태 기사를 조작하여 해고되었다.

다. 게다가 정치, 경제, 종교 분야에서 윤리적 타락과 노골적인 범죄가 판을 치는 시대에(그런 부정행위가 전무했던 시대나 장소가 있었는가?), 잘 훈련된 저널리스트는 민주주의 제도의 생존에 필수적이다. (위키리크스가 폭로하는 문서들은 훈련받은 저널리스트만이 제공할 수 있는 전후 관계가 필요하다.)

유능한 저널리스트와 선전선동가, 스핀닥터(정치의 홍보전문가), 소문 퍼뜨리는 사람, 심지어 좋은 의도를 가진 시민 블로거 사이에는 근본적인 차이가 있다. 저널리스트는 사건을 신중하고 공정하게 관찰하고, 출처의 신빙성을 따지고, (특별한 상황을 제외하고) 익명의 출처를 피하고, 소문을 확인하거나 무시하고, 비판을 당하거나 범죄로 기소된 개인들에게 반박할 기회를 제공하는 등의 원칙을 신조로 삼는다. 다른 모든 전문직과 마찬가지로 언론 종사자도 전문가들이 이론화한 방식으로만 보도하고, 피드백을 포함한 신중한 훈련을 거치고, 실수를 통해 배우고, 오랜 시간에 걸쳐 전문가들과 교류하고, 전문가들의 긍정적 또는 비판적 평가에서 유익한 점을 습득하는 등의 기술을 획득해야 한다. 오늘날엔 믿기 어렵지만, 미국에서 지난 수십 년 동안 많은 저널리스트들이 투표하기를 거부했다. 공정한 입장을 훼손하고 싶지 않아서였다. 토머스 제퍼슨의 다음 선언은 유명하다. "신문 없는 정부를 선택할지 정부 없는 신문을 선택할지의 문제에 부딪힌다면, 나는 한 순간도 주저하지 않고 후자를 선택하겠다."[9] 비록 자명하다고 주장할 수 있는 진리는 아니었지만 그의 말은 타당성이 있었다. 바로 이것이 실용적 기술의 하나인 저널리즘, 즉 신속한 사실 확인을 전담하는 직업이다.

물론 언뜻 보아도 인터넷 시대에 저널리즘적 진실을 판단하기는 훨씬 더 어려워졌다. 나는 CBS 이브닝 뉴스를 보는 시청자들이 매일 저녁 더글러스 에드워즈나 월터 크론카이트의 유창한 목소리를 통해 세계에 관한 권위 있는 진실을 전하던 시대를 기억할 정도로 나이가 많다. 심지어 크론카이트는 "이것이 오늘의 세계입니다."라는 권위 넘치는 멘트로 저녁 뉴스를 마감했다. 그리고 매일 저녁 그의 단짝인 논평가 에릭 세버라이드는 우울하고 차분하게 "오늘의 세계"가 전체적으로 무엇을 의미하는지를 설명했다. 저녁 뉴스의 진실들은 〈타임〉이나 〈라이프〉 같은 주간지를 통해 확인할 수 있었다. 이 미디어들이 완전무결했다고 옹호할 생각은 없지만, 그것들은 분명 우리의 삶을 더 안락하게 해주었다.

오늘날 그런 권위에 근접하는 뉴스 미디어는 어디에도 없다. 젊은 사람들은 인쇄된 신문을 기피하고, 많은 사람들이 〈뉴욕타임스〉나 〈타임〉의 인터넷 판에서 뉴스를 얻으려 하지 않는다. 그들은 대개 자신이 동의하는 몇몇 블로그만을 읽고, 코미디 채널에서 존 스튜어트와 스티븐 콜버트의 시사 풍자를 보고, 종종 괴상한 출처에 기초하여 무엇이 옳은지(아름답고 좋은 것까지는 아니어도)를 판단한다. 또한 내가 젊은이들에게서 종종 듣는 말이 있다. "중요하다면 듣겠다."

나의 일생 동안에는 엄청난 지각 변동이 있었다. 진실 확립의 가능성에 대한 포스트모더니즘의 회의론을 반영하듯,[10] 신빙성과 투명성이 권위와 객관성을 보완하거나 심지어 대신하게 되었다. 달리 말하자면 젊은이들은(그리고 젊지 않은 사람들도 점점 더) 개인의 지위나 훈련이나 전문성 때문에 그 개인을 믿지 않는다. 젊은이들은 솔직해 보이고 자신의 편향을 거리낌 없이 인정하는 개인들에게 오히려 신뢰를 부여한다.

그러나 나는 향수에 젖어 있을 수 없다. 많은 '디제라티digerati'•들이 새로운 미디어를 민주주의의 성지로 보고, 나 역시 그들의 낙관주의에 때때로 동의한다. 온라인 민주주의자들은 수십 개의 출처를 정기적으로 살펴보고, 각각의 편향을 계산에 넣고, 자기 자신의 진실 또는 진실들, 심지어 객관적 진리에 도달한다. 최근에 나는 이런 입장의 한 예를 우연히 만났다. 나는 각 참가자의 사진과 약력을 작은 책자에 담아 소개하는 회의에서 한 젊은이(그의 이름을 '네드'라 칭하자)를 만났다. 네드는 실제로 이렇게 말했다. "저는 이런 약력에 조금도 관심이 없습니다. 그 대신 검색 엔진으로 참가자들에 관한 모든 정보를 읽으면 그들이 진짜로 어떤 사람인지를 알 수 있습니다. 좋은지, 나쁜지, 못 생겼는지를 말이죠." 만일 이 약식 절차를 따른다면, 어떤 면에서 모든 사람은 자신만의 가장 훌륭한 저널리스트이고, 극단적으로는 자신만의 가장 훌륭한 역사가일 수도 있다. 그런데 바로 여기에 진리의 핵심 개념들을 지키고 싶어 하는 사람들의 진정한 과제가 놓여있다. **우리는 폭넓게 조사하고, 현명하게 공감하고, 실제로 일어난 일에 수렴할 수 있는가?** 만일 우리가 그렇게 할 수 있다면, 즉 네드의 방법으로도 그것이 가능하다면, 우리는 이전 어느 때보다 실제 상황을 잘 확인할 수 있는 좋은 위치에 있는 셈이다.

학문 분야들이 각자의 진리를 추구하는 것처럼 전문직 및 실용적

• digital elite의 합성어로서 디지털 지식으로 무장한 신흥 지식계급을 말한다.

기술들도 각자의 진리가 있으며, 이 진리들은 능숙한 연마를 필요로 한다. 물론 이 직업들은 과거보다 오늘날 해당 분야의 학술 연구에 훨씬 더 많이 의존한다. 적절한 선에서 저널리스트들은 과학, 경제학, 철학 분야의 연구 결과들을 이용한다. 공예가들은 수학, 자연과학, 사회과학을 이용한다. 그들은 그런 학문들이 제공하는 진리에 의존하고 다른 전문 분야들을 응용할 수도 있다. 변호사나 공학자 같은 전문인들은 더 이상 스스로 평가하지 않고, 통계학의 전문 지식에 의존한다. 판사들은 갈수록 자주 과학적 연구 결과들을 인용하고, 배심원들은 다양한 분야의 전문가들이 내놓는 상충하는 증언을 저울질해야 한다. 심지어 성직자들도 조사를 이용하고, 어떤 성직자들은 자체적으로 '기관 연구'를 수행한다. 그러나 학계에서 들여온 이 방법들이 각각의 전문직, 예술, 기능직의 핵심 직무와 수단을 대신하진 않는다. 변호사, 의사, 교사 같은 전문인들은 여전히 해당 전문직의 실용적 진리에 의존한다. "큰 사건은 악법을 만든다", "환자의 말을 신중히 듣고 그런 다음 더 신중히 들어라", "수업 준비를 철저히 하되 처음 몇 분 동안 중요한 일이 발생하면 그 50분의 대본을 버릴 준비를 하라" 등이 그런 예이다. 당연히 그래야 한다. 우리는 전문인들에게 특권적 지위를 부여한 다음 여러 조건들과 불확실성 하에서 복잡하고 공정한 판단을 내리라고 요구하기 때문이다.

회의에 참석한 젊은이의 예에도 불구하고 우리는 대부분의 개인들이 그들 자신의 저널리스트나 역사가가 될 수 있다고 순진하게 믿어서는 안 된다. 이와 마찬가지로 평균적인 웹 서퍼가 자기 자신의 가장 훌륭한 변호사, 의사, 목사, 또는 교사가 될 수 있다고 기대해서도 안 된다. 그러나 인터넷 출처의 급증은 어쩔 수 없이 새로운 상황을 예고한다. 미래에 우리는 더 많은 지식과 더 많은 질문이 튀어나오고, 어떤 자격 인증기관이 전문가의 이름 앞이나 뒤에 몇 장의 증명서를 첨부했다는 이유로 경외심을 갖기는커녕 권위 자체를 인정하지 않는 상황이 더 많이 발생하리라 예상할 수 있다.

전문직이 변하고, 새로운 전문직이 출현하고, 일반인들의 참여가 증가하는 현상은 앞으로도 계속될 것이다. 그러나 전문 분야들의 핵심 가치에 관심이 있는 모든 사람은 경계심을 늦추지 말아야 한다. 최근의 기억으로 매우 섬뜩한 미디어와의 만남에서, 저널리스트 론 서스킨드는 조지 W. 부시 전 대통령의 한 상임고문에게 훈계를 들었다. 상임고문은 서스킨드에게 저널리스트들은 "진실에 기초한 사회"에 살고 있고, 자신들의 직업이 식별 가능한 진실을 연구하는 것으로 착각하고 있다고 말했다. 그는 계속해서 이렇게 선언했다. "세상은 더 이상 그렇게 굴러가지 않는다. 우리는 이제 제국이고, 우리가 행동할 때 우리는 우리 자신의 진실을 창조한다. 그리고 당신들이 나름대로 성실하게 그 진실을 연구하는 동안, 우리는 다시 행동하면서 다른 새로운 진실들을 창조한다. 당신들은 다시 그것을 연구할 것이고, 상황은 그런 식으로 흘러갈 것이다. 우린 역사의 주역이다. 당신들은 그저 우리가 뭘 하는지를 연구하는 수밖에 없을 것이다."[11] 이 생각의 근거는 참으로 한심하고 어처구니없지만, 포스트모더니즘의 진리관을 이보다 더 극명하게 나타낸 진술은 찾아보기 힘들 것이다. 이 진술을 꺾는 유일한 방법은 정반대의 전제로 생각하는 것이다. 큰 갈채를 한 몸에 받았으나 살해당한 저널리스트 데이비드 로젠바움의 추모사를 생각해보자. "그는 굳게 믿었습니다. 우리가 진실을 찾기에 충분히 똑똑하고 충분히 열의가 있다면 대부분의 이야기에는 진실에 근접하는 그 무엇이 있다고 말입니다."[12]

역사 같은 학문 분야를 생각하든, 바이올린 제작과 같은 기술을 생각하든, 저널리즘과 같은 전문직을 생각하든 간에 진리 추구에 관한 논의는 여전히 적절하다. 각 부문은 나름의 수단과 기준을 갖고 있고, 오랜 시간에 걸쳐 발전해왔으며, 새로운 발견, 새로운 기회, 예상치 못한 장애물을 고려해야 한다. 역사와 저널리즘은 진술을 생산하고, 진술은 언제나 진리의 고향이다. 그러나 역사가들과 저널리스트들조차도 일상적 실행에서 다양한 활동들을 하는데, 그 중에는 말로 표현할 수 있지만 대개 그렇게 하지 않는 활동들이 있다. 예를 들어 역사가는 당대의 사건들에서 유비 관계를 찾기 위해 항상 주의를 기울이고, 저널리스트는 영화, 텔레비전, 쇼에서 또는 점심을 먹거나 공원에서 조깅을 하는 동안 들려오는 대화에서 자신의 기술에 도움이 되는 힌트를 엿듣는다. 그리고 물건 제작 같은 순전히 실용적인 기술들로 넘어가면, '실행을 말로 옮기는 것'은 직업상의 원칙이라기보다 하나의 선택사항이 된다. 그러므로 멀리서 봤을 때 우리는 진리 추구를 하나의 연속체로 볼 수 있으며, 그 범위는 학자들(가령 과학자들)의 체계적이고 자의식적인 수단에서부터, 전문인들(가령 저널리스트들)의 덜 형식적인 접근법을 거쳐, 장인들(가령 보석세공인들)이 목표로 삼는 여러 변주 형태들에 이른다.

기술과 관련하여 '진리'를 언급할 수 있다면, 예술과 관련하여 진리를 언급하는 것은 적절할까? 나의 결론을 말하자면 예술에는 참과 거짓이란 용어를 적용하기가 몹시 애매하다. 내가 보기에 예술은 인간 상상력의 창조 행위이고, 예술작품을 이해하고 해석하는 방식 또한 상상적 도약을 반드시 수반한다. 확실히 해둘 것이 있다. 내 말은 세익스피어가 〈율리우스 카이사르〉를 무에서 창조했다거나, 독자가 〈모비딕〉을 〈톰 아저씨의 오두막〉처럼 해석하거나 그 반대로 할 수 있다는 뜻이 아니다. 그러나 세계를 '있는 그대로' 또는 '있었던 그대로' 이해하는 영역과 비교할 때 인간 창조의 영역에서 진위에 관한 주장은 내가 보기에 범주 오류에 해당한다. 그것은 마치 날씨가 참이나 거짓이라고 선언하는 것과 같다. 날씨는 참이나 거짓이 아니라, 그냥 그대로 존재하는 것이다.

그러나 나는 진리를 무시할 수 없다. 많은 현명한 사람들이 예술의 진리를 논하고, 어떤 예술작품이 사실적이라고 말하거나 위대한 예술이 세계의 가장 깊은 진리를 드러낸다고 말한다. 다시 진술의 영역으로 돌아가서 어떤 평론가들은 예술작품에 대한 보다 적절한 사유 방식을 제안해왔다. '진정성'을 살피는 방식이 그것이다. 희곡이나 시나 그림이 물리학자나 기자가 하는 방식에 따라 인생을 포착하려 한다고 생각할 순 없다. 그보다 예술작품은 인생, 세계, 인간 조건의 어떤 측면을 포착할 때 최대한 효과적이고 강력하고 (뒤에서 주장하겠지만) 아름다운 어떤 방식으로 포착한다고 생각해야 한다. 비록 구체적인 수단은 처음부터 끝까지 고안하거나 창안해야 하지만 말이다. 나는 파블로 피카소의 말에 깊이 공감한다.

예술은 진실이 아님을 우리 모두는 알고 있다. 예술은 진실, 적어도 우리가 이해하게끔 우리 앞에 주어진 진실을 깨닫게 만드는 거짓말이다. 예술가는 자신의 거짓말이 진실인 것처럼 확신시킬 방법을 알아야 한다.[13]

처음부터 다시 검토해보자. 단일한 진리 또는 진리의 단일한 기준이란 개념은 오늘날 가망이 없을 정도로 너무 단순해 보인다. 진리는 단지 감각에 의존하여 또는 주민들의 의견을 조사하여 확증할 수 있다는 생각, 특히 (고 윌리엄 F. 버클리의 조롱을 기억할 때)[14] 그 주민들이 우연히 어느 명문 사립대학의 교수들이라면 그들의 여론을 조사하여 진리를 확증할 수 있다는 생각도 마찬가지다. 인간은 여러 중요한 시대들을 거치고 수많은 왜곡, 반전, 좌절을 겪으며 전문성을 확립해왔다. 학문 분야와 전문 기술 모두 진리의 결정을 허용한다. 세계가 어떻게 존재하는지에 관한 진리들, 그리고 매우 복잡하지만 중요한 과제들에 도전하기 위해 세계 내에서 어떻게 행동해야 하는가에 관한 진리들이 그것이다.

포스트모더니스트들의 비평은 진리 선언에 대한 신중함을 불러일으켰다. 덧붙이자면 신중함이란 말이 적절하다. 새로운 과학 패러다임은 일단 널리 인정되더라도 과거의 과학적 진리들을 약화시키거나 그 부당성을 입증하는 것이 아니라, 종종 진리들의 전체적 배열을 새롭고 예상치 못한 방식으로 재배치하기 때문이다. 아인슈타인과 양자역학이 출현한 후에도 우리는 아이작 뉴턴의 역학 법칙들이 통용되는 영역들뿐 아니라 그 밖의 여러 법칙들이 차지하고 있는 영역들을 인정한다. 시험을 거친 약물이 오랫동안 사용되던 약재를 대신하거나 구글 검색이 기억력의 한계를 보완하는 경우처럼 새로운 발견도 전문 분야를 변화시키지만, 그런 발견 및 발명 역시 반드시 오랜 세월 동안 전해온 지식을 통째로 무너뜨리진 않는다. 한 권의 권위 있는 책이나 한 방송의 목소리가 여러 경쟁하는 설명들로 대체되지만, 그 결과 혼란이 발생했다고 해서 하나의 진실한 설명에 대한 탐구가 효력을 잃지는 않는다. 나의 젊은 친구 네드가 증명할 수 있는 것처럼, 그 탐구는 처음에 더 어려울 수 있지만, 결국에는 훨씬 더 믿음직스러울 것이다. 훨씬 더 포괄적이고 훨씬 더 신중하게 조사되었기 때문이다.

포스트모더니즘과 디지털 미디어가 지배하는 시대에 진리의 지위를 확립하려면 어떻게 하는 것이 가장 좋을까? 감각적 지식의 힘과 한계를 동시에 보여줘야 한다. 수학, 과학, 역사 같은 몇몇 학과들이 세계에 대한 설명에 도달하고 각자의 진리에 도달하는 방법들을 설명해야 한다. 학문적 증거 또는 다수 학문들의 증거를 평가하여 진리 가치를 결정하는 방법을 시범 보여야 한다. 기자, 의사, 변호사처럼 각자의 기술을 추구하는 전문인들의 일상적 업무 속에서 대략적인 눈대중이 어떤 한계에 부딪히고 축적된 경험, 전문성이 어떤 힘을 발휘하는지를 구체적으로 설명해야 한다. 사람들이 설령 비합리성, 편견, 선전에 물들더라도 그런 성향들이 승리하도록 허락하지 않는 방법들을 알아내야 한다. 대중이 어리석어지는 경우(예를 들어 일시적 광기 또는 광란의 파시즘에 복종하는 경우)뿐 아니라 현명해질 수 있는 방법들(예를 들어 개인들이 어림 잡아 내놓는 예측보다 더 정확하게 산정하는 방법)을 밝혀내야 한다. 그리고 예술에서 진리 탐구는 기본적으로 범주 오류에 해당하지만, 진정성 또는 '옳다'는 느낌을 리트머스지로 시험하는 것이 적절할 수 있음을 보여야 한다.

역설적으로 권위 있는 진리를 가장 심하게 비판하는 목소리들이 오히려 또는 특별히 그 중요성을 입증한다. 유명한 앵커 댄 래더●의 주장에 도전하는 블로거에게 우리가 주의를 기울이는 이유는, 저널리즘 전통이 놓친 진리에 그 블로거가 기초하고 있다고 생각하기 때문이다. 또한 우리가 대학생 카비야 비스와나탄●●을 경멸하는 이유는 그녀가 썼다고 주장하는 소설이 사실은 다른 작품들을 표절한 것으로 밝혀졌기 때문이다. 다시 말해 이 소설에 관한 새로운 진실이 밝혀진 셈이다. 여기에서도 (또 다시 역설적으로) 포스트모더니즘 회의론과 새로운 디지털 미디어는 힘을 합쳐, 실제로 일어난 일들을 더 잘 실체화한 진술을 제시해야 한다고 주장한다.

나 자신의 분야인 심리학의 용어로 표현하자면, 진리 탐구는 갈수록 더 '메타인지적metacognitive'이 되어야 한다. 다시 말해, 우리는 더 이상 우리의 눈, 저녁 뉴스의 말들, 또는 〈타임〉 지가 제공하는 요약문에만 의존할 수가 없다. 우리의 감각들이 충실히 기능하는 방식들과 우리를 속이는 방식들을 이해하는 것 외에는 대안이 없다. 뉴스 기자나 논평가가 의식적으로나 무의식적으로 이야기를 바로 잡거나 반대로 자신의 편향을 전달하기 위해 이용할 수 있는 방식들, 그리고 가장 능숙한 전문인들과 장인들이 알든 모르든 사용하는 절차들뿐 아니라 몇

● 2004년 선거 기간에 부시 대통령에 관한 오보를 확인하지 않고 내놓은 뒤 압력에 못 이겨 CBS 앵커 자리를 사임했다.

●● 인도 이민자 2세로 17세에 글쓰기 신동으로 알려져 소설 두 권을 쓰는 조건으로 브라운 사와 50만 달러에 계약을 맺었고 2005년 하버드 대학교에 입학했다.

몇 학과의 학자들이 사용하는 절차들을 우리는 이해해야 한다. 안타까운 순환 논리에 빠질 위험을 무릅쓰고 우리는 진리에 관한 진리들을 이해하고자 노력해야 한다.

더 이상 단일한 진리가 아니라, 개별 영역에 적합한 각각의 진리, 틀릴 수도 있지만 저마다 반드시 지속적인 다듬기와 개선을 거치는 각각의 진리가 모인 복수의 진리에 의존해야 한다. 약속의 땅과도 같은 순수한 궁극적 진리에 도달하진 못해도, 수백 년의 기간을 두고 올바른 방향으로 꾸준히 나아가야 한다. 이 제한적이지만 실질적인 의미에서 우리는 앞선 사람들보다 이 세계에 관한 더 진실한 그림, 더 적절히 표현하자면 더 진실한 그림들을 얻을 수 있지만, 결코 최종 목적지에 도달했다고 가정할 순 없다. 다만 우리의 후손들은 당연히 더 진실한 그림을 손에 넣을 것이라 믿을 수 있다.

3. 미

TRUTH
BEAUTY
GOODNESS

아름다움이란 자연적 우수성이다.

— 플라톤

■

진리 개념에 대한 우리의 조사는 복잡하지만 놀라울 정도로 낙관적일 수 있음이 판명되었다. 물론 단일한 진리나 절대적 진리는 결코 존재하지 않는다. 그러나 포스트모더니스트들의 경고에도 우리는 고무적인 발전, 즉 보다 확고하고 보다 널리 인정받는 진리 개념들을 향해 꾸준히 나아가는 발걸음을 알아볼 수 있다. 그리고 새로운 매스미디어들이 서로 경쟁하고 심지어 모순되는 진리 선언들로 먹구름을 일으키는 와중에도 기준과 정력을 겸비한 개인들은 확신에 찬 판단에 도달할 수 있다. 그런 판단들은 아날로그 시대에 도달할 수 있었던 판단보다 훨씬 더 엄밀한 근거에 기초할 것이다.

그러나 몇몇 영역에서는 진위 개념이 오도되어 있다. 예술이 전형적인 예다. 예술작품은 우리가 흔히 이해하고 있는 세계의 진리들에 속박되지 않은 인간 상상력의 산물로 보는 것이 타당하다. 그 대신 예술작품은 진정성을 기준으로 삼을 수 있다. 즉 경험의 측면들을 강력하고 환기적인 방식으로 포착하거나 전달하는 작품에는 그만큼 진정성이 담겨 있다. 그 측면들은 말 그대로 진실하지 않지만 우리는 그것이 진실할 수 있는 세계(꿈이든 악몽이든)를 마음속에 그릴 수 있다. 달리 표현하자면 예술은 합당한 동시에, 과학이나 역사 같은 학문 분야나 법률, 의료, 저널리즘 같은 전문직에서 작동하는 세계들과 근본적으로 다른 세계를 아는 방법이다.

물론 예술 이야기를 꺼내는 순간 우리는 전통적으로 진리나 선보다 미와 훨씬 더 깊이 관련된 영역으로 발을 들이게 된다. 사실 그리 멀지 않은 과거만 해도 음악, 무용, 문학, 연극, 시각예술, 조형미술을 망라한 모든 예술작품에 적용되는 1차적 기준은 미였다. 시각예술을 예로 들어보자. 회화, 드로잉, 조각은 아름답다고 널리 인정받은 관념들, 또는 18세기의 언어로 숭고한 관념을 포착하고 구현하는 한에서 가치 있다고 간주되었다. 이와 마찬가지로 과거에 감상자들은 아름답지 않거나, 추하거나, 미숙하게 제작되었다고 여겨진 장면이나 자질들을 보고 불쾌함을 느꼈다. 인상주의 작품들이 처음에는 특히 당시에 유행한 (그러나 오늘날 종종 더 낮은 평가를 받는) 바르비종파의 그림엽서 미학을 중시하던 사람들에게 추하다고 여겨지고 거부당했던 사실을 상기하라.

오늘날 특히 현대 서양에서 예술과 관련하여 미의 지위는 이전 어느 때보다 큰 변화를 겪었다. 어떤 비평가들은 미라는 용어를 완전히 기피하고, 또 어떤 비평가들은 과거와 아주 다른 방식으로 그 말을 사용한다. 어떤 측면에서 그렇게 다양한 입장들은 놀랍지 않다. 예술의 매력이 오래 전부터 취향의 문제로 간주되었고, 멀리 로마 시대의 말대로 "취향의 문제에 있어서는 논쟁이 없다degustibus non est disputandum"고 하기 때문이다. 그러나 우리는 이렇게 묻지 않을 수 없다. 미라는 용어, 더 나아가 그 개념은 과연 조금이라도 소용이 있는가? 그리고 소용이 있다면 우리는 미를 어떻게 생각해야 하는가?

우리가 살펴보는 가치의 판테온에서 어떤 물체들, 경험들, 사건들 또는 사람들은 관습적으로 아름답다는 형용사로 표현되어왔다. (뒤에서 대부분의 경우에 나는 이 서로 다른 종류의 존재물들과 현상들을 객체object라는 단어로 포괄할 것이다.) 미를 규정할 때 우리는 객체를 바라봄으로써 쾌감, 따뜻하고 긍정적인 느낌, '설렘'을 경험하거나, 말하는 사람의 기호에 따라 신경생리학적 용어로 세로토닌의 분출을 경험한다고 말한다. 객체를 아름답다고 감지할 때 중요한 점은, 우리가 그 객체와 거리를 유지하고도 만족한다는 점이다. 다시 말해 우리는 그것을 껴안거나, 먹거나, 땅에 내동댕이치려 하지 않는다. 객체는 어떤 명확한 힘을 발산하고 보유한다. 우리는 그 즐거운 감정을 재경험하거나 심지어 증폭하기 위해 (너무 자주는 아닐지라도) 정기적으로 그 아름다운 객체로 **되돌아오는** 경향이 있다.

진리와 미는 근본적으로 다르다. 진리는 **진술의 속성**인데 반해 미는 **객체를 경험**하는 과정에서 드러난다. (물론 소통을 위해 우리는 "저건 아름답다"고 말할 수 있지만, 이 언급은 그 경험의 본질이 아니라 때늦은 생각이다.)

두 가치의 또 다른 차이는 더욱 뚜렷하다. 진리의 본질 개념은 시간이 지나도 변하지 않았다. 변한 것은 단지 진리를 확인하는 수단, 그리고 진리 선언이 얼마나 확고히 오래 갈 수 있는가에 대한 우리의 결정이다. 이와 대조적으로 어떤 경험이 아름답고 그것이 왜 아름다운가에 대한 우리의 견해는 아주 많이 변해왔다고 나는 주장한다. 게다가 그 경험들은 예측할 수 없는 방향으로 계속 변할 것이다. 왜냐하면 미는 본질상 엄밀한 판정을 거부하고 개인마다 뚜렷이 다르게 작용하는 역사적, 문화적, 개인적 요인들로부터 지속적으로 영향을 받기 때문이다. 실제로 오늘날 많은 사람들이 아름답다고 간주하는 경험들은 우리 조상들에겐 충격을 안겨주었을 것이고, 현대(또는 포스트모던) 문명에 깊이 빠져들지 않은 사람들에겐 계속 당황스럽게 느껴질 것이다. 따라서 앞으로 나는 '전통적인 미'와 '개인화된 미적 감각'을 구별할 것이다.

미적 경험이 명확한 판정과 해석을 거부한다면 왜 우리는 그에 관심을 기울일까? 무엇보다 아름다운 경험의 추구는 삶의 결정적 부분을 이루기 때문이다. 특히 기본적인 욕구인 음식, 집, 안전이 충족되고 나면 더욱 그렇다. 나 자신의 경우에도 예술에서 아름다움을 경험하는 기회는 학문 분야나 실용적 분야에서 진리를 탐구하는 것 못지않게 내 삶의 중요한 부분을 이룬다. 미적 가치를 탐구하는 데는 또 다른 이유가 있다. 최근에 생물학이나 경제학의 영향을 받은 학자들이 승인하는 가운데 미에 관한 잘못된 진술들이 세상에 나왔다. 이제 그 설명을 바로잡을 때가 되었다.

이 그릇된 생각들을 살펴보기 전에 나는 한 가지 점을 인정해야 한다. 물리적 자연계, 그리고 그에 못지않게 인간적 자연계도 미추의 단계적 차이를 보여준다. 심지어 어떤 장면들은 예로부터 문화와 시대의 차이를 뛰어넘어 아름답다고 간주되었다. 푸르른 대지, 반짝이는 일몰, 장엄한 산봉우리, 잔잔한 호수, 도도히 흐르는 강이 그런 예들이다. 이와 마찬가지로 몇몇 종류의 사람 얼굴과 체형도 보편적으로 아름답다고 인정받는다. 심지어 그릇, 무기, 보석 같은 인공물도 균형 같은 표준들을 따르고 황금비율 같은 기하학적 비율들을 선호하는 경향이 있다.[1]

그림 3.1. 〈미국인들이 가장 좋아하는 그림, 1994〉(왼쪽 위), 〈미국인들이 가장 싫어하는 그림, 1994〉(오른쪽 위). 〈중국인들이 가장 좋아하는 그림, 1996〉(왼쪽 중간), 〈중국인들이 가장 싫어하는 그림, 1996〉(오른쪽 중간). 〈케냐인들이 가장 좋아하는 그림, 1996〉(왼쪽 아래), 〈케냐인들이 가장 싫어하는 그림, 1996〉(오른쪽 아래). 비탈리 코마와 알렉산드 멜라미드의 슬라이드 영상. 뉴욕, 로널드 펠드먼 파인 아츠의 허가로 수록함.

흥미로운 사실을 드러내는 한 연구에서 미술가 알렉산더 멜라미드와 비탈리 코마는 예술작품들을 슬라이드 필름에 담아 여러 나라 주민들에게 보여주었다.[2] 그리고 어느 작품이 아름답고 어느 작품이 아름답지 않은지에 대해 문화적 경계를 뛰어넘는 상당한 일치를 확인했다. 게다가 선호의 주제는 예측이 가능하다. 슬라이드 필름들을 미국,

중국, 케냐 주민들에게 보여주면 참가자들은 전반적으로 앞서 언급한 자연 경관들(호수, 산)을 그린 작품을 선호하고 기하학적 형태에 색칠을 한 (니콜라스 드 스타엘의 작품을 떠올리는) 그림에 가장 낮은 점수를 매긴다. 그림 3.1의 짝지은 그림들에서 선호의 일치를 볼 수 있다.

이 개념들과 미적 기준은 어디에서 나올까? 최근 들어 미의 기준은 인간의 신경계에 유전적으로 설치되어 있다는 주장이 유행하기 시작했고, 더 나아가 최신 유행으로 각광을 받고 있다. 약간 덜 대담하고 덜 노골적으로, 미적 기준은 인간의 신경계와 지구 환경의 상호작용으로부터 불가항력적이진 않더라도 자연스럽게 출현한다고 주장하기도 한다. (심지어 과거에 그런 환경이 우리 조상들에게 더 쾌적했기 때문에 이 선호 성향들이 출현했다는 진화론적 주장도 있다. 그런 환경에 끌리는 성향이 진화상 유리했고, 그래서 생존자들을 통해 다음 세대로 전달되었다는 말이다.)[3]

만일 가장 넓은 의미에서 균형 잡힌 신체와 얼굴 같은 자연미의 어떤 표준들이 역사와 문화의 변덕을 초월하고, 그래서 보편성에 도달한다고 입증되어도 나는 놀라지 않을 것이다. 그리고 어쩌면 우리 모두는 어떤 목가적인 장면 앞에서 특정한 신경전달물질들을 분비하는 성향을 갖도록 뇌 회로가 배선되어 있을지 모른다.[4] 여기까지는 생물학을 지향하는 동료 학자들의 의견을 기꺼이 인정한다.

그러나 이 선천적 성향들이 모든 시대의 예술에서 무엇이 미의 근본인지를 설명한다는 개념에 나는 강하게 이의를 제기한다. 기껏해야 그 성향들은 정식 교육을 받지 않은 어린 유기체가 청각적으로, 시각적으로, 또는 단일하거나 복합적인 감각 양식을 통해 무엇에 주목할지에 영향을 미치는 대략적인 매개변수에 불과하다. 우리의 공통적인 감각적 경험은 진리 가치를 확정하기 위한 출발점을 이룰 수 있지만, 그 공통의 경험 자체로는 세계의 기본적 진리들에 대해 거의 어떤 내용도 포착하지 못한다. 이와 마찬가지로, 우리가 호모사피엔스의 유전자, 뇌 영상, 신경전달물질 등을 더 깊이 파헤쳐도, 자연적인 미든 인공적인 미든 간에 우리가 미의 영역과 관련된 중요한 사실들을 거의 알아내지 못할 거라고 나는 확신한다.

X를 위한 유전자, Y를 위한 신경망, Z를 위한 진화론적 기초를 탐구하는 학문 세계에서, 나는 왜 인식론의 퇴행처럼 보이는 입장을 취하는가? 인간적인 것(나는 인간 본성이라는 편향적인 용어를 의도적으로 피하고 있다)의 영역은 역사의 우연들로 가득 차 있으며, 인간 문화들(그리고 하위문화들)의 내부와 그 사이에 그리고 한 부족이나 사회의 인간들 사이에 존재하는 매우 폭넓은 특수성들에 의해 규정된다고 믿기 때문이다. 우리의 유전자와 뇌는 1만5천 년 전의 조상들, 심지어 4만 년 전의 조상들과 실질적으로 동일하다. 그러나 21세기에 사는 대부분의 사람들은 구석기 조상의 외모(또는 마음) 또는 소크라테스를 추방하자고 투표한 아테네 광장의 군중들, 프랑스 혁명에서 축출당한 독재자 귀족들, 노예제의 현명함이나 인종차별의 필요성을 주장하던 미국의 선조들, 1960년대 중국의 문화혁명에서 자신의 부모와 선생에게 반항한(그리고 당국에 고발당한) 젊은 폭도들의 모습으로 자신을 그려보기가 극히 어렵다.

이 시대들은 매우 다른 종류의 인간을 낳은 것처럼, 현저히 다른 미, 추, 숭고, 진부의 개념들과 함께 매우 다른 예술작품들을 낳았다.

남북전쟁 기념물을 비롯한 과거의 공공미술(애마를 탄 차갑고 무정한 군인)과 베트남전쟁 기념비(직사각형의 검은색 화강암 벽에 나란히 새겨진 5만 명의 이름들)를 비교해보라. 현대의 관람자들이 마상 조형물을 좋아한다고 상상하기 어려운 것처럼, 19세기 관람자들도 베트남전쟁 기념비를 보고 감동을 받으리라고 상상하기 어렵다. 이와 마찬가지로 18세기에 프랑스 주민들은 산을 싫어했다. 역사가 그레이엄 롭에 따르면, "그 문제를 잠시라도 생각하는 사람들, 그리고 그곳에 살던 사람들에게 산은 원시 세계의 유물이었다." 또한 소설가 오르한 파무크는 이스탄불 주민들과 관광객들이 그 도시를 얼마나 다르게 경험하는지를 묘사한다. "계단처럼 펼쳐진 돔과 지붕들, 줄지어선 집들과 비틀어진 창틀, 그 틈바구니에 끼여 사는 사람들에게 이것들은 아름다워 보이지 않는다. 대신에 그들은 불결함, 무기력하고 절망적인 방치 상태를 언급한다. 가난과 역사적 쇠락이 우연히 만들어낸 아름다움에 심취하는 사람들, 폐허에서 그림 같은 풍경을 보는 사람들은 항상 바깥에서 온 자들이었다." 분명 많은 현대인들이 자연과 인간이 만든 풍경들에 소중함을 느끼고 아름답다는 수식어를 붙이지만, 인근에 사는 주민들은 불쾌감을 느낀다.[5]

생물학에 기반을 두고 미학적 매력을 설명하는 견해들은 항상 근본적인 혼동에 사로잡혀 있다.[6] 빈 출신의 유명한 미국인 작곡가이자 한때 화가로 활동했던 아르놀트 쇤베르크의 명확한 구분을 우연히 접한 순간 나는 그 혼동의 이유를 알게 되었다. 이 예술계의 거장은 **양식**style과 **악상**idea(그의 독일어를 번역한 용어다)을 구분했다.[7] 쇤베르크에게 양식은 한 시대의 작품들과 다른 시대의 작품들을 가르는 선이다. 다시 말해, 양식은 음악의 용어로 모차르트, 하이든, 요한 크리스티안 바흐의 고전주의 시대와 리스트, 슈만, 베를리오즈의 낭만주의 시대를 구분한다. 두 음악의 차이는 너무 커서 아동은 물론이고 어쩌면 비둘기나 쥐도 그 차이를 (감상하진 않더라도) 들을지 모른다. (어쨌든 비둘기들이 인상파 화가인 클로드 모네의 그림과 추상표현주의 화가인 잭슨 폴락의 그림을 확실히 구별할 줄 안다고 입증되었으니 말이다.)

정식 교육을 받지 않은 음악 청취자들은 고전주의 작곡가들을 하나로 묶고, 낭만주의 작곡가들을 하나로 묶는다. 각 음악 장르에 속한 곡들은 양식적 특징들을 공유하기 때문이다. (이와 마찬가지로 시각 예술에서도 소박한 관람자들은 인상파 화가들, 추상표현주의 화가들, 팝아트 또는 개념 예술가들을 따로따로 묶는다.) 그러나 예술이 우리의 눈과 귀, 흥미와 호기심을 끄는 것은 모차르트와 하이든(그리고 슈베르트와 베토벤)의 차이, 모차르트 피아노 소나타들과 현악사중주들의 차이, 특히 한 음악가가 연주한 C단조 피아노 협주곡(K 491)과 다른 유명 음악가가 연주한 그 협주곡의 차이(예를 들어 글렌 굴드와 미츠코 우치다의 차이) 때문이다. 신경계나 인간 유전체를 더 많이 이해한다고 해서, 지속적인 차이들과 아주 순간적인 차이들을 포함하여 우리가 어떻게 그 차이들을 알아내는지, 더 나아가 어떻게 평가하는지를 밝히기는 애초에 불가능하다고 나는 생각한다.

생물학에 기초한 설명들은 우리가 어떻게 큰 양식적 차이들을 인식하는지를 꿰뚫어보게 해주지만, 개별 작품들에 대해 내리는 (미적 판단을 포함한) 판단들은 전혀 설명하지 못한다. 영국 문학평론가 레이먼드 탈리스는 이 점을 강조하면서, 찬사를 받을 자격이 있는 유명한 소설가 A. S. 바이어트를 비판했다. 바이어트는 자신이 존 돈의 작품들에 끌리는 이유를, 최근에 밝혀진 거울 뉴런을 포함한 몇몇 신경계 경로와 연결망에 의존하여 설명했다.[8] 탈리스는 신경문학적 비평에 물든 바이어트의 태도, 즉 뇌 과학의 연구 결과를 이용해 문학적 주제와 형식의 매력을 설명하는 태도를 개탄한다. 그는 장난스럽게 이 입장이 **너무 멀리 나갔다**overstanding고 표현한다.[9]

> 바이어트는 신경생물학적 접근법을 채택하는 바람에 상당히 많은 중요한 차이들을 놓치고 말았다. 존 돈의 한 시를 읽을 때와 다른 시를 읽을 때의 차이, 구체적인 시 한 편을 연달아 읽을 때의 차이, 돈의 시와 다른 형이상 시인들을 읽을 때의 차이, 형이상 시인들을 읽을 때와 윌리엄 카를로스 윌리엄스•를 읽을 때의 차이, 위대한 문학과 졸작을 읽을 때의 차이, 시 읽기와 수많은 행위들(예를 들어 화장실에 화장지가 없어 짜증을 내는 행위)의 차이 등이다. 문학을 평론하는 사람이 간과하기에는 놀라울 정도로 많은 차이들이다. 그러나 그것은 너무 멀리 나간 대가이다.

예술은 예측할 수 없는 역사적, 문화적, 개인적 행로를 따라 나아간다. 우리는 예술작품에 경탄하고 그것을 경험하며 한껏 즐길 수 있지만, 그 의미를 해석하고 그 매력을 설명하는 (수학적, 경제학적, 또는 생리학적) 알고리듬을 내놓을 수는 없다. 우리는 각기 다른 문화에 속한

• 과장된 상징주의를 배제하고 평면적 관찰을 기본으로 한 '객관주의' 시를 추구한 미국 시인.

개인들이 대체로 기하학적 패턴보다 목가적인 정경을 더 좋아하는 이유를 설명할 수는 있다. 그러나 왜 한 시대에 속한 개인들은 바흐나 돈존이나 반 고흐를 높이 평가하는 반면 다른 시대의 사람들은 그러지 않는지를 일반적으로 설명하기는 전적으로 불가능하다. 이 문제에 나의 의도를 비추어 표현하자면, 이종 집단들 사이에서 반복적으로 나타나는 애호 성향은 모방적 취향에 불과하다.

우리는 지금까지 종종 개념화하던 대로 미를 보는 관점에서 아주 멀리 벗어난 것 같다. 그러나 이 이탈은 적절하다. 서양에서 예술은 어떤 전통적인 미 개념이나 심지어 개방적인 미 개념에서도 먼 쪽으로 흘러왔거나 의도적으로 과감히 전진해왔기 때문이다. 서양뿐 아니라 갈수록 다른 곳에서도 순수예술은 더 이상 현실을 충실하게 기록하려 하지 않는다. 그 과제는 오래 전에 사진과 오디오 기록에 떠넘겼다. 순수예술은 더 이상 운율이 맞아 떨어지는 시나 교과서적인 화음과 규칙적인 박자를 담은 악곡을 중요시하지 않고, 주인공, 장애물, 장애물의 극복, 모두 또는 최소한 착한 사람들이 영원히 행복하게 사는 결말로 구성된 "영웅적" 줄거리의 문학작품을 가장 중요한 자리에 올려놓지도 않는다. 중요한 것은 이런 예술적 경향들이 오랜 세월에 걸쳐 점진적으로 펼쳐졌다는 사실이다. 이 추세들은 결코 포스트모더니즘의 결과가 아니라 포스트모더니즘의 출현과 그 이름의 선택에 촉매 작용을 했다.

많은 권위자들의 입장에서 예술 전반에 걸친 이 상황은 미 개념의 해체로 이어졌다. 미술학자 로리 펜드리히의 증언을 들어보자. "이 빠르고 다양하고 다소 민주적인 사회에 사는 우리는 미를 가슴 깊이, 정말로 의심한다. 미는 어떤 것들에 부인할 수 없이 '아름다운' 꼬리표를 붙이고 다른 것들에 돌이킬 수 없이 추한 꼬리표를 붙이는 계급 제도에 기초해 있다. 진지하고 창의적이고 '살아있는' 대부분의 현대 미술가들은 이미 확립된 이 계급 제도의 요소들을 그저 되풀이하기를 원하지 않는다."[10] 펜드리히처럼 포스트모더니즘에 공감하는 사람이라면 "미"를 모든 예술적 경험의 필수조건으로 보는 견해에 도전해도 무방하다. 그러나 우리는 우연히 미 개념을 끌어들이거나 배척한 권위 집단들 때문에 그 개념을 해체해서는 안 된다. 그 대신 미에 내포된 전통적 요소들을 과소평가하게 만든 역사적 문화적 요인들을 조사하고 우리 시대를 위해 미 개념을 재정립할 수 있는지 숙고해야 한다.

과거에 이상화, 규칙성, 조화, 균형, 객관적 외양에 대한 충실성으로 정의되었던 미가 더 이상 예술의 유일하거나 주된 명함이 아니라는 데 동의해보자. 그 단독의 가치를 대체해버린 현 상황의 특징을 우리는 어떻게 규정할 수 있을까? 나는 세 선행 자질을 후보에 올리고자 한다. 객체가 흥미롭고, 그 형식이 기억할 만하고, 객체가 미래의 만남을 야기하는 것이다. 이 자질들의 단독적 또는 연합적인 결과로 개인이 즐거운 경험을 보고할 때, 그나 그녀나 우리가 미를 언급하는 것은 (명백히 필수적이지진 않아도) 적절하다. 오늘날 나를 포함한 많은 사람들이 그렇게 한다.

이때 내 안에 있는 철학자가 외친다. "이런, 당신은 예술적 미를 정의하려 하고 있군. 예술은 그 정의를 허용한 적이 없는데." 실제로 한때 미학자 모리스 와이츠가 주장했듯이 예술은 본래 "열린 개념"이고,[11] 그 한계를 규정하려는 어떤 노력이라도 다음 예술가나 예술 비평가, 심지어 속물적인 사람의 도전을 피하지 못한다. 유명한 예가 부부 미술가인 크리스토와 장클로드다. 천으로 감싼 독일 국회의사당에서부터 깃발 모양의 나일론 조각들로 장식한 센트럴파크에 이르기까지 새로운 작품을 선보일 때마다 그들은 예술작품이라고 인정할 수 있는 범위에 대한 우리의 개념을 확장시켰다.

한 철학자는 문제를 제기한 반면에 다른 철학자, 즉 나의 스승인 넬슨 굿맨은 해결책으로 가는 길을 제시했다. 어떤 증상들이나 증상들의 조합이 질병의 존재를 암시하는 것처럼, 어떤 선행 자질들은 예술적 미의 "전조"가 된다. 이 특징들이 한꺼번에 부재할 때 우리는 예술미를 언급할 수 없다. 그러나 그 특징들이 모두 또는 대부분 존재하면 우리는 분명 예술미의 영역에 접근하고 있을 것이다.[12]

그래서 나는 미적 경험에 선행하는 세 징후를 제안했고, 그 첫째는 흥미로움interestingness이다. 갈수록 예술 애호가들은 흥미롭고, 마음을 끌고, 자극적이고, 의외성 있는 재료를 찾아 나서고, 그런 욕구를 충족시키는 재료가 있을 때 적극적으로 반응한다. 많은 예술가들이 이국적인 객체를 만들어내거나 놀라운 행위를 수행하고 그런 행위들을 미술관에서 공연하고 비평가들에게 보여줌으로써 그 수요에 응하거나 수요를 창출하는 데 일조해왔다. 때때로 어떤 사람들에게 그 객체나 경험은 지독할 수 있고, 다른 때 다른 사람들에겐 경외를 불러일으킨다. 그러나 적어도 그것은 흥미를 유발한다.

왜 흥미로운 객체를 창조하거나 흥미로운 행위를 연기하는가? 실험미학이란 분야에서는 사람들이 어떤 광경이나 소리가 익숙해질 때마다 어떻게 눈길을 돌리거나 귀를 닫는지를 자세히 기록한다.[13] 그리고 이와 대조적으로 "새로운 규범"에서 일탈이 발생할 때 그것이 흡수하기 힘들 정도로 복잡하지 않으면 그에 주의를 기울인다. 그러나 일단 새로운 자극이 사람에게 익숙해지면 그것도 주의를 끄는 힘을 잃어버린다. 그러므로 흥미를 유지시키려면 항상 같은 방향을 유지할 필요는 없어도 볼륨을 계속 올려야 한다. 다시 말해, A에 대한 흥미가 식으면 사람들은 B, C로 넘어가지만, 때로는 D, E, F 방향으로 계속 이동하기보다 A로 돌아가는 것이 더 매력적일 수 있다. 실험 심리학이 자주 보고하는 실험 형태에서, 시간이 지남에 따라 개인들은 점점 더 복잡한 다각형(예를 들어 12각형이나 20각형)에 눈길을 주다가 정점에 이르면 그때부터 적은 면을 가진 전형적인 단순 도형으로 다시 되돌아간다.

이 "흥미의 궤적"은 실험실을 벗어나 예술 전반에도 나타난다. 수세기에 걸쳐 진지한 관현악이 발전한 과정을 살펴보자. 모차르트-슈베르트 시대의 고전주의 관현악이 쏟아진 뒤로, 베를리오즈, 바그너, 리스트 같은 낭만주의 작곡가들이 조성의 권위에 도전하기 시작했다. 그런 다음 20세기 초부터 이고르 스트라빈스키와 아르놀트 쇤베르크는 각자의 방식으로 대안적인 음계를 창안했다. 그 후 12음계 음악이 더 복잡하고 난해해지자, 이와 최대한 극명하게 대조되는 미니멀리즘 음악 형식이 관심을 끌게 되었다. 미니멀리즘 작곡가 존 애덤스는 이렇게 말했다. "뉴컴플렉셔니스츠New Complexionists[20세기 중반의 복잡하고 난해한 음악 양식]의 현란한 바로크적 악보와 비교할 때, 내 음악의 무미건조한 표기법은 샤르트르 대성당 옆에 웅크린 소형 천막 같았다. 나는 그 화려한 배경에서 멀어져야 했고, 왜 '과정으로서의 복잡성'이란 개념이 사실은 젠체하는 태도이자 지적인 모래성과 같고 또 항상 그래왔는지를 스스로 상기해야 했다."[14] 그에 상응하는 미니멀리즘 형식들이 애덤스가 제안한 것과 상당히 비슷한 명분으로 문학(사무엘 베케트)과 시각예술(도널드 저드)에서도 출현했다.

물론 흥미로움 자체는 예술의 특별한 징후가 아니다. 만일 그렇다면 단지 뉴스가치newsworthiness만 있어도 객체나 제작물은 예술적 지위를 획득할 것이다. 내가 보기에 이는 무리한 생각이다. 단일한 징후는 질병의 신호도 아니고 미술품의 신호도 아니다. 그러나 일단 어떤 형식 또는 구성방식에 흥미로운 요소가 충분히 강력하게 또는 환기적으로 구현되어 그 형식으로 기억될 수 있다면, 우리는 분명 예술 쪽으로 나아가게 된다. 그렇게 우리는 미적 경험의 가능성에 접근한다.

개념 예술이 흥미로운 예다.[15] 개념 예술은 소재가 어떤 생각이고 그 생각을 단지 반복하거나 변주하면 충분한 것으로 보일지 모른다. 그러나 실은 그렇지 않다. 〈하나이자 셋인 의자One and Three Chairs〉에서 조셉 코수스는 의자 하나와 그 의자의 사진과 의자의 사전적 정의를 나란히 보여준다(그림 3.2를 보라). 그리고 몇 십 년 전에 학생들이 받았던 벌을 특이하게 변형한 작품에서 존 발데사리는 고집스런 학생에게 다음과 같은 문장을 반복해서 쓰게 한다. 〈다시는 지루한 작품을 만들지 않겠습니다I will not make any more boring art〉(그림 3.3을 보라).[16] 각각의 경우에 잠재적으로 흥미로운 아이디어(의자란 무엇인가, 지루한 미술을 어떻게 피할 것인가)가 하나의 형식 또는 구성방식과 결합되어 있고, 형식은 그 자체로 기억할 만하고 심지어 잊을 수 없다.

형식의 기억성memorability을 통해 예술가는 그 자신을 인식론 학자나

그림 3.2. 〈하나이자 셋인 의자One and Three Chairs〉. 조셉 코수스Joseph Kosuth, 1965. 저작권 © Joseph Kosuth/Artists Rights Society(ARS), New York. 디지털 이미지 저작권 © Museum of Modern Art/Licensed by SCAKA/Art Resource, New York.

노출증 환자와 구별한다. 현대 행위예술가 마리나 아브라모비치가 흥미로운 예를 보여준다. 그녀의 최고의 행위예술 중 하나에서 아브라모비치는 움직이지 않고 의자에 앉아, 스스로 다가와 맞은편 의자에 앉는 관람객을 응시한다. 관람객은 원하는 만큼 앉아 있을 수 있고, 행위예술가는 8시간 동안 그 자리에서 움직이지 않는다. 이 특이한 행동은 분명 흥미를 자아낸다. 인내심이 강한 사람이면 누구나 아브라모비치의 역할을 할 수 있지만, 이 예술가는 의상의 색과 종류, 머리와 손의 위치, 얼굴 표정과 몸의 자세를 선택하는 일에 엄청난 공을 들인다. 아브라모비치는 놀라울 정도로 반응이 없는 다른 인간과 관계를

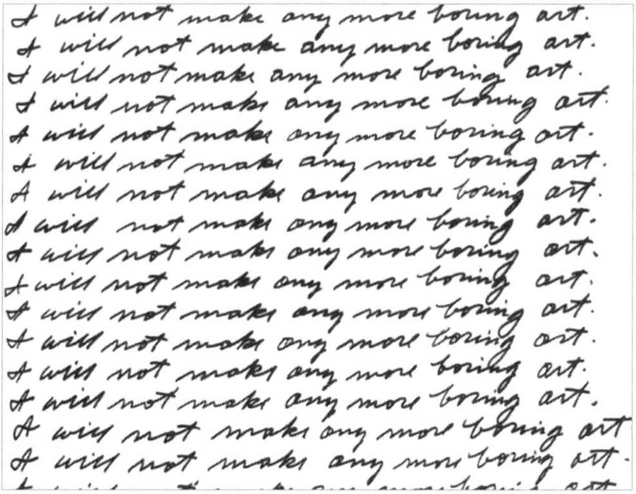

그림 3.3. 〈다시는 지루한 작품을 만들지 않겠습니다I Will Not Make Any More Boring Art〉. 존 발데사리John Baldessari, 1971. 존 발데사리의 허가로 수록함. 디지털 이미지 저작권 © Museum of Modern Art/Licensed by SCAKA/Art Resource, New York.

맺으려 하는 것이 무슨 의미인지를 다시 생각하도록 우리를 자극할 뿐 아니라, 그녀의 외모와 행동은 참가자에게 그리고 그 만남을 구경하는 사람들에게 종종 가슴 아픈 기억으로 남는다. 변덕스럽거나 격식을 갖추지 않았거나 무분별한 선택은 행위예술의 유효성을 망가뜨린다. 배우인 로렌스 올리비에가 오래 전에 햄릿 역을 "소유"했던 것처럼, 마리나 아브라모비치는 자신의 의자 퍼포먼스를 흉내 내고 싶어 하는 다른 사람들에게 매개변수들을 지정한다.

미적 경험의 세 번째 선행 조건은 그 객체, 장면, 행위를 다시 만나고, 재방문하고 싶은 충동, 기분, 욕구이다. 내가 **재방문 유인**invitation to revisit이라 부를 이 조건은 몇몇 요인에서 발생할 수 있다. 사람이 그 경험을 좋아하거나, 더 많이 배우거나 더 잘 이해하고 싶은 호기심을 느끼거나, 경외심을 느끼는 것이다. 이때 경외심은 경탄, 재기발랄함, 압도적인 힘, 기묘함 등에서 나올 수 있다. 관객 입장에서 재방문하고 싶은 욕구가 없다면 그 경험은 즉각적이든 궁극적이든 미의 자격을 갖추지 못한다.

흥미롭고 기억할 만한 경험이라면 왜 재방문하지 않을까? 아마 그로부터 원하는 것을 모두 얻었기 때문일지 모른다. 그러면 그것을 다시 경험하거나 더 깊이 탐구할 필요가 없다. 아마 그것이 새로운 의문을 불러일으키지 않고 새로운 대답을 제시하지 않아서일지 모른다. 혹은 추후의 생산적인 탐구 가능성을 생각하기가 너무 불쾌하거나 너무 근사해서일지 모른다. 그 경험이 홀로코스트처럼 다시 생각하기가 너무 끔찍하거나, 신들 또는 유일신과의 조우처럼 다시 경험하기가 두렵기 때문일지 모른다.

그러나 때때로 경외, 즉 객체가 강력한 힘으로 지각하는 사람을 압도하는 느낌은 추가적인 탐사를 유인할 수 있다. 경외는 업적에 대한 존경심에서 발생할 수 있다. '저 예술가는 어떻게 저런 일을 해냈을까?' 경외는 또한 지각하는 사람에게 전해지는 효과에서 발생할 수 있다. '나는 지금 뭔가 특별한 것 앞에 있다.' 구석기 시대의 동물 그림 같은 분명한 예를 생각해보자. 유럽 남서부에 흩어져 있는 어둡고 축축한 동굴의 깊은 벽에는 동물 형상을 새겨 넣은 암벽화들이 있다. 이 그림들은 2만 년이 지난 후에도 여전히 앞서 언급한 **경외**란 단어의 두 측면을 **모두** 불러일으킨다. 또는 고대 이집트의 피라미드, 중세 유럽의 성당, 이스터섬의 무표정한 석상, 스톤헨지의 거칠게 다듬은 돌기

둥, 타지마할이나 베르사유의 건물과 주위 환경, 동아시아의 마천루 숲을 생각해보라. 그리고 경건한 느낌은 조금 떨어지지만, 여행 안내 책자의 표지를 장식하는 유적들을 생각해보라. 사실 많은 수의 관람자들이 아브라모비치의 공연 앞에서 경외심을 느낀다. 저명한 예술평론가인 아서 단토와 같은 권위자도 그 반투명의 경험을 다음과 같이 보고했다. "예술사와 비평의 모든 행로들이 우리에게 기대감을 불어넣었던 바로 그런 종류의 마법이다."[17]

중요한 것은, 경외감은 미적 경험을 알리는 "설렘"과 다르다는 것이다. 어떤 존재물이나 경험이 아름답다고 지각될 때, 우리는 자제심을 잃지 않고 거리를 유지한다. 어떤 존재물이나 경험이 경외감을 유발할 때 우리는 그 힘에 짓눌리고 압도당하고 주도권을 상실한다. 그러나 다시 찾아올 때마다 경외심은 길들여지고, 보통 미적 감정을 알리거나 그에 수반하는 즐거운 지각으로 변한다.

되돌아오기로 결심하는 것은 미적 경험의 필수 요소다. 그러나 **왜** 되돌아오기로 결심하는가는 결국 개인적이고 개별적인 문제다. 그리고 여기에서 우리는 이 시대에 통용되고 아마 앞으로도 항상 통용될 미의 핵심 자질을 확인할 수 있다. 가치의 확인은 집단적인 노력으로 종종 상당히 오랜 시간에 걸쳐 많은 개인들이 참여하지만, 미적 경험은 개인적이고 개별화된 문제, 심지어 때때로 특유한 문제가 되었다.

잠시 걸음을 멈추고 우리의 핵심 개념으로 되돌아가보자. 어떤 사람은 포스트모더니즘의 맥락에서 미는 이제 어떤 객체나 경험의 독립적이거나 자명한 속성이 아니라고 주장할지 모른다. 그런 종류의 주장은 미를 형식의 흥미로움과 기억성, 재경험 충동의 단순한 혼합물로 가정할 것이다. 그러나 나는 약간 다른 공식을 지지한다. 내가 보기에 미는 독자적인 존재물로 인정할 만하다. 미는 위에서 언급한 생리적, 심리적 "설렘"을 수반하기 때문인데, 이 설렘은 단순한 흥미나 재방문 유인의 반응과 다르다. 미적 경험은 독립적으로 나타난다. 듣는 사람이나 보는 사람은 적어도 때때로 그 경험의 특별한 성질을 의식한다. 시인 콜리지의 공식을 빌리자면, "미"의 특징은 평온한 마음으로 상기하게 되는 강력한 경험이라는 것이다.

이제 이 분석 장치를 가동해보자. 최근에 나는 캐나다 미술가 로드니 그레이엄의 어느 전시물에 깊은 감동을 느꼈다. 점차 눈송이에 덮여가는 타자기를 표현한 작품이었다. 그레이엄은 독일의 한 고물상을 헤매던 중 개봉되지 않은 낡은 상자에서 1930년대 구식 타자기를 발견했다. 그는 이 골동품에 반해 그것을 기념하기로 결심했다. 로드니는 이 타자기를 상자에서 꺼내 눈 내리는 야외에 놓은 뒤 타자기 위에 점차 눈에 쌓이고 마침내 자판이 완전히 눈에 덮이는 과정을 필름에 담는 아이디어를 떠올렸다. 모든 과정은 낡은 35밀리 영사기로 상영되었다. (그것을 보고 있자니 1950년대 초등학교 시절로 돌아간 느낌이었다.) 필름은 약 10분 상영되고, 끝나면 반복적으로 상영된다(그림 3.4를 보라). 여기에서 여러분은 "참 한심하다"고 외칠지 모른다. 눈보라를 맞는 낡은 타자기라니, 로렐과 하디•의 영화나 몬티파이튼••의 짧은 희극과 무엇이 다른가? 실제로 타자기, 영사기, 또는 암실은 그 자체

• 무성영화 말기와 유성영화 초기에 '홀쭉이와 뚱뚱이' 콤비로 활약한 코미디 배우.
•• 영국 코미디 그룹.

그림 3.4. 〈라인메탈/빅토리아 8Rheinmetall/Victoria 8〉. 로드니 그레이엄Rodney Graham, 2003. 35밀리 필름, 빅토리아 8 35밀리 영사기와 루퍼 10분 50초, 자동 반복 상영. five and one 작가 소장판. 시카고 Donald Young Gallery의 허가로 게재함. 디지털 이미지 저작권 © Museum of Modern Art/Licensed by SCALA/Art Resource, New York.

로 큰 감정을 불러일으키지 않았다. 그러나 점차 이 전시물에 매혹을 느끼고 몇 번 더 찾아온 사람은 나뿐이 아니었다.

이제 나의 경험을 세 선행 징후와 미적 판단에 비추어 살펴보자. 우선 흥미로움과 관련하여 낡은 타자기를 발견하고 그것을 눈발 속에 놓는다는 아이디어가 나의 흥미를 자아냈다. 둘째 타자기와 천천히 내리는 눈의 장면이 기억에 새겨진 탓에 나는 그 후에도 아주 생생하게 그 장면을 계속 생각했다. 마지막으로 나는 그 작품을 찬찬히 보려고 다시 찾아갔다. 인상적이고 기억할 만한 그 심상을 되불러오고 싶었던 것이다. 그와 동시에 나는 그 작품과 거리를 유지하면서 나 자신의 즐거운 경험을 의식했다. 나는 자연스럽게 나의 미적 경험을 이야기하고 다른 사람들에게 그 전시물을 방문하라고 권할 수 있었다.

그러나 잠깐! 만일 내가 결국 그리스 화병, 바르비종파 그림, 또는 멜라미드와 코마의 어느 사진 작품 앞에서 이전 시대의 관람객이 느꼈던 것과 동일한 "설렘"과 완전히 똑같은 "아!"를 경험했다면, 나는 왜 구태여 새로운 선행 징후들과 새로운 용어를 소개하는가? 그레이엄의 작품은 1백 년 전에는 상상할 수 없었던 현대 미술의 뚜렷한 예이기 때문이다. 다시 말해, 그것은 미의 고전적인 규범들을 충족시키진 못해도 오늘날의 관람자들이 쉽게 아름답다고 경험하고 식별할 수 있는 작품이다. 존 애덤스의 악곡에서부터 존 발데사리의 글쓰기 연습에 이르는 광범위한 다른 작품들도 그와 비슷한 경험과 특징 포착을 유도해낸다. (실제로 발데사리의 2010년 전시회 제목은 순수한 미Pure Beauty였다!)

따라서 우리 시대에 일단 흥미롭고 기억할 만하고 재방문할 가치가 있는 경험에 노출되면 우리는 미의 신호인 "설렘"을 느낄 수 있다. 예술에 진지한 관심을 가진 사람이라면 누구나 그런 예를 경험한다. 이 판단들의 매우 개인화된 성격, 그리고 그 판단들이 세월에 따라 어떻게 변하는지를 설명하기 위해 나는 몇몇 경험을 추가로 언급하고, 그와 함께 미와 관련된 나의 "진화하는 포트폴리오"를 제시하고자 한다.

증거물 A는 안젤름 키퍼의 커다란 두 폭 그림이다(그림 3.5를 보라). 처음에 나는 이 그림을 좋아하지 않았다. 나는 이 그림을 건조한 풍경과 연관지을 수 없었고, 단지 추하거나 약간 좋게 말하면 추함에 대한

그림 3.5. 〈디 밀흐슈트라세die Milchstrasse(은하수)〉. 안젤름 키퍼Anselm Kiefer(독일인, 1945년 출생), 1985~1987. 에멀션 페인트, 유화물감, 아크릴, 캔버스에 셸락을 칠하고 철사와 납을 붙임. 전체(두 폭 그림): 12 1/2피트×18 1/2피트(381×563cm). 각 패널: 150×111×8인치(381×281.94×20.32cm). 두 이동 프레임의 각각의 크기: 161 3/4×118 1/2×10인치(410.845×300.99×25.4cm). 뉴욕 주 버펄로 시 올브라이트 크녹스 미술관Albright Knox Art Gallery 소장. 제너럴 & 리스트릭티드 퍼처스 재단General and Restricted Purchase Funds의 버펄로 미술 아카데미Buffalo Fine Arts Academy 125주년 기념식에서, 1988년.

논평 정도로 느꼈다. 이 작품은 경외awe라 할 수 있는 느낌을 불러일으켰을지 모르지만, 근사하다awesome기보다 불유쾌하다awe-ful는 의미에 가까웠다. 그러나 작품 속의 무언가가 나를 재촉하거나 심지어 강요하여 그 앞에 되돌아오게 했다. 이제 나는 키퍼의 작품을 소중히 여긴다. 나는 그의 작품이 설치된 곳을 방문하려고 노력하고, 실제로 여러 번 방문했다. 나는 이 그림을 아름답다고 여기고, 그것을 입증하듯 즐거운 설렘을 느낀다! 물론 변한 것은 키퍼가 아니라(피카소의 거트루드 스타인의 초상화가 변하지 않은 것처럼), 나였다.

이 키퍼 경험은 중요한 점을 강조한다. 애초에 혐오스런 경험을 찾는 사람은 거의 없지만, 그런 경험들은 중요한 어떤 것을 알리는 신호일 수 있다. 어떤 면에서, 키퍼의 캔버스를 마주할 때 나는 할 일이 있다고 느꼈다. 그 작품은 나의 흥미를 자아냈고 더 나아가 경외감을 자극했다. 이런 의미에서 추함은 덤덤함보다 의미가 깊고, 그래서 결국 미적 대상으로 이해될 가능성이 더 크다는 것을 알리는 신호가 될 수 있다. 그리고 시간이 지남에 따라 나의 반응은 혐오에서 인정으로 인정에서 쾌감으로 이동했고, 키퍼의 많은 작품들이 **아름답다**고 불릴 만하다는 결론의 토대가 되었다.

증거물 B를 위해 현대 클래식음악으로 돌아가 보자. 2008년 저명한 미국 작곡가 엘리엇 카터는 자신의 100번째 생일을 축하했다.[18] 이 역사적인 날을 기념하기 위해 탱글우드 현대음악 페스티벌Contemporary Musical Festival에서는 전례가 없는 프로그램을 계획했다. 내리 5일 동안 축제 주최자는 5번의 콘서트로 거의 50곡에 이르는 카터의 곡들을 무대에 올렸다. 작곡가는 행사 전체에 참석했고, 나와 아내를 비롯한 수많은 클래식 애호가들도 모든 콘서트를 관람했다.

나는 카터의 작품 세계를 잘 모르고, 열정만큼이나 호기심에 이끌려 그 콘서트에 참석했음을 인정하지 않을 수 없다. 또한 어떤 곡들은 감상하고 이해하기가 매우 어려웠다. (나는 다음과 같은 짧은 뉴스를 듣고 용기를 얻었다 – 유명한 작곡가 겸 지휘자 피에르 불레즈는 카터의 곡들을 서너 번 들은 뒤에야 이해할 수 있었다고 말했다.) 그러나 일주일이 지나는 동안 나는 그 음악적 표현방식에 점점 더 빠져들었고, 주말이 되자 카터의 음악을 사랑하는 애호가가 되었다. 나는 그 곡들이 흥미롭고 기억할 만하다고 주저 없이 말하곤 했다. 그리고 그에 수반하는 설렘을 입증하듯 나는 많은 구절들을 아름답다고 규정할 수 있다.

우리의 미 개념은 움직이는 표적이다. 예술에 진지한 관심을 가진 사람이라면 누구나 자신의 미적 판단이 시간이 지남에 따라 어떻게 변했는지 보고할 수 있다. 이것을 나는 미적 경험과 판단의 **개인 포트폴리오**라 부른다. 다른 증거를 몇 개만 더 들어보자. 오랜 기억으로 나는 10대에 클래식음악에 처음 열정을 느꼈고, 지금은 지친 "군마"●로 여기는 작품들을 수없이 반복해서 들었다. 다소 창피한 얘기지만 심지어 나는 친구들과 함께 차이코프스키 피아노협주곡 1번을 녹음한 여러 레코드들(33분짜리 엘피판들)의 시간을 쟀고, 결국 가장 빠른 레코딩에 제일 높은 점수를 주기도 했다. 그리고 나는 차이코프스키의 화려하고 웅장한 교향곡과 협주곡에서 슈베르트의 차분하지만 깊이 있는 실내악으로 점차 넘어가던 과정을 기억한다. 그런 뒤 스트라빈스키와 바르톡의 현대음악 작품들을 처음 만나고 흥분에 휩싸였던 순간과, 점차 불레즈와 카터 같은 훨씬 더 어려운 작품들을 이해하는 능력이 형성되던 때도 기억난다. 지나간 과학의 진리들과는 달리, 예술작품의 아름다움은 시들어 없어지지 않는다. 나는 여전히 차이코프스키의 바이올린 협주곡이나 슈베르트의 〈죽음과 소녀〉의 명연주를 가슴 깊이 사랑한다. 그러나 내가 안젤름 키퍼, 로드니 그레이엄, 조셉 코수스의 작품들을 존경하는 것처럼, 지금 나의 음악 저택에는 4~5십 년 전이라면 나를 들여보내지 않았을 방들이 구비되어 있다.

● war horse. 자주 들어 식상한 작품을 일컫는다.

그림 3.6. 〈주인의 행실The Deportment of the Host〉. 매튜 바니Matthew Barney, 2006. 열가공 주조한 폴리카프롤락톤과 자기 윤활성 플라스틱, 104×360×243인치. 사진: 글래드스톤 갤러리Gladstone Gallery, New York. 데이비드 리젠David Regen. 저작권 © Matthew Barney. 뉴욕 글래드스톤 갤러리의 허가로 게재함. 디지털 이미지 저작권 © Museum of Modern Art/Licensed by SCALA/Art Resource, New York.

때때로 우리는 혐오나 혼란의 감정에서 보다 긍정적인 반응의 출발점으로 넘어가는 순간을 포착하기도 한다. 2008년 말 뉴욕 현대미술관은 현대미술가 매튜 바니의 높이 인정받는 작품에 중요한 전시 공간을 할애했다.[19] 〈주인의 행실The Deportment of the Host〉이라는 제목의 이 거대한 설치미술은 흐트러진 큰 침대처럼 보이는 구조물이 바닥에 놓여 있고, 하얀 편조선(여러 가닥을 땋은 선)이 중앙 구조물에서 비어져 나와 있다(그림 3.6을 보라). 처음 봤을 때 나는 작품을 전혀 이해하지 못했다. 사실은 역겨웠고, 불유쾌하다는 말을 붙일 만했다(그 작품이 실은 폭발이 일어난 일본식 찻집을 표현했다는 기미를 전혀 알아채지 못했다). 매튜 바니의 팬이 있었다면(실제로 수천 명에 달한다) 나를 속물로 보았을 것이다.

만일 내가 여기에서 멈춘다면, 이 예는 미와 완전히 무관할 것이다. 그러나 나는 전시회 큐레이터 콘스턴스 버틀러와, 훈련된 미술가인 나의 아내 엘렌 위너 두 사람이 주저 없이 그 작품을 **아름답다**고 묘사한 사실을 언급하지 않을 수 없다. 내가 그 이유를 말해달라고 채근하자 그들은 재료들의 사랑스러운 느낌, 젤리 같은 질감, 밝고 하얀 색상, 겉면을 감싼 형태를 묘사했다. 그 작품은 그들의 경탄을 불러일으켰다. 엘렌 위너는 "눈으로 저 작품을 먹어치울 수도 있겠다."고 말했다. 이 예는 중요한 점을 말해준다. 재방문의 충동은 반드시 내면에서 나올 필요는 없다. 그보다 존경하는 다른 사람들의 반응도 재고찰을 독려하고, 궁극적으로 그 작품이 실제로 아름답다는 결론을 유발할 수 있다.

따라서 미는 결코 예술에서 사라지지 않았고, 미술관에서, 또는 고전적인 소장품이나 도발적인 소장품에서도 사라지지 않았다. 미는 항상 선행 경험들의 정점에 있고, 점점 더 예상치 못한 현장에서 예상치 못한 시간에 발생하는 쪽으로 가고 있다.

나는 우리 자신의 미적 경험이 그리는 궤적뿐 아니라 예술사의 흐름도 본질적으로 예측이 불가능하고, 심지어 사후에도 설명에 저항하는 경향이 있다고 생각한다. 아마 조성 음악은 20세기 클래식 환경에서 무한히 번성할 순 없었을 것이다. 하지만 이고르 스트라빈스키란 사람이 출현하여 러시아 민속음악과 복잡한 리듬과 불협화음의 혼합물을 내놓으리라고 누가 예상할 수 있었을까? 또한 아르놀트 쇤베르크가 출현하여 12음계 음악을 창안하고 그런 음악이 한 세대 동안 유행할 생태적소를 확립하리라고 누가 예상했겠는가? 아마 표현주의 미술은 모네, 르노아르, 피사로의 작품들이 보여주듯 인상주의의 정점에서 이미 돌아올 수 없는 강을 건넜는지 모른다. 그러나 세잔이 태어나지 않았거나, 파블로 피카소와 조르주 브라크가 만나지 않았거나, 입체파가 고안되지 않았다고 가정해보자. 혹은 몬드리안이 기하학적 형태들을 기피했다면? 미로가 회화를 "암살"하기로 결심하지 않았다면?[20] 잭슨 폴락과 앤디 워홀이 붓을(또는 카메라나 염소 머리•를) 집어 들지 않았다면? 우리의 예술적 감각, 미감, 경외감이 오늘날의 이 친숙한 방향들로 발전했으리라고 누가 장담할 수 있을까?

이 예들은 우리의 미적 판단이 마음/뇌와 객체/퍼포먼스의 미리 예정된 상호작용에서 나오는 게 아님을 뒷받침한다. 그와 정반대다. 우리는 역사의 변덕, 다양한 문화의 기호와 규범과 금기, 무엇보다 개인의 예측할 수 없는 행동과 경험을 고려해야 한다. 다시 말해, 창조하는 예술가들뿐 아니라, 흥미롭고 기억할 만한 객체로 되돌아오는 경향이 있고 변화한 기호들뿐 아니라 우연히 연속성을 띠는 속성들의 포트폴리오를 실제로 소유하고 있는 관람자들도 고려해야 한다. (사실 예술작품에 대한 경험은 오랜 시간에 걸쳐 이루어지는 음식에 대한 경험에 비유할 수 있다. 요리법이 진화하다 보면 그리고 우리가 세계의 여러 요리에 노출되다 보면 우리는 점점 더 개인화된 기호를 발전시킨다. 우리의 미각(취향, taste)

• 이단의 상징을 말한다.

이 비유적으로 진화할 뿐 아니라 실제로 진화하는 것이다.)

지금까지 미에 대한 나의 논의는 예술작품에 대한 경험에 거의 모든 초점을 맞추었다. 그러나 물론 우리는 다른 수많은 영역에서도 미를 고려한다. 많은 과학자들과 수학자들이 해당 분야의 공식들에서 미를 발견한다. 더 나아가 이 공식들은 때때로 흥미롭고 기억할 만해서, 열광적인 애호가들이 "아름다운" 공식이나 방정식이라고 말해도 내 귀엔 아주 자연스럽게 들린다. 그러나 이 학자들은 예술가들의 작품과 근본적으로 다른 것을 추구한다. 만일 아인슈타인이 상대성 이론을 발견하지 못했다면 푸엥카레가(또는 **누군가**가 조만간 틀림없이) 발견했을 것이다. 다윈이 〈비글〉호를 타고 여행한 뒤 자신이 관찰한 것을 수십 년 동안 숙고하지 않았다면 오늘날 사람들은 알프레드 러셀 월리스의 진화론이라고 말할 것이다. 현재 우리가 사용하는 용어들은 다를 수도 있지만, 과학자나 수학자의 개념은 구체적인 학자의 구체적인 공식화를 초월한다. 개개인으로 아무리 자기중심적이라 해도 이 학자들은 본질적으로 공산주의적 성격이 강한 분야에 종사한다.

과학자들은 실제 세계의 모형을 구하고, 수학자들은 그들 또는 다른 학자들이 고안한 상징적 영역들의 변하거나 변하지 않는 질서 및 관계를 설명한다. 자신의 분야에서 일할 때 이 학자들은 해당 분야의 법칙을 지켜야 한다. 반면에 예술가들, 특히 현대 예술가들은 자연 세계의 모형을 구하지 않는다. 예술가들은 잘 연마된 상상력의 창조물과 재창조물을 제시하는데, 이 상상의 힘들은 본래 예측이 불가능한 진로와 방향으로 발전하는 경향 및 가능성이 있다. (과학자든, 역사가든, 경제학자든, 심리학자든 간에) 어느 누구도 예술 형식이 어떻게 발전할지, 그리고 경험 많은 감식가나 반항적인 젊은이나 평범한 서민들이 10년 뒤에 무엇을 소중하다고 여길지 예상할 수 없다. 그런 이유로 한 시즌에 사람들은 예술가 X, Y, Z의 전시회에 우르르 몰려갔다가 얼마 뒤 그 작품들을 매각하거나 지하실 창고에 감추곤 한다.

그런 이유들 때문에 우리는 경제적 요인에 기초하여 미에 접근하는 방법들을 무시할 수 있고, 심지어 생물학적 요인에 기초한 접근법들보다 훨씬 더 빠르고 확실하게 묵살할 수 있다. 원한다면 우리는 예술작품의 금전적 가치에 기초하여 미를 평가할 수 있다.[21] 공개 시장이나 경매에서 얼마에 매겨지는가를 따지는 것이다. 그러나 이런 판단은 완전히 **사후 평가**ex post facto일 뿐이다. 이번 시즌에 대성공을 거둔 작품이 10년 뒤 벼룩시장에 나올 수 있고, 과거에 아무 관심을 끌지 못한 작품들이 현재 몇 천 달러, 몇 백만 달러, 심지어 몇 천만 달러를 호가한다. 게다가 어떤 작품이 몇 백만 달러에 팔린다는 사실은 그 작품이 실제로 미적 경험을 발생시키는가에 대한 개인의 판단에 영향을 미쳐서는 안 된다.

충분한 시간을 두고 볼 때 어느 경험이 아름답다고 간주될지를 예측하기는 불가능했고, 앞으로도 분명히 그럴 것이다. 그러나 두 현대적인 세력, 즉 디지털 미디어와 포스트모더니즘이 미적 경험과 판단에 어떤 영향을 미치는지를 고찰해볼 수는 있다. 나는 이미 우리의 미적 판단이 근래에 근본적인 변화를 겪어왔다고 주장했다. 그리고 이 변화들은 1세기 전에도 진행되고 있었고, 어떤 엄밀한 의미에서도 두 현대적인 세력의 직접적 결과가 아님을 되풀이하고자 한다. 그러나 이미 시작된 경향들이 새로운 미디어의 편재성과 포스트모더니즘의 용어를 입은 주장들 덕분에 한층 더 강렬해진 측면이 있다. 한때 소수의 예술 애호가들만 느꼈을 경험이 이제는 현대 세계의 도처에서 많은 사람이 느끼는 경험이 되었다.

포스트모더니즘 비평에 대하여 나는 상황을 아주 간략히 요약할 수 있다. 20세기의 많은 부분 동안 미 개념과 아름답다는 형용사는 적어도 예술 감식가를 자처하는 사람들 사이에서는 더 이상 적절하지 않아 보였다. 미술의 경향들은 전통적인 미 개념을 전복시켰다. 문학에서 제임스 조이스, 회화에서 파블로 피카소, 음악에서 이고르 스트라빈스키가 구현한 모더니즘은 이전 장르들 및 감수성들과 연결고리를 유지하려고 노력했을지 모르지만, 곧 인습적인 미 개념들을 너무 확장시켜 한계점까지 끌고 갔다. 그 뒤를 이어 말 그대로 포스트모더니즘 예술가들이 등장했고, 이 미니멀리스트, 팝아티스트, 미디어믹스 예술가, 개념 예술가 등은 전통적인 아이콘을 조롱하는 경우 외에는 미의 영역을 건드리는 시늉조차 하지 않았다.

이 강력한 경향들을 고려할 때 모두가 미에 대한 언급을 중지한 것은 놀라운 일이 아니다. 그러나 내가 보기에 이 배제 행동은 어차피 지속 가능하지 않았으며, 목욕물과 함께 아기를 버리는 전형적인 사례에 해당한다. 필요한 것은 미에 관한 논의를 추방하거나 악귀처럼 몰아내는 것이 아니다. 그보다 우리는 현재의 예술 상황에 적절한 그 단어와 그 개념의 배치를 간절히 원한다. 우리는 저마다 미적 대상과 경험의 독자적인 포트폴리오, 즉 자기 자신의 특유하지만 깊은 감정에 기초한 취향들의 기록을 발전시킬 수 있고 발전시켜야 한다.

새로운 디지털 미디어는 더 많은 논의를 요구한다. 예술가들은 항상 새로운 표현 미디어에 주목한다. 사실 예술가들은 신기술, 즉 영화, 라디오, 레이저, 홀로그램, 가상현실과 컴퓨터를 이용한 여타 장치들로 자신의 상상을 가장 먼저 전달하는 부류에 속한다. 그리고 마셜 맥루핸이 설득력 있게 주장했듯이 인간은 거의 항상 새로운 소통 기술을 선보이며 낡은 미디어에 담긴 친숙한 내용을 새로운 미디어의 형식에 담아 내놓는다.[22] 그러므로 기존의 악기가 아닌 전자 악기로 연주하는 쉬운 곡들을 창작한 작곡가 존 애덤스, 원작 그림을 연상시키는 영화 장면들을 고안한 화가 살바도르 달리, 영화처럼 클로즈업한 얼굴을 텔레비전 화면에 보여주는 미디어 아티스트 백남준 같은 예술가들이 등장한다.

그러나 조금 지나면 예술가들은 또 다른 새 매스미디어의 고유한 방식을 이해하고 이용하기 시작한다. 디지털 이전 시대에 거의 상상할 수 없었던 예술작품들과 경험들을 살펴보면 매우 흥미롭다. 이와 관련하여 나는 현대미술관의 큐레이터 파올라 안토넬리가 기획한 전시회 〈디자인과 탄력적인 마음Design and the Elastic Mind〉이 즉시 떠오른다. 이 작품은 과거에는 자명할 정도로 타당하진 않아도 문제가 없어 보였을 만한 많은 차이들에 의도적으로 그리고 성공적으로 도전했다.[23] 예술인가 과학인가, 예술인가 디자인인가, 자연물인가 인공물인가, 실제인가 가상인가, 미시적인가 거시적인가의 차이가 그것이다. 당연히 디지털적인 기술, 개념, 감수성에 의존한 작품들이 가장 인상적이다.

이 새로운 상황의 특징을 검토해보자. 첫째, 이제는 컴퓨터(더 정확히 말하자면, 컴퓨터 프로그래머)가 예술작품을 창조할 수 있다. 한때 미

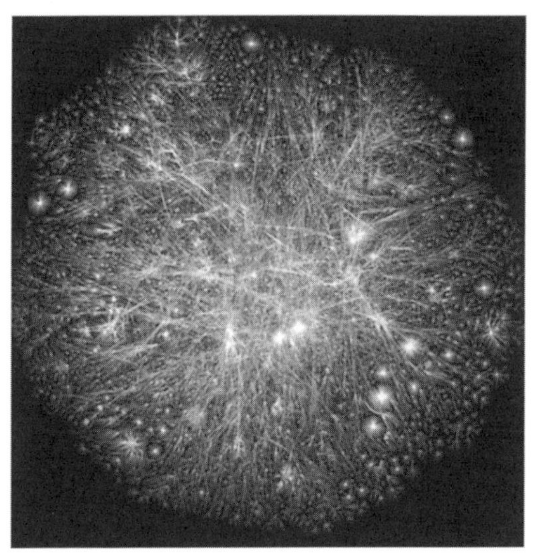

그림 3.7. 〈인터넷 지도 2003년〉. 배릿 라이언Barrett Lyon, 2003. 배릿 라이언/The Opte Project의 허가로 게재함.

적 경험은 신이나 단일 예술가의 창조물이었지만, 이제는 컴퓨터 프로그램이 작품과 경험을 창조하며, 그 중에는 관람객이 보기에 사람이 만든 것과 구별할 수 없고, 오히려 더 낫고, 심지어 더 아름답게 경험되는 것들이 있다. 어느 지리적 공간에서 인터넷을 사용하는 사람들의 단순한 숫자를 기록한 결과에서 배릿 라이언이 얻어낸 별들의 광시곡을 보라(그림 3.7). 자바Java와 화상처리 소프트웨어가 만들어낸 아름다운 꽃 형태를 보라(그림 3.8). 또한 알렉스 아다이와 에드워드 마코트가 라지그래프레이아웃Large Graph Layout, LGL 소프트웨어를 이용해 유전자들의 상호 관련성을 나타낸 그림을 보라(그림 3.9). (두 과학자는 알려진 14만개의 유전자에 들어있는 단백질들의 서열을 조사하고, 210억 번

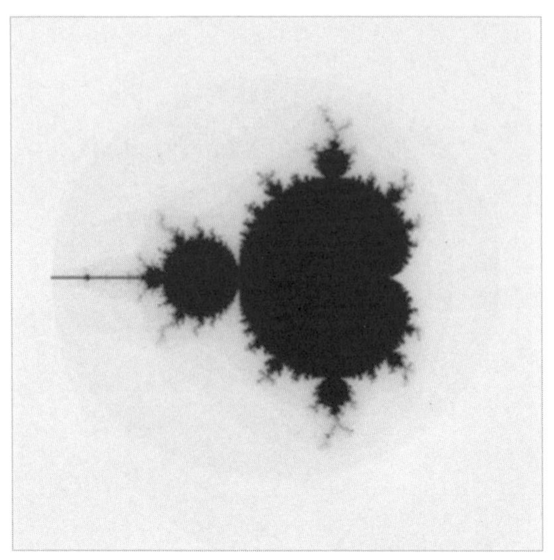

그림 3.8. 〈만델브로 집합Mandelbrot Set〉. 윌리엄 응안William Ngan. 윌리엄 응안의 허가로 게재함.

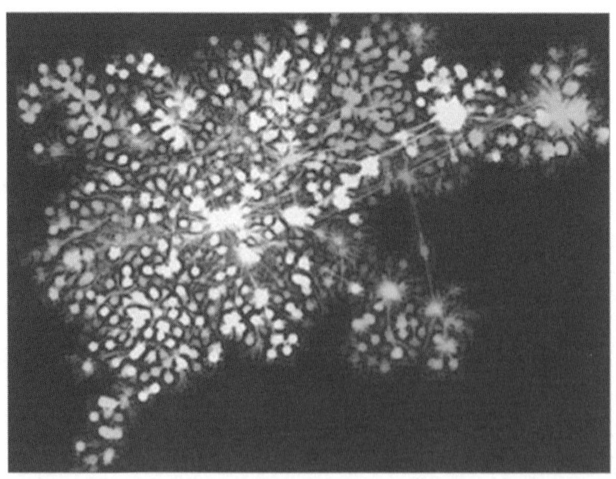

그림 3.9. 〈단백질 상동 그래프Protein Homology Graph〉. 알렉스 아다이Alex Adai와 에드워드 마코트Edward Marcotte. 알렉스 아다이와 에드워드 마코트의 허가로 게재함.

그림 3.10. 〈스케치 가구Sketch Furniture〉. 소피아 라예르크비스트Sofia Langerkvist, 샤를로트 폰 데 랑켄Charlotte von der Lancken, 안나 린드그렌Anna Lindgren, 카티야 세브스트룀Katja Savstrom. 프리드먼 벤다Friedman Benda와 프론트 디자인의 허가로 게재함.

의 비교를 하고, 어느 것들이 상동 관계에 있는지를 확인했다.)

또한 컴퓨터는 인간의 행동을 보조하는 몸종 역할을 하기도 한다. 프론트 디자인Front Design[●]의 팀원들은 자유로운 손놀림으로 허공에 스케치를 한다. 그러면 컴퓨터 프로그램이 그들의 동작을 기록하고 디지털 형식으로 변환한다. 신속한 제작 기계가 그 정보를 매력적인 플라스틱 가구로 "인쇄"해낸다(그림 3.10). 천체역학 프로젝트Celestial

● 스웨덴 국적의 산업디자인 팀.

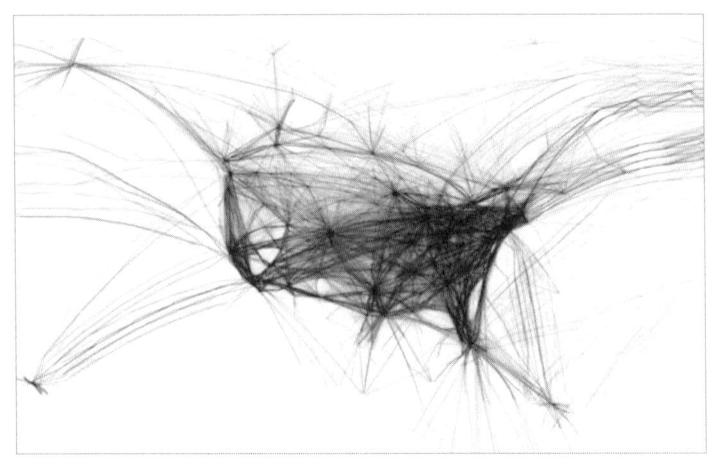

그림 3.11. 〈비행 패턴Flight Patterns〉. 아론 코블린Aaron Koblin, 2005.

Mechanics Project에서 소프트웨어 디자이너 아론 코블린은 미국연방항공청FAA의 항공기 데이터를 이용해 항공기가 하늘에서 그리는 변화무쌍한 동역학을 도면으로 나타냈다(그림 3.11).

전통적으로 박물관은 시간상 한 순간에 고정된 예술작품을 전시한다. 물론 오늘날에는 지속적으로 변하는 디지털 작품도 전시할 수 있다. 〈디자인과 탄력적인 마음〉 전시회에서 관람객은 각 지역에서 지속적으로 변하는 인터넷 사용 패턴을 지켜볼 수 있다. 게다가 작품을 전시하고 난 후에도 최초의 미술가나, 이름이 있든 없든 재능이 있든 없든 상관없이 다른 예술가 지망생이 그 작품을 끊임없이 개작할 수 있다. 완성된 예술작품의 개념, 즉 작품은 항상 똑같은 모습으로 존재한다는 개념은 더 이상 순순히 받아들여지지 않는다. 실제로 오늘날 개별 미술가가 만든 작품들, 집단이 만든 작품들, 단지 컴퓨터가 만든 작품들이 모두 끝없는 변화를 거친다.

이미 존재하는 다른 작품들에 전적으로 또는 부분적으로 의존해 작품을 창조할 가능성도 급격히 높아졌다. 마우스를 클릭하는 것만으로도 정적인 패턴, 움직이는 패턴, 언어적 패턴, 음악적 패턴을 원하는 만큼 이어 붙여 새로운 작품을 창조할 수 있다. 내가 첫 번째 예로 들은 데이비드의 편집서 〈진실 기아〉가 시사하는 것처럼, 그런 행위를 독창적인 예술품으로 간주할 수 있는지 아니면 단지 다른 사람의 창작물을 차용하거나 도용한 것으로 간주해야 하는지를 둘러싸고 상당한 논쟁이 벌어진다. 어떤 객체에 대한 창작자 본인의 반응에는 실제 생산 수단에 대한 그의 지식이나 무지가 반영되어 있다.

자신의 작품들을 누가 봐도 미숙한 사진으로 재현할 수 있게 해준 예술가들과 디자이너들에게 감사드린다. 그와 동시에 일말의 좌절감을 고백하지 않을 수 없다. 현존하는 단어, 개념, 틀, 복제물로는 전통적인 예술 형식들의 내부와 전반에서 일어나는 현 상황을 묘사하기에 충분하지 않다. (사실 이 이미지들을 묘사하기는 좀처럼 쉽지 않고, 크기와 색을 충실히 표현할 수 없는 상황에서 그 의미를 전달하기는 더욱 어렵다.) 미술가, 디자이너, 큐레이터, 그리고 다양한 학과의 학자들은 그런 "작품들"을 분석할 이론적 틀을 의욕적으로 개발하고, 그런 틀은 소름끼치는 것들을 다소 무난하게 만들고 경외감을 조금 해소시켜 근사한 쪽으로 변모시키지만, 또 한편으로 과거에 분명하다고 여겨지던 구분들에 의문을 던진다.[24] 현대미술가들, 디자이너들, 과학자들, 공학자들은 이런저런 물건을 만들고 시험하고 만지작거리기를 좋아하지만, 경계에 대해서는 신경 쓰지 않고 심지어 자신의 창작품이 어느 범주에 속하는지를 밝히겠다는 생각 따윈 하지 않는다. 학과, 예술, 기술, 현실과 가상, 디지털과 아날로그의 경계는 북극의 빙하보다 빠르게 녹아내리고 있다.[25]

물론 이러한 추세를 암시하는 단서들을 이전 시대에도 식별할 수 있었다. 우리는 예술성의 본질, 그리고 우리의 미적 감각이 질적으로 변했다고 주장할 수도 있고 단지 양적으로 변했다고 주장할 수도 있다. 또한 이 변화들이 포스트모더니즘과 디지털 미디어 때문인지 아닌지에 관하여 논쟁을 벌일 수도 있다. 그러나 반드시 주목할 것이 있다. 1백 년 전, 아니 50년 전이라면 〈디자인과 탄력적인 마음〉 같은 전시회는 미술관, 다시 말해 주로 먼 과거에 활동했던 미술가들이 만든 미적 객체를 전시하는 기관에는 적합하지 않다고 여겨졌을 것이다. 이와 마찬가지로 1백 년 전, 아니 50년 전이라면 눈보라 속에 갇힌 낡은 타자기는 주요 미술관의 신경계에 쇼크를 일으켰을 테고, 5번가에서 멀리 떨어진 "변방"에 더 적합하다고 여겨졌을 것이다. 이제 그런 작품과 전시회는 평범해졌다. 그렇다고 미를 폄하하진 않는다. 그보다는 (기하학적 비율이나 황금 분할이나 사진 같은 사실성을 무시하면서) 흥미를 자극하고, 기억할 만하고, 더 깊은 탐구를 유발하는 새로운 객체들과 경험들이 미와 동반하는 형국이다.

언젠가 새로운 미디어의 한계뿐 아니라 그 본질적인 힘들이 분명해질 것이다. 부상하는 신인은 거의 항상 놀라움을 주고, 특히 새로운 미디어의 "원주민"이 아닌 사람들에겐 더욱 그렇다. 나는 퍼스널컴퓨터, 가상현실, 블로그의 세계 등을 몽상가들조차 상상하지 못했던 시대에 태어났다. 그래서 내 마음은 불과 몇 년 전에는 불가능으로 여겨지던 다양한 가능성 앞에서 움찔하고 버그를 일으킨다. 구체적으로 열거하자면, 좋아하는 예술작품을 즉시 전 세계로 전송할 수 있고, 박물관 측이 모든 작품을 온라인상에 공개할 수 있고, ARTstor•가 세계적으로 인정받는 무수히 많은 작품들을 온라인으로 제공하고(또한 새로운 평가가 출현하면 제공하는 작품들을 바꿀 수 있고), 개인들이 이미 작곡된 노래의 토막들을 뒤섞고 짜 맞춰 새 노래를 만들거나 그 혼합물에 자신의 토막을 쉽게 덧붙이고, 기타 히어로Guitar Hero 게임을 통해 청소년들이 좋아하는 록 스타의 기타 연주를 흉내 내고, 아동들이 온라인에서 자신만의 곡들을 모아 포트폴리오를 만들고, 이름난 아마추어들이 만든 비디오를 유투브에서 수십, 수백, 또는 수천의 관객이 받아보고 비평할 수 있고, 선한 것과 악한 것, 아름다운 것과 추한 것, 진실과 거짓을 외계까진 아니어도 전 세계로 쉽고 강력하게 보낼 수 있는 가능성 등이다.

분명, 나는 다음 주 월요일자 〈뉴욕타임스〉에서(이 간행물이 계속 존재한다고 가정할 때) 소리, 이미지, 등장인물을 독창적으로 조작할 수 있는 또 다른 매스미디어를 알게 될 것이다.

현재 상황을 조사할 때 나는 지난 세기의 탁월한 프랑스 지식인 앙드레 말로가 수십 년 전에 소개한 개념에 의존한다. 사진의 시대에 예술작품의 접근성 향상을 설명하기 위해 말로는 "벽 없는 미술관"이란 말을 지어냈다.[26] 말로의 시대에도 복제품 덕분에 예술 애호가는 여러 문화의 예술작품들을 최소한 얼마라도 접할 수 있었다. 물론 우리는

• 교육과 학문을 위해 예술, 건축, 인문학, 과학의 디지털 이미지들을 제공하는 비영리 사이버 도서관.

인터넷과 ARTstor 같은 정보원源 덕분에 지금까지 창조된 거의 모든 작품에 즉시 접근할 수 있고, 더 나아가 클로즈업, 뒤섞기mash-up, 잘라붙이기cut-up 등 그로부터 나온 거의 모든 파생물에도 접근할 수 있다.

두 결과가 우리를 기다린다. 앞서 지적했듯이 우선, 오늘날에는 누구나 미적 감각을 포함하여 자신만의 미학을 발전시킬 수 있고, 오랜 시간을 두고 그 개인화된 포트폴리오의 진행 경로를 추적할 수 있다. 새로운 매스미디어가 만들어낸 갖가지 변화들은 나뿐 아니라 수많은 다른 사람들이 어떻게 예술작품을 지각하는지, 우리가 무엇을 아름답다고 간주하는지, 그리고 우리의 개인화된 포트폴리오가 어떤 형식들을 취하는지 등에 영향을 미칠 것이다. 둘째, 모조품에 쉽게 접근할 수 있게 되었기 때문에 "원작"에 대한 접근은 덜 중요해질지 모른다. 그러므로 적지 않은 사람들이 이렇게 묻는다. 가정용 스피커나 동네 극장에 구비된 사운드 시스템으로 완벽한 연주를 들을 수 있는데 왜 굳이 값비싼 연주회에 가겠는가?

한 가능성으로, 예술작품 자체는 무대 중앙에서 벗어나 훨씬 더 폭넓은 경험의 일부분이 될 것이다. 예술적 경험은 작품의 생산이나 유포와 연결된 개인(들)에게 집중될 수 있고, 어쩌면 벌써 그렇게 되고 있는지 모른다. 오늘날 시각예술계의 얼마나 많은 부분이 오로지 작품에 또는 작품 자체에 집중하기보다 유명 예술가인 제프 쿤스, 매튜 바니, 제니 홀저에 집중하고 있는가? 또는 그들의 작품을 전시하는 첼시 갤러리,* 그들의 작품을 구입한 할리우드 유명인(그리고 구입 가격),

* 창고를 개조한 갤러리들이 모여 있는 뉴욕 첼시 가.

거래가 이루어진 경매장, 디지털로 또는 바이러스로 작품 자체가 재미있게 변형된 모습에 집중하고 있는가?

이 맥락에서 미술관의 역할 변화는 특히 두드러진다. 한때 미술관은 개인들이 중개자 없이 원작으로 직접 경험하기 위해 종종 혼자 찾아가는 거룩한 장소였다. 그러나 오늘날 많은 방문객들에게 미술관이란 방문 자체의 경험 때문에 매혹을 느끼는 곳이다. 물론 공공연한 구실은 여전히 객체에 대한 경험이다. 그 객체들은 흥미롭고, 형식이 기억할 만하고, 차후의 방문을 유인하며, 운이 좋으면 완전히 예측 가능한 경험은 아니지만 빈번한 미적 경험을 불러일으키기 때문이다. 그러나 실제로 개인들은 가족이나 친구들과 함께 미술관을 방문해 작품뿐 아니라 다른 방문객들을 구경하고, 서점을 한 바퀴 돌고, 카페에서 점심을 먹고, 키오스크의 컴퓨터나 자신의 노트북 컴퓨터로 인터넷을 검색하며 작품이나 작품과 무관한 내용에 대해 질문을 한다. 진짜 중요한 것은 미술관에서 시간을 보내는 것이 좋다는 믿음인 듯하다.

혹시라도 미래에 미술관은 끊임없이 변하는 작품의 디지털 화면을 배경으로 미술가들이 펼치는 라이브 퍼포먼스로 대체될지 모른다. 그리고 미술이 미술가 또는 미술가와 그의 작품에 집중하는 것과 마찬가지로, 디지털 시대에 예술은 집단에 집중할지 모른다. 안무는 이제 특정한 "스타" 안무가의 고유한 스타일에 초점을 맞추지 않는다. 그보다 댄스 시어터 워크샵Dance Theater Workshop의 예술 감독 칼라 피터슨의 말을 인용하자면, "최근에 미국 현대무용을 보면, 다른 예술 형식들에서 오랫동안 일반적인 예술적 관행으로 자리 잡은 전략들을 의도적으로 사용하는 흐름이 형성되고 있다……. 전용,* 샘플링, 인용, 다른 예술가의 작품과의 대화, 저작권 개념, 장르 해체, 춤과 동작 또는 춤과 관객 등등의 관계 재고再考가 모두 활용되고 있다."[27] 수십 년 전이라면 당연시했을 구분과 경계들이 흐릿해졌고 이미 사라지고 있다. 우리는 생산과 감정鑑定의 새로운 제도 및 새로운 방식과 관련하여 미를 새롭게 생각해야 할 것이다.

잠시 숨을 돌릴 때가 되었다. 방금 고찰했듯이 (암울하다고까지 할 순 없지만) 불안정한 그 모든 가능성 앞에서도 나는 사람들이 과거에 신성시했던 예술작품들을 거부할 거라고 예상하지 않는다. 관람객들은 여전히 그리스 화병, 중국의 풍경화, 미켈란젤로의 조각을, 가능하면 원작 형태로 그리고 원래 장소에서 보기를 원할 것이다. 관객들은 여전히 에우리피데스, 셰익스피어, 몰리에르의 연극을 보러 모일 것이다. 어떤 작품들이 그렇게 오래 존속하는 데에는 여러 이유가 있고, 그 때문에 그 작품들은 지속적으로 미래의 더 깊은 탐구를 유발한다. 과거의 미 개념들은 고사되기보다, 내가 앞에서 제시한 방향들로 확장되고 개인화된다.

더 용기를 내자면 고전주의 및 낭만주의 음악 연주회는 음악의 변화하는 미 개념을 구현하면서 앞으로도 계속 열릴 것이라고 예언할 수 있다. 그리고 나는 그 연주회에 계속 참석할 것이다. 어쩌면 음악에도 제논의 역설이 생겨날지 모른다. 연주회장에서(단지 연주회장에서만), 내가 아무리 나이가 들어도 관객의 평균 나이를 따라잡지 못하는

● 轉用, appropriation. 다른 예술작품의 소재를 원본의 문맥과 다르게 자기 작품에 원용하는 것.

것이다! 미술관도 온라인뿐 아니라 오프라인에 계속 존재할 것이고, 관람객들은 여전히 르노아르와 반 고흐, 마크 로스코나 잭슨 폴락의 그림 전시회에 모여들 것이다. 비록 그 화가들은 세상을 떠나 더 이상 자신의 그림을 팔러 다니거나 〈타임〉지의 표지에 나오지 않지만 말이다. 혼자 방문하는 경우는 더 적을 것이고, 휴대용 기기를 들고 오는 경우가 더 많아질 것이고, 관람객들은 특정한 작품(들)보다는 전체적인 방문 경험에 더 집중할 것이다. 그러나 작품과의 만남 그 자체(물자체Das Ding an Sich－칸트의 용어로)는 결코 사라지지 않을 것이다. 이와 마찬가지로 개인들은 계속해서 자연을 소중히 여길 것이다. 물론 18세기 프랑스 주민의 눈에 비친 산의 예가 상기시켜주듯이, 자연의 어느 측면이 소중히 여겨지는가는 충분히 변할 수 있다.

임마누엘 칸트가 오늘 독일 쾨니히스베르크의 집으로 돌아온다면 적이 당황할 것이다. 미적 판단 그리고 미와 숭고에 관한 논문을 수정하지 않을 수 없을 테니 말이다. 수정판이 나오면 동네 서점에서 그 책에 사인해달라는 독자를 만날지 모른다. 하지만 홍보 담당자가 없다면 마냥 기다려야 할 것이다. 그러나 반론의 목소리에도 불구하고 사람들은 식별할 수 있는 가치가 있다면 결국 그의 책의 가치를 발견하고 인정할 것이다.

그러나 나의 이런 주장이 타당하다면, 전통적인 미 개념들은 지배적인 지위를 잃을 것이다. 우리는 예술의 다른 징후들에 더 많은 물리적 공간, 더 많은 정신적 공간, 더 많은 신경계의 공간을 할애할 것이다. 다시 말해, 흥미롭고, 어쩌면 경외심을 고취하다 못해 표현방식이 때때로 기괴하기도 하지만 어쨌든 기억할 만하고, 추가적인 탐구를 유발하는 그런 작품, 경험, "행위 예술"에 더 집중할 것이다.

똑같이 극적인 변화로서 다락방에 틀어박혀 미지의 걸작을 창조하는 고독한 예술가는 점점 더 시대착오적인 개념이 될 것이다(개별 과학자들이 점점 더 거대한 기관에서 익명의 팀원으로 일하는 추세에 밀리는 것과 같다). 예술가는 계속 유명해질 것이고 어쩌면 막간 15분보다 훨씬 오래 관심을 끌겠지만, 이 명성을 개인숭배, 작품 취득의 역사, 더 큰 서사 속의 생태 지위 등과 구별하기가 점점 더 어려워질 것이다. 그리고 많은 사람들이 공유하는 작품, 과정, 경험은 종종 공통의 기원에서 나오고 공통의 반응을 이끌어낼 것이다. 예술과 과학, 현실과 가상, 개인과 집단, 자연과 문화의 확고했던 경계는 급격히 무너져, 이 책에서 언급한 것을 포함한 과거의 윤곽들은 시대착오적으로 보일 것이다.

그러므로 앞서 예상한 대로 우리는 복잡한 상황에 부딪히겠지만 그 상황은 결국 안정을 찾을 것이다. 개인들은 계속해서 미적 경험과 판단을 이끌어내는 객체들과 경험들을 찾고 사랑할 것이다. 사후에 우리는 그 경험들과 판단들이 어떻게 발생했는지를 일관되게 설명할 수 있을 것이다. 그러나 예술의 역사에서 그리고 나 자신의 경험에서 내가 제시한 예들은 분명하다. 그런 예들은, 한편으로 신경계에 대한 지식에 기초해서든 다른 한편으로 현재의 시장가격에 기초해서든 미래에 무엇이 아름다울지를 예측하려는 시도는 모두 거짓으로 끝날 것임을 입증한다. 사실 생물학이나 경제학에 너무 의존하는 설명들은 하찮거나 틀린 이론으로 전락하게 되어 있다. 반면에 역사, 문화, 개인의 본질을 상세히 고려한 관점만이 특수한 미적 경험들, 즉 개인이 소중히 여기는 경험들 그리고 집단들과 문화들 사이에 반향을 일으키는 경험들을 설명할 수 있다.

결국 우리의 미 "이야기"는 진리 "이야기"와 상당히 다른 것으로 드러났다. 포스트모더니즘과 디지털 미디어가 상황을 복잡하게 만들지만, 더 확고한 기정 진리들을 추구하는 경향은 견고히 지속된다. 이와 대조적으로 미적 대상과 경험에 대한 전통적인 개념들은 더 이상 만족스럽지 않다. 미적 경험은 만들어진 출처에 상관없이 흥미를 자아내고, 기억할 만하고, 추가적인 탐구를 유발하는 객체 및 경험의 창조에 훨씬 더 많이 의존하고 있다. 게다가 중요한 것은, 사람들이 무엇을 아름답다고 판단할지를 미리 예측할 수 없다는 점이다. 역사, 문화, 우연의 요인이 뇌나 경제학에 기초한 어떤 고찰보다 압도적으로 중요하기 때문이다. 근대 이전 사람들의 진화론적 선호 성향들 또는 냉혹하게 작동한다고 하는 수요 공급의 법칙을 신중히 고려하는 대신, 우리는 우연이나 설계를 통해 출현하는 변주 형태들에 주목하고, 어떤 형태들이 예술 세계에 심취한 각 개인을 매혹시키거나 사로잡는지를 지켜봐야 한다. 우리는 진리에 더 가까이 다가가겠지만, 우리 자신의 미적 경험은 점점 더 다른 사람들의 경험에서 멀어질 것이다.

4.

선

TRUTH
BEAUTY
GOODNESS

모든 학문과 탐구, 모든 활동과 추구는 선을 향해야 한다.

— 아리스토텔레스

이 책의 주제들을 숙고하기 시작할 때만 해도 나는 임마누엘 칸트를 염두에 두지 않았다. 그러나 오래지 않아 트리오 가치는 적어도 일반적인 측면에서 칸트가 남긴 독창적인 철학 3부작의 초점과 맞닿아 있음을 깨달았다. 진리를 다룬 〈순수이성 비판〉, 미를 다룬 〈판단력 비판〉, 도덕의 영역인 선을 다룬 〈실천이성 비판〉이 그것이다. 칸트 못지않게 영향력 있는 경제학자 존 메이나드 케인즈에 따르면, 우리 모두는 비록 인식하지 못할 수 있지만, 어느 죽은 경제학자의 이론의 노예라 한다. 다시 말해 우리가 우리의 것이라 **생각하는** 이론 또는 **항상** 존재해왔다고 믿는 이론은 대부분 의식적이든 무의식적이든 자신의 생각을 문화 속에 흡수 동화시킨 어느 사상가에게서 온 것이다. 정신분석학의 설명들이 우리 문화에 널리 퍼진 과정, 심지어 프로이트의 이론을 공개적으로 거부하거나 그의 이름을 들어본 적이 없는 사람들 사이에까지 깊이 스며든 과정을 생각해보라.

그러나 마음은 굴뚝같지만 우리는 뛰어난 선조들이 남긴 복잡한 문제나 결론에 마냥 의존해서는 안 된다. 임마누엘 칸트가 어떻게든지 우리 시대에 도착한다면, 진, 선, 미를 찬양하기는커녕 대충의 윤곽을 그리려는 어떤 진지한 시도에도 공격을 퍼붓는 포스트모더니즘 비평에 틀림없이 당혹감을 느낄 것이다. 게다가 우리 시대에 디지털의 세계에 들어온 이른바 디지털 이민자들처럼 칸트도 페이스북, 가상현실, 수천 명이 참여하는 다중사용자 접속 게임, 온갖 의견이 난무하는 수백만의 인터넷 포스팅 같은 소셜 네트워크를 뭐라고 이해해야 할지 난감할 것이다. 그는 자신의 체계를 다시 생각해야 하고 어쩌면 수정을 가해야 할지도 모른다. 그러나 칸트가 없는 시대에 우리 약소한 인간들은 칸트의 방패를 집어 들어야 한다. 각각의 세대는 진, 선, 미로 되돌아와야 하기 때문이다. 아무리 마음이 끌려도 우리는 이 개념들을 무조건 숭배하거나 야만스레 추방해서는 안 된다.

앞에서 진리를 논할 때 나는 안심이 되는 한 결론에 도달했다. 단일한 진리는 없는 반면에, 다양한 학과들과 전문직들은 각기 다른 영역의 진리를 묘사할 수 있게 해주었고 그 덕분에 시간이 지나면 우리는 진리(그리고 진리들)를 확립할 수 있고 그 진리(진리들)를 허위나 "사이비 진실truthiness"과 어느 정도 자신 있게 구별할 수 있게 된다. 나는 또한 근래에 우세해진 예술들(그리고 예술과 과학, 예술과 자연의 흥미로운 잡종들과 혼합물들)에 대한 우리의 이해에서 미적 경험이 차지하는 역할을 옹호했다. 그러나 한편으로는 미적 경험에 보완적으로 발생할 수 있는 "예술의 징후들"(구체적으로 흥미로움, 기억성, 재방문 유인 트리오)의 중요성을 강조했다. 나는, 우리 시대에 미적 감각은 점점 더 개인화되고 있다고 결론지었고, 이 추세에 박수를 보냈다.

이제 우리는 남아있는 마지막 주제인 선, 더 엄밀히 말하자면 포스트모더니즘과 디지털 시대에 선 개념이 처한 운명 앞에 도달했다. (거의 칸트적인 어감을 풍긴다! ― 이 개념의 운명은……Das Schicksal von der Konzept……) 나는 선을 우리와 타인들과의 관계적 속성으로 보게 되었다(여기에는 우리가 잘 아는 개인과 잘 모르는 개인, 가까운 집단과 먼 집단, 직업상 관계가 있는 개인들이 모두 포함된다). 따라서 앞으로 나는 **좋은 사람**good persons, **좋은 시민**good citizens, **좋은 노동자**good workers에 대해 논의할 것이다. 몇몇 측면에서 타인과의 좋은 관계란 무엇으로 이루어져 있는가에 대한 우리의 생각은 수천 년 동안 거의 변하지 않았다. 나는 그것을 "이웃 간 도덕성neighborly morality"이라 부를 것이다.[1] 그러나 중요한 몇몇 측면에서, 좋은 노동자나 좋은 시민의 의미는 근래에 서서히 부상해왔다. 나는 그것을 "역할 윤리"라 부를 것이다.

다음으로 나는 가장 중요한 주제, 즉 우리 시대에 '선' 의식을 어떻게 재고해야 하는가에 초점을 맞출 것이다. 디지털 미디어가 넘실거리는 시대에 우리는 온라인에서 아는 사람들과 모르는 사람들을 상대하는 방법을 새롭게 창출할 필요가 있다는 것이 나의 제안이다. 게다가 포스트모더니즘의 기운이 감도는 세계에서 상대주의를 수용하거나 절대주의에 굴복하게 만드는 압력들에 직면하여, 오늘날 세계적 윤리를 구축하기 위한 이질적인 문화들의 공동 노력이 대단히 절실해졌다.

만일 여러분이 나와 같다면, 의식이 맨 처음 형성될 때부터 십계명을 기억했을 것이다. 그러나 나는 최근까지도 십계명이 두 범주로 나뉜다는 것을 인식하지 못했다. 처음 네 계명은 우리가 신의 그늘 안에 있고, 신을 끊임없이 무조건적으로 존경하고 복종해야 한다고 가르친다. 네 계명은 초자연성을 다룬다. 나머지 계명들은 현저하게 국지적이다. 부모를 공경하고, 이웃을 존경하고, 이웃에게 친절히 대하라. 특히 이웃을 죽이지 말고, 이웃의 재물을 훔치지 말고, 이웃에게 거짓말을 하거나 간음하지 말라. 우리는 과거의 원시 혈연 사회에서 이 계명들이 유효했다고 쉽게 상상할 수 있다. 그 사회는 모든 사람이 나를 알고 나도 거의 모든 사람을 최소한 얼굴은 아는(당연히 가까운 친척의 얼굴일 것이다), 많아봤자 몇 백 명으로 이루어진 공동체였다. 만일 내가 어떤 죄를 저지르면 십중팔구 곧 모든 사람이 알게 되었고, 내가 아주 막강한 사람이 아니라면 피해자나 그 가족이나 지역사회의 징벌을 피하기 어려웠을 것이다. 십계명은 그런 도덕적 교훈들을 신성화한 것이다. 도둑질, 간통, 살인이 한낮의 유행이거나 한밤의 규칙이라면 어느 사회가 오래 존속할지, 또는 잠시라도 존속할지 의심스럽다.

많은 사회에서 우리는 훨씬 더 간단한 금언을 만난다. "남에게 대접받고자 하는 대로……" 또는 당신이 비관론적인 사람이라면 "남에게 대접받지 않고자 하는 대로……"라고 바꿔 말할 수도 있는 황금률이 그것이다. 나는 이 황금률도 사람과 주위 영역의 관계, 즉 개인이 알고 정기적으로 부딪히는 사람들과의 관계에 대한 진술이라고 본다. 황금률은 간략한 말이나 글로 포착되기 훨씬 이전부터 존재하고 작용했을 것이다. 함무라비의 "눈에는 눈"은 잘 확립되어 있던 원칙을 어휘화한 것으로 보인다. 공동체의 장기적 생존에는 모종의 친절한 호혜가 필수 조건이다.

이쯤에서 여러분은 내가 보편적 개념들에 의존하는 것이 진화론적 도덕 이론을 예시한다고 생각할 것이다. 예술의 미에 대한 생물학적 설명을 비웃던 바로 그 저자가 이제 생물학적 도덕 이론을 수용하려는 것이다. 진화 덕분에 우리 고등동물들은 공정함에 대한 아주 예리한 감각, 또는 비관론자의 표현법대로 남을 속이거나 "무임승차"하는 사람들에 대한 날선 경계심을 갖게 되었다고 나는 진심으로 믿는다.

그러나 중요한 측면들을 고려할 때 윤리는 고사하고 인간의 도덕성을 엄밀하게 생물학적인 설명으로 환원하려는 시도는 모래성이 될 수밖에 없다. 무엇보다 관련 집단의 범위와 크기 때문이다.[2] 핵가족 안에서 살인, 절도, 간통을 용인하는 사회는 없을 거라고 나는 생각한다. 더 나아가 사담 후세인이나 요제프 스탈린 같은 독재자들이 자기 가족을 학대하거나 죽일 때 우리는 특별한 혐오감에 휩싸인다. 그러나 그런 끔찍한 예들을 통해 알 수 있듯이, 관련 집단의 크기는 상당히 작고 급속히 변할 수 있다. 1930년대 공산당 또는 1980년대 바트당•의 당원(더 나아가 "측근") 중 절대 권력자의 명령이나 심지어 암시에 감히 이의를 제기한 자에겐 화가 미칠지니!

일단 동네를 벗어나면 모든 게 백지화된다. 성경은 친절과 아량의 안내서 역할을 거의 못 하고, "저들"에 관해서라면 대량 학살이 모세오경••의 핵심 주제가 된다. 그리고 현대전의 시대, 즉 적이 먼 곳에 익명으로 있고 미사일이 전사의 분부대로 움직일 때, (양손을 높이 들었거나 바닥에 납작 엎드린 적을 볼 때와는 달리) 살인을 자제시키는 동물행동학적 구속력은 현저히 줄어든다. 나는 프로이트의 것으로 추정되는 소견을 다음과 같이 바꿔 말하고자 한다. "만일 버튼을 한 번 눌러 지구 반대편에 있는 한 사람을 죽이고 동전 한 닢을 벌 수 있다면, 주말

• 단일 아랍사회주의국가 건설을 목표로 하는 아랍 정당.

•• 구약성서 맨 앞에 있는 창세기, 출애굽기, 레위기, 민수기, 신명기.

쯤에는 빈에 사는 모든 사람이 백만장자가 될 것이다." 간단히 요약해 보자. 우리의 도덕성은 놀라울 정도로 협소하고 국지적이다.

그러나 우리의 이웃 간 도덕성은 동네에서 만나는 사람들에게만 적용될 필요가 없으며, 이것이 가장 중요한 요점이다. 훌륭한 사람들은 외모, 배경, 거리에 상관없이 모든 타인에게 똑같이 도덕적으로 행동한다. 우리가 우리 "동네"에 포함시키겠다고 결심하는 집단의 크기는 역사, 문화, 개별 행위자의 산물이지, 뇌나 유전자의 산물이 아니다.

선에 대한 생물학적 설명은 또 다른 면에서도 부적절하다. 생물학적 설명은 큰 사회의 출현과 지속적 발전을 다루지 못한다. 그런 사회는 사회적으로 복잡하다. 한 세기 전 에밀 뒤르켐의 사회학에서 나온 전문용어를 빌리자면, 그 사회들은 점증하는 "노동 분업"이 특징이다. 한 해 한 해 농사를 짓거나, 사냥을 하거나, 고기를 잡는 소규모 씨족 사회에서 모든 남자는 거의 똑같은 일(예를 들어, 식량 찾기)을 하고 모든 여자도 거의 똑같은 일(예를 들어, 요리와 상차리기)을 한다. 그래서 해야 할 것과 하지 말아야 할 것을 포함한 사회적 규칙들은 전체에 적용된다. 일의 영역 그리고 구성원 자격과 관련하여 십계명과 황금률, 또는 복수의 뉘앙스가 강한 함무라비의 "눈에는 눈"이면 충분하다.

사회가 뚜렷한 노동 분업 없이 규모만 커지는 경우도 가능하다. 농경 사회인 중국과 인도의 드넓은 지역에서 수세기 동안 그런 풍선 효과가 발생했다 그러나 대체로 사회가 커지고 우리가 알고 있는 문명이 출현하면 성과 결부된 역할을 뛰어넘는 노동 분업이 필연적으로 뒤를 잇는다. 선발된 소수가 지배하고 나머지 다수는 지배를 받는다. 소수 특권층은 문자사용 능력을 획득한다. 그들은 법규를 글로 쓰고,

그 사회의 과거와 현재에 관한 글을 지어내고 읊고 해석하고, 복잡한 상거래를 처리하고, 가정이나 왕국의 재정 기록을 관리한다. 나머지 다수는 이 문자사용 능력의 덕을 보지 못한 채 계속 삶의 시련과 고난을 헤쳐 나간다. 마침내 매우 전문화된 기술, 직업, 전문직이 출현한다. 그 결과 중세의 절정기, 예를 들어 기원후 1200년경이 되면 중국, 인도, 멕시코, 페루, 서유럽, 동유럽과 같은 권력 중심지의 사회들에는 군사 지도자, 정치 권력자, 농노, 기술공, 보석세공인, 의사, 판사, 건축업자를 비롯하여 다양하게 분화한 역할들이 자리를 잡는다.

그런 환경에서 황금률과 십계명은 기대에 못 미치고, 때로는 턱없이 부족하다. 사람들이 친절이나 호혜를 기피해서가 아니다. 그보다는 복잡한 사회를 구성하는 다종 다기한 역할들이 이전 시대에는 예상할 수 없었던 곤란한 문제들, 아무리 좋은 의도나 아무리 훌륭한 선례로도 해결하기 힘든 딜레마들을 낳기 때문이다.

나의 생각을 분명히 드러내는 구분법과 그에 수반하는 어휘를 자세히 설명하고자 한다. 도덕과 윤리의 구분이 그것이다. 우리는 공통의 인간성, 당면한 사실에 대한 상호 인식, 그리고 특정한 부족, 씨족, 지역사회에 소속된 사실 덕분에 둘 이상의 사람들 사이에서 발생하는 상호작용에 도덕적moral이란 용어를 적용한다. 일상적 용법과의 혼동을 피하기 위해 나는 "이웃 간 도덕성"이란 말을 만들었다. 우리는 십계명, 황금률, 함무라비 법전의 영역 안에 있다. 지그문트 프로이트가 "도덕성은 자명하다"라고 말했을 때, 그는 분명 국지적 차원에서 선하다고 간주되는 것과 악하다고 간주되는 것을 가리켰다.

두세 살이 되면 대부분의 아이들은 선과 악의 구분법을 이용하고,

표현하고, 의존하게 된다.[3] 물론 최초의 선 관념은 대개 자아Ego에게 좋은 것에 집중된다. 다시 말해 위협, 들볶임, 굶주림 또는 그 이상의 고통을 당하는 것과 정반대로 자신을 행복하게 해주고, 배부르게 해주고, 원하는 것을 소유하게 해주는 것들에 초점을 맞춘다. 몇 년 이내에 '선'에는 공정성이 포함된다. 우리는 모든 타인에게 항상 공정하진 않지만, 그래도 친족들, 이웃들 그리고 무엇보다 또래들에게 공평한 대우를 받을 거라고 기대한다. 가혹한 방식으로든 친절한 방식으로든 공동체에 의해 이루어지는 사회화에는 선 관념을 확대하고 부풀리는 노력이 반드시 포함되고, 그에 따라 선 관념은 자기중심주의, 이기주의에서 멀어지는 동시에 집단 내 다른 일원들의 복지를 더 많이 인식하고 "공공선common good"에 더 깊이 주의하게 된다. 이 사회화는 부실하게 또는 충실하게, 일관되게 또는 모순되게 시행될 수 있다. 칭찬할 만하든, 개탄할 만하든, 두 상태의 혼합이든 간에, 그 결과는 몇 년 안에 가정에서, 거리에서, 놀이터에서, 통과의례에서, 그리고 학교와 교회 같은 기관에서 드러난다. 아무 문제가 없고, 황금률과 적절히 변형된 십계명을 잘 지킨다면, 샐리는 좋은 여자아이, 좋은 사람으로 비쳐진다.

나는 동네 개념인 도덕과, 복잡한 사회에 알맞은 개념인 윤리를 대조시킨다. 복잡한 사회들은 고도로 분화한 상태에서 오랜 세월을 두고 특수 전문직을 표시하고 규제하는 원칙과 관행을 창출해왔다. 윤리는 추상적 능력, 추상적 태도를 수반한다. 이웃 간 도덕성의 영역에서 우리는 자기 자신을 단지 한 개인으로 생각하고(나는 하워드다), 타인들을 각자의 이름으로 생각한다(나의 아내 엘렌, 나의 여동생 매리언, 나의 아이들, 친척들, 친구들, 이웃들, 청탁하러 오는 사람들과 내 흉을 보는 사람들). 이와 대조적으로 윤리의 영역에서 사람들은 자기 자신을 역할의 관점에서 생각한다. 자기 자신을 어떤 역할의 점유자로 생각하려면 감각의 범위와 일상적 교류의 틀 밖으로 벗어나는 능력, 다시 말해 자기 자신을 한 명의 노동자 그리고 한 명의 시민으로 개념화하는 능력이 필요하다. 그러므로 나는 "이웃 간 도덕성"을 보완하는 뜻에서 "역할 윤리"라는 말을 만들었다.[4]

내 경우를 말하자면, 나는 일의 영역에서 윤리의 모자를 쓰고 있는 동안 나 자신을 선생, 학자, 사회과학자, 저자, (사회참여 지식인은 아니지만) 대중 연설가의 역할을 점유하고 있는 사람으로 생각한다. 시민성에 초점을 돌리자면 나는 직장(하버드 대학교), 지역사회(매사추세츠주 캠브리지), 가입 단체(이사회들), 주, 지역, 국가에서의 역할, 그리고 점점 더 중요해지는 지구에서의 역할에 비추어 나 자신을 생각한다(지구에서 멈추는 것이 좋겠다. 더 멀리 또는 더 크게 보는 사람들은 그들 자신을 은하계의 시민이나 심지어 광대한 우주의 시민으로 볼지도 모른다.) 다시 한 번 말하지만, 복잡한 사회에는 각각의 영역과 관련하여 윤리적 기대가 존재하고, 이 기대는 때때로 규칙이나 법률로 명시되어 있다.

이 주장에 의하면 시민성citizenship은 자연적이거나 자명한 범주가 아니라는 점에 주목하자. 아득한 태초부터 개인은 씨족과 부족의 일원이었다. 그 자격으로 개인은 타인들이 자신에게 도덕적으로 행동하리라 예상하고, 자신의 품행에 신경을 쓰고, 집단에 대한 보다 폭넓은 의무(예를 들어, 침입자를 경계하기 위해 망을 보거나, 남들이 수확할 작물을 남겨두는 등)를 수행했을 것이다. 그러나 내 관점에서 볼 때, 그리스 도시국가든, 로마 공화정이든, 미합중국이든, 1789년 이후의 프랑스든 간에 자신이 어느 정치 체제의 시민이라는 생각은 더 큰 사회, 즉 직접 만난 적이 없고 개인적으로 알지 못하는 개인들과도 관계를 맺고 있는 곳에서만 이치에 닿는다.

역할 윤리는 추상적 태도를 그 자체로 채택하는 능력 외에 결정적으로 중요한 또 하나의 요소를 필요로 한다. 그 자질은 책임 의식이다. 오늘날 특히 미국에서 사교 집단이든 전문 집단이든 어느 집단도 구태여 자신의 권리를 천명하지 않는다. (나는 가끔씩 미국에서 걸음마하는 아기들이 가장 먼저 습득하는 비신체적 동사는 고소하다to sue라는 말이라고 농담을 한다.) 내 관점에서 볼 때, 진정한 윤리적 자세의 기본 자질은 책임 의식이다. 물론 노동자나 시민에겐 어느 정도의 권리가 주어진다. 그러나 윤리적 노동자는 아침에 눈을 떴을 때 "내 덕에 얼마를 번 거야? 내 권리는 뭐지?"라고 투덜거리지 않는다. 그보다는 "나는 직업인이고, 그에 따라 적정량의 자원, 존경, 자율성을 보장받고 있다면, 내가 책임져야 할 일은 무엇인가?"라고 묻는다. 윤리적 시민도 자신의 권리에 집착하지 않는다. 물론 권리는 중요하고 투쟁을 통해서만 획득할 수 있다. 그러나 윤리적 시민은 이렇게 묻는다. "내가 시민 자격을 획득했다면, 내가 책임져야 할 일은 무엇인가?"

여기엔 중요한 단서 조건이 있다. 자기 이익이 증가할 때에는 윤리적이 되기 쉽다는 것이다. 아무 문제없이 할 일을 하고 2백 달러든 2조 달러든 이익을 챙기면 된다. 윤리성에 대한 엄정한 평가는 자신의 이익이 올바른 역할 수행과 충돌할 때 수면 위로 떠오른다. 외과의사는 휴일에 가족과 여행을 떠나기로 되어 있지만, 어느 환자가 즉시 치료를 받아야 하는 상태로 도착한다. 의사는 어떻게 해야 할까? 유복한 시민은 자기 이웃만큼이나 급격한 세금 인상에 반대하지만("이런, 그 돈이면 요트를 한 대 더 장만할 수 있는데,"), 그가 낸 세금 인상분으로 가난한 사람들에게 꼭 필요한 의료나 교육을 제공해줄 수 있음을 안다. 그는 세금 인상에 어떤 표를 던질까? 윤리의 시금석은 책임이고, 책임은 본인의 특수한 생태 적소나 결과적 이해와 무관하다. 이때 "정의로운 공동체"는 무지의 베일을 통해 확립된다는 철학자 존 롤스의 견해가 생각난다.[5] 롤스의 말에 의하면 사회를 지배하는 규칙을 만들 때에는 자기 자신의 능력과 사회 안에서의 지위를 예상하지 않고 만들어야 한다는 것이다.

나는 우리 시대에 선이라는 짧고 간단한 단어가 왜 이렇게 복잡성을 띠게 되었는지를 설명했다. 분화한 사회에서 이웃 간 도덕성은 한계가 있다. 변호사, 의사, 기술자, 회계사, 교사, 상인 등의 역할에 따라 적절히 행동하는 것, 또는 자신이 소속된 일터, 단체, 더 큰 정체政體들에서 책임 있는 시민이 되는 것이 무엇을 의미하는지가 결코 분명해지지 않는다. 물론 이웃 간 도덕성은 자명하다. "이웃을 네 몸처럼 사랑하라"는 것이다. 그러나 앞서 언급한 각각의 전문분야들은 전문지식을 필요로 한다. 비전문가가 예를 들어 변호사에게 어떤 증거를 포함시켜야 하고 그 증거를 어떻게 확보해야 할지에 대해 지시를 내릴 순 없다. 마찬가지로 건축가에게 매력적이고 실용적이고 안전하고 합법적인 도면을 어떻게 그리고 시행해야 할지, 또는 의사에게 어느 의학 서적이나 웹사이트를 참조해야 하고 어느 상황에서 "최선의 치료"를 무시해야 할지를 지시하는 것도 완전히 부적절하다. 또한 십계명도 교수 임용 건에 어떻게 투표해야 할지, 유명한 예술작품의 매각을 지지해야 할지, 지구 온난화에 상반된 의견을 가진 정치 후보자들 중 누구를 찍어야 할지를 가르쳐주지 않는다.

그러나 이웃 간 도덕성과 역할 윤리의 차이와 관련하여 우리는 몇 가지 주의사항을 명심해야 한다. 첫째, 작가들은 도덕과 윤리라는 말을 여러 방식으로 사용한다. 예를 들어 때때로 도덕은 포괄적인 단어로 쓰이고, 윤리는 그 부분집합으로 쓰인다. 둘째 어떤 저자들은, 내가 씨족 울타리 안에 놓았던 규율들이 사실은 보편적 권리와 의무이고, 노동자와 시민으로서의 행동을 지배하기에 충분하다고 믿는다. 그런 바람은 자유지만, 그것은 현실이라기보다 소망에 가깝다고 나는 생각한다.

도덕과 윤리의 차이는 결코 절대적이 아님을 명기하는 것은 중요하다. 우리가 도덕적이라고 간주해온 많은 것들이 윤리 쪽으로 흘러넘친다. 예를 들어, 우리는 매일 보는 사람들에게 해를 입히지 말아야 하는 것처럼, 우리와 먼 사람들에게도 해를 입히지 말아야 한다. 그리고 윤리의 많은 부분이 도덕과 관련되어 있다. 우리는 우리의 교실이나 한 블록 밖의 집, 더 나아가 우리 자신의 집에 거주하는 사람들과 관련해서도 우리 자신을 노동자이자 시민으로 볼 수 있다. 개인, 가족, 이웃, 노동자, 시민의 선들은 절대적이 아니라 투과성을 갖고 있다.

이 주의사항들을 명심했을 때, '선'을 어떻게 생각해야 할까?

내가 이 책에 소개한 정의에서, "선한" 것(또는 "선하지 않은" 것)에 대한 평가는 **인간관계**, 즉 우리 인간들이 국지적으로 그리고 전반적으로 서로에게 어떻게 행동하는가를 좌우하는 관계에 적용된다. '선'(또는 '악')에 대한 최초의 근원적 의식은 수천 년 전부터 우리 곁에 있었다. 그것은 우리가 자신의 친족, 친구, 이웃을 다루는 방식(잔인한가 친절한가, 관대한가 이기적인가, 공정한가 불공정한가?)을 가리킨다. 한 마디로 선 관념은 우리를 "착한" 개인 또는 다양한 면에서 부족한 개인으로 규정한다. 그러나 근래에 갈수록 증가하는 사회적 복잡성 때문에 '선'의 또 다른 의미를 추가할 필요가 생겼다. 우리는 노동자와 시민으로서 주요한 책임들을 다하며 사는가, 아니면 중요한 측면들에서 그에 못미치는가?

때마침 나의 연구는 이 문제들에 초점을 맞추고 있다. 나의 연구는 일과 시민성이 포스트모더니즘 견해들과 디지털 미디어의 도전에 새롭게 직면하는 양상들뿐 아니라, '선'의 최근 양상들을 예시화하고 개념화하는 방법들을 제시해왔다.

1990년대 중반부터 나는 존경스러운 동료 학자들, 미하이 칙센트미하이, 윌리엄 데이먼, 그리고 여러 훌륭한 학자들과 함께 "굿 워크 good work"의 개념을 연구하고 있다.[6] (최근에 이 연구는 "좋은 시민성 good citizenship"에 대한 고찰로 확대되었다.) 우리의 연구는 기본적으로 두 사건에서 자극을 받았다. 개인적 차원에서 우리는 때때로 우리의 이전 연구에서 제시한 결과들이 혼란스러운 방식으로 적용되는 것을 목도했다. 이 예기치 않은 폐해를 보고 우리는 전문가 입장에서 우리 연구의 영향에 보다 광범위하게 책임지는 방법을 고려하게 되었다. 사회적 차원에서 우리는 사회의 모든 부문들이 시장의 힘에 따라 규제되는 것이 가장 좋다는 믿음이 확산되는 현상에 주목했다. 물론 우리 자신도 여러 방면에서 시장의 수혜자였고, "전반적인" 시장의 기능을 비판할 이유가 전혀 없었다. 그러나 일의 영역 특히 전문직 분야는 결정적인 측면들을 단지 수요 공급의 힘들에 내맡기면 쉽게 타락할 수 있음을 우리는 강하게 느꼈다. 각각의 전문직은 일단의 가치들을 중심으로 형성되어 있으며, 해당 분야가 엄밀한 의미에서 "시장 테스트"를 통과하든 못하든 상관없이 그 핵심 가치들을 지키고 실현하는 것이 필수적이다.

굿 워크 프로젝트Good Work Project를 시행할 때 우리는 9개 직업 분야에 종사하는 1,200명 이상의 전문 직업인을 심층 인터뷰했다.[7] 그 조사 결과를 자세히 살펴본 끝에 우리는 굿 워크란 철자 E로 대표되는 세 요소를 보여준다고 개념화했다. 굿 워크는 우수하다excellent. 해당 직업 또는 분야의 기술적 표준을 충족시킨다는 의미에서다. 굿 워크는 개인적으로 유의미하거나 매력적이다engaging. 일이 당사자에게 매력적이고 유의미하지 않다면 굿 워크를 장기간 수행하기는 너무 어렵다. 세 번째 E는 윤리적ethical이다. 굿 워크는 책임 있고 윤리적인 방식으로 수행된다. 좋은 노동자는 책임성 있는 자세의 의미를 스스로에게 끊임없이 되묻고, 그런 식으로 행동하기 위해 노력하고, 누구나 그래야 하겠지만 자신의 실패를 인정하고 그로부터 진로를 수정하고자 노력한다.

앞에서 설명한 "이웃 간 도덕성"과 "역할 윤리"의 구분은 이 연구에서 나왔다. 동네에 거주하는 사람으로서, 우리는 다른 사람들이 도덕적으로 행동할 것이라 기대하고 다른 사람들도 우리에게 같은 것을 기대한다. 이것이 좋은 사람의 의미이다. 전문 직업인으로서, 우리는

그림 4.1. 한 줄로 꼬인 굿 워크의 세 가닥 .

직업상의 역할을 점유하고 있는 다른 사람들이 윤리적으로 행동하기를 기대하고 그들도 우리에게 같은 것을 기대한다. 이 두 "선의 맛"은 오늘날 도덕적 행동 전반의 토대로 여겨지고 있는 두 메커니즘을 반영한다. 첫 번째 메커니즘은 보다 반사적이고 직관적인 메커니즘으로, 이웃 간 도덕성을 지배한다. 두 번째 메커니즘은 의식적 성찰에 속하는 메커니즘으로, 노동자와 시민으로서의 우리의 역할과 더 깊이 관련되어 있다.

편리한 비유를 통해 우리는 굿 워크를 훌륭한 전문직업인의 DNA로 그려볼 수 있다(그림 4.1). 우리가 DNA 유전자 덕분에 피와 살을 가진 살아있는 호모사피엔스의 일원으로 성장할 수 있는 것처럼, 전문직 DNA(또는 여러분이 원한다면 ENA) 덕분에 우리는 좋은 노동자가 될 수 있다. 전문직 삼중나선은 해당 분야의 "밈들,"[8] 즉 의미 단위들을 미래의 노동자 세대들에게 전달할 수 있는 가능성을 열어준다.

우리의 요점을 약간 과장하면, 굿 워크의 세 요소를 이 책에서 다루는 고전적 가치들의 예시화로 생각할 수도 있다. 우수함은 순수이성과 진리의 영역에 속한다. 과학자들과 학자들은 진리를 추구한다. 매력은 예술과 자연을 생각하게 한다. 우리는 흥미롭고 기억할 만하고 발길을 끄는 것에 매혹된다. (사실, 매력을 느낄 때 우리는 심지어 "설렘tingle"을 느끼기도 한다.) 그리고 윤리는 정의, 좋은 삶, 좋은 사회의 영역으로 우리를 인도한다.

앞서 언급했듯이, 우리는 굿 워크에 대한 분석을 시민성의 영역에도 쉽게, 적절히 적용할 수 있다. 간략히 표현하자면, 좋은 시민은 기술적으로 우수하다excellent. 자신이 속한 정체政體 또는 정체들의 규칙과 절차를 잘 안다는 의미에서다. 좋은 시민은 매혹되어 있다engaged. 좋은 시민은 무슨 일이 일어나는지에 관심을 기울이고 적절한 조치를 취하거나 사전 행동을 취한다. 세 번째이자 특히 중요한 요소로, 좋은 시민은 윤리적이다ethical. 좋은 시민은 특히 적절한 행동 방침이 자신의 이익과 충돌할 때에도 올바른 일을 한다.

이상적이라면 개인은 전반적으로 "선량할" 수 있고 선량해야 한다. 그러나 이 틀을 적용할 때, 개인은 좋은 노동자나 좋은 시민이 아니어도 좋은 사람이 될 수 있음을 우리는 알아야 한다. 뿐만 아니라 "좋은"과 "좋지 않은"의 다른 모든 조합도 가능하다. 이 점을 구분하지 못하면 종종 놀라운 결과가 뒤따른다. 예를 들어 모범적인 노동자가 자신의 배우자를 때리는 경우, 또는 거리에서는 아주 상냥한 이웃이 정치에 무관심하거나 투표를 하지 않는 경우가 그러하다.

굿 워크를 하기는 결코 쉽지 않다. 모순되는 요구들과 서로 충돌하는 기회들이 주위에 가득하기 때문이다. 굿 워크는 해당 직업의 모든 이해관계자들이 대략 같은 것을 원할 때 가장 쉽게 성취할 수 있다. 우리는 이 조건을 **정렬**alignment이라 부른다. 구체적으로 말하자면, 한 전문직은 그 분야의 고전적 가치들, 현 종사자들의 목표들, 시장의 요구들, 조직의 지도자들(그리고 이윤 분배의 맥락에서, 주주들), 더 큰 사회의 이해관계자들이 모두 거의 같은 것을 원할 때 정렬 상태에 있다고 할 수 있다. 예를 들어, 지난 20년 동안 미국에서 유전학 연구자로 굿 워크를 수행하기가 상대적으로 쉬웠다. 사회가 일방적으로 이 분야를 지지하기 때문이다. 우리 모두는 더 오래, 더 건강하게 살기를 원하고, 유전학자들과 여타 생물학에 기초한 과학자들이 우리를 대신해 이 목표를 달성해주기를 기대한다. 그래서 우리는 그들의 사업을 (방해하기보다) 용이하게 해준다. (줄기세포 연구의 적법성 같은 문제가 논쟁을 불러일으키기 시작하면 정렬은 약해지거나 심지어 와해된다.)

이와 극히 대조적으로 시간이 지남에 따라 저널리즘에서는 굿 워크를 수행하기가 점점 더 어려워졌다. 저널리즘에서 굿 워크는 객관적이고, 공정하고, 선정주의가 없고, 소문과 익명성에 대한 부당한 의존이 없음을 말한다. 그러나 저널리즘에서는 다양한 이해관계자들, 즉 소유주, 발행인, 편집자, 기자, 일반 대중이 각자의 입맛에 맞는 아주 다른 것을 원한다. 그 결과 정렬이 기본적으로 와해되고 말았다. 사실 신문 저널리즘이 적어도 구세대 사람들이 알아볼 수 있는 형태로 생존이나 할 수 있을지 의심스러운 실정이다.

일반적으로 정렬은 그 분야 전체를 지탱하는 기능을 한다. 그러나 결국 굿 워크를 수행할지 말지를 결심하는 것은 전적으로 개인들의 몫이다. 당신은 어지럽고 열악한 시기에도 좋은 노동자가 될 수 있고, 더 나아가 어떤 노동자들은 그 부조화에 자극을 받아 해당 분야의 최고의 가치들을 구현하고 입증하는 새 조직을 창출한다. 미국에서 (영국방송협회BBC 정도의) 수준 높은 라디오 뉴스와 문화 프로그램의 부재는 미국공영라디오방송National Public Radio의 설립으로 이어졌고, 중동에서 다각적 관점을 가진 온건한 뉴스 취재의 부재는 알자지라 방송의 출범으로 이어졌다. 또한 해당 전문직의 정렬 상태가 대단히 양호해도 사람들은 나쁜 노동자가 될 수 있다. 유전학처럼 정렬 상태가 좋은 영역에도 썩은 사과들이 있고, 동료들의 높은 윤리 수준을 이용하는 무임승객들이 있다.

굿 워크는 공인된 전문직의 정식 구성원들에만 국한되지 않는다. 육체노동자들과 사무노동자들 역시 그들대로 윤리적 딜레마에 부딪힌다. 버스 운전기사는 고통스러워하는 승객을 돕기 위해 운행을 멈추고 바쁜 승객들의 불만을 사야 할지 아니면 계속 운행을 해야 할지를 결정해야 하고, 공장 노동자는 야근 수당이 안 나오더라도 중요한 일을 끝내야 할지 아니면 다른 사람에게 맡기거나 다음 날로 넘기고 미완성으로 남겨야 할지를 결정해야 한다. 그러나 비전문직 노동자는 종종 권한이 적고 주도 의식이 적기 때문에 나는 네 번째 E의 적합성을 제안하고자 한다. "보통 노동자"는 **공평한**equitable 직장에서 굿 워크를 더 열심히 수행할 것이다. 그런 근무 환경에서 모든 사람은 공정한 대우를 받고, 평사원과 반대되는 의미에서 경영자 측의 특권은 과다하지 않고 양적으로 겸손한 수준을 유지한다.

선택할 수만 있다면 "열악"하거나 "타협적인" 근무 환경을 선택할 사람은 거의 없을 것이다. 그러나 사실 대부분의 일터에서는 굿 워크를 성취하기가 어렵고 장기적으로 유지하기도 어렵다. 우리의 연구는 굿 워크의 가능성을 높이는 세 요소를 밝혀냈다.[9]

1. **수직적 지원** – 업무 피라미드의 정점이나 그 근처에 있는 사람들의 가치관과 운영 원칙. 만일 당신의 상사가 좋은 노동자이고, 굿 워크를 몸소 보여주고, 당신에게 일치된 것을 기대하고, 타협적이거나 나쁜 일이 나올 경우에 점점 더 엄격한 제재를 가한다면, 그/그녀의 본보기는 당신의 노동 윤리에 강력한 영향을 미친다.

2. **수평적 지원** – 또래와 동료들의 가치관과 행동양식. 일터에서 당신과 대등한 위치에 있는 사람들이 좋은 노동자이고 당신(또는 다른 사람들)이 그 규범에서 벗어날 때 경고 신호를 보내준다면 그들도 중요한 모범이 된다.

3. **정기적인 예방주사** – 어느 전문직에서든 타협적이거나 명백히 나쁜 일이 발견되면 그로부터 경종이 울리고 때때로 영웅적 행동들이 나타난다. 노동자들은 이 호의적이거나 악의적인 사건들에서, 그리고 특히 다른 사람들이 그에 반응하는 태도에서 강한 영향을 받는다.

용감한 기자들, 논설위원들, 신문업자들 덕분에 펜타곤 문서*와 워터게이트 범죄의 시대에 신문 저널리즘은 그런 힘을 얻었다. 반면에

21세기가 시작된 직후에 〈뉴욕타임스〉의 역사적인 명성은 이중의 타격 때문에 크게 흔들렸다. 하나는 불량배 기자 제이슨 블레어의 무책임한 보도와 표절이고, 다른 하나는 이라크가 대량살상 무기를 소유하고 있다는 미 행정부의 근거 없는 주장에 맞서지 못한 것이다.

경종에 대한 반응은 종소리 자체만큼 중요하다. 독립적인 "국민 논설위원"을 고용하고 오류와 수정 사항을 매일 크게 보도하는 등 〈뉴욕타임스〉가 다양한 품질관리 수단을 만들어 시행했을 때, 사람들의 행위는 좋은 노동의 저울에서 플러스 눈금 쪽으로 기울었다. 이와 대조적으로 21세기의 첫 10년에 회계감사, 금융, 은행업, 시장규제 전문가들의 행동을 생각해보라. 엔론, 글로벌크로싱, 월드컴, 아서앤더슨의 파산을 낳은 엄청난 부정행위를 눈앞에 두고도 전문가들은 경고의 목소리에 귀를 기울이지 않았고, 적절한 규제책을 만들어 엄격히 적용하지 않았다. 그 결과는 세계적인 금융위기로 나타났다.

독자들은 내가 굿 워크의 네 번째이자 가장 기본적일 수 있는 촉매제를 검토하지 않은 것에 놀랄지 모르겠다. 의문의 여지없이 역사의 전 기간 동안 수많은 개인들이 종교적 믿음을 가진 결과로 그리고/또는 종교집단에 소속된 결과로서 좋은 이웃, 시민, 노동자가 되겠다는 의욕을 높일 수 있었다. 사실 종교 자체가 이웃 간 도덕성을 고취하는 수단으로, 그리고 나중에는 다양한 역할에서 윤리적 행동을 장려하는 수단으로 출현했으며, 종교가 없으면 많은 사람들이 도덕적 삶이나

● 미국이 베트남전쟁에 군사개입을 강화하는 구실로 삼았던 통킹 만 사건이 조작이었다는 내용 등을 담은 미국국방부의 기밀문서이다.

윤리적 삶을 추구할 이유를 거의 느끼지 못할 것이라고 주장할 수도 있다.[10]

나는 신앙심이 깊은 사람은 아니지만, 종교를 업신여기거나 신을 믿는 사람들에게 도전할 마음은 추호도 없다. (사실 나는 신자들을 정면으로 공격하는 것은 바람직하지 못하고 비생산적인 행위라고 생각한다.)[11] 인류 역사가 진행되는 동안 종교는 종종 선을 증진하는 데뿐 아니라 다양한 형태의 미를 제공하는 데 필수적인 역할을 해왔다.

그러나 종교를 고찰하지 않겠다는 나의 결정은 계획적이다. 나는 선의 추구가 어느 특정한 종교에 의존하거나 더 나아가 종교적 믿음에 전적으로 의존한다고 단 일초도 생각하지 않는다. 사실 상당한 경험적 증거들로 보아, 다양한 종류의 악행이 무신론자나 불가지론자들에 의해 저질러지는 만큼, 또는 그 이상으로 신자들에 의해 저질러진다는 것을 알 수 있다. 그리고 범죄율도 실제로 신자 비율이 가장 낮고 교회 참석률이 가장 낮은 북유럽 국가들이 가장 낮다.[12] 최근에 정반대 추세들이 나타나고 있지만 나는 신에 대한 믿음 그리고 보다 일반적으로 종교적 믿음이 다음 시대에 약해질 것이라 예상한다. 어쨌든 나는 도덕적 또는 윤리적 삶을 종교를 포함하여 어느 특정한 제도와도 연결시키고 싶지 않다. 비록 이렇게 얘기했지만, 만일 새롭고 진정으로 보편적인 믿음 체계가 종교적인 어조나 영적인 어조를 띠고 나타나 개인들에게 더욱 윤리적인 방식으로 다양한 역할을 수행하게끔 도와준다면, 나는 진심으로 감동할 것이다.

나는 간단히 이웃 간 도덕성과 윤리 속에 우리의 선 개념들이 항상 살아 있었다고 주장하고 이 장을 서둘러 끝낼 수도 있다. 그러나 우리가 살펴보고 있는 새로운 두 힘은 분명 오늘날 '선'의 지위를 복잡하게 만들었다. 특히 젊은 층에서 두드러진 현상이지만 포스트모더니즘적 사고방식은 우리가 인간사를 생각하는 방식들에 널리 스며들었다. 이보다 훨씬 더 극적인 현상으로, 우리의 '선' 개념 전체가 디지털 미디어 때문에 급속하고도 지속적인 변화를 겪고 있다. 이 두 힘들을 차례로 고찰해보자.

첫째, 포스트모더니즘을 살펴보자. 삶의 여러 영역 중 도덕과 윤리의 영역보다 상대주의적 비평이 더 강력한 힘을 발휘해온 영역은 없다. 물론 요즘 일반 시민들은 미가 마치 자명한 것처럼 말하기를 과거보다 더 꺼려하고, 대부분의 시민들은 적어도 애초부터 진리의 결정을 미심쩍게 만드는 매스미디어의 편향들을 (우리의 주관에 그런 편향이 없다면) 잘 알아본다. 그러나 진리와 미 개념들을 노리는 근본적인 위협들은 피오리아,• 피사, 편잡 주에 사는 다수의 남녀들보다는 학계에 있는 사람들과 상류계급 지식인들에게 더 잘 보인다.

도덕과 윤리의 영역은 그렇지 않다. 정치학자 앨런 울프가 말한 것처럼 미국인은 세계 역사상 도덕적 자유를 공통의 규약으로 채택한 최초의 집단일지 모른다.[13] 울프에 따르면 사회가 존속하려면 공통의 도덕률과 가치관이 있어야 하고, 어떤 의미에서 사회는 하나의 큰 씨족처럼 작동할 필요가 있다고 한다. 추상적으로 미국인들은 이 명제에 동의할 것이다. 이는 기본적으로 넓은 의미의 이웃 간 도덕성에 대한 승인이다. 그러나 우리 시대에 미국인들은 전례 없이 과감한 주장

• 일리노이 주의 작은 도시.

을 내놓는다. 즉, 우리는 각 개인이 자신의 도덕률을 발전시키고 그에 따라 삶을 일관되게 영위할 수 있음을 신뢰할 수 있고 또 신뢰해야 한다는 것이다. 또 대부분의 미국인들은 타인의 도덕률이 노골적이고 명백한 파괴적 행동을 승인하지 않는 한, 그들의 도덕률을 가혹하게 평가하기를 극도로 꺼려한다.

울프의 조사 결과는 몇 가지 의문을 불러일으킨다. 우선 우리는 도덕적 자유에 대한 믿음을 뒷받침하는 주장들이 과연 정확한지를 물어야 한다. 약물과 알코올, 다양한 성적 취향과 생활방식, 광범위한 예술적 기호, 다양한 인종과 민족 집단 등에 대한 관용과 관련하여, 장기적인 흐름은 분명 더 폭넓은 관용을 향해 나아가고 있다. 물론 케이블 뉴스채널을 보는 사람들은 미국인이 다른 시민들의 도덕성을 지나치게 판단한다고 추론할지 모른다. 그러나 몇몇 종류의 조사를 보면 그런 선정주의적 추론이 틀렸음을 알 수 있다. 대부분의 미국인은 좌익이나 우익 근본주의자가 아니다. 우리는 도덕적 상대주의를 고수하는 경향이 있다. "각자 좋은 대로 살자Live and let live."는 식이다.

다른 의문들은 타인에 대한 판단을 꺼리는 이유에 초점이 맞춰진다. 의심의 여지없이, 다양한 삶의 방식을 관용하는 태도는 혁명 이전의 퀘이커교도에서 출발했다. 그와 동시에 우리는 가혹한 판단의 증거도 많이 발견할 수 있다. 예를 들어 혁명 이전의 청교도가 그 예이다.[14] 그러나 우리 자신의 조사로 볼 때, 울프가 보고한 관점은 보다 최근에 출현한 것이고, 실은 포스트모더니즘의 인생관을 반영하고 있음을 알 수 있다.

새천년의 첫머리에 가장 눈에 띄는 전문직들을 대상으로 한 공식적인 굿 워크 연구가 막바지에 이를 때 우리는 조사대상을 젊은 층으로 확대시켰다(10대 청소년에서부터 30대 초의 노동자에 이르는 전문직업인들과 예비 단계의 전문인들이었다).[15] 모든 대상자는 이미 각자의 영역에서 자리를 잡은 노동자들이었다. 우리는 놀랍고 대단히 걱정스런 상황과 마주하게 되었다.

미국의 젊은 노동자들은 여러 번 반복해서, 그들은 굿 워크를 알고 존경한다고 말했다. 그러나 너무 많은 수의 젊은이들이 굿 워크는 "나중 일"이라고 말했다. 그들이 본 것처럼, 굿 워크는 그들이 아직 실천할 준비가 안 되어 있는 윤리적 태도를 요구한다. 물론 친한 그룹에 속한 사람들과 관련해서는 이웃 간 도덕성을 분명히 드러냈다. 그러나 그들은 성공을 열망했고, 당장 성공하기를 원했고, 또래들이 윤리적으로 행동할 것이라고 신뢰하지 않았다. 그 결과 이 젊은 노동자들은 기본적으로 통행증을 요구했다. 그들은 이렇게 말했다. "지금은 질러가고 타협하게 해 달라. 언젠가 그럴 여유가 생기면 그때 좋은 노동자가 되겠다. 그때 굿 워크를 실천하고, 좋은 노동자를 고용하고 굿 워크를 장려하겠다." 물론 이것은 임마누엘 칸트(칸트만이 아니다)의 비위를 상하게 한, "목적이 수단을 정당화한다."는 오래된 주장이다. 그리고 좋은 의도에서 출발하여 지옥을 향해 똑바로 나아가는 위험한 길이다. 많은 미국 젊은이들의 말을 들을 때 나는 성 아우구스티누스의 유명한 기도가 생각이 났다. "오, 하나님, 나에게 순결함과 금욕의 힘을 주소서. 하지만 아직은 아니고."

슬프게도 우리의 조사 결과는 다른 연구자들과 기자들을 통해서도 입증되었다. 많은 조사들이 오늘날 미국 젊은이들의 희박한 윤리 의식을 보고한다(단지 미국 젊은이들만 그런 게 아니다).[16] 물론 젊은이들(그리고 많은 성인들)은 항상 질러가길 좋아하지만, 현대인의 탐욕에 관한 앨런 그린스펀의 유명한 논평을 바꿔 말하자면, "질러갈 길이 이렇게 많은 적이 없었다." 게다가 젊은이들이 자신의 판단을 돌이켜보는 방식들은 그들이 의식적으로든 무의식적으로든 포스트모더니즘의 사고방식에 빠져 있음을 가리킨다.

지난 10년 동안 나는 미국의 여러 중등학교와 대학교에서 젊은이들과 비공식적인 "반성" 수업을 무수히 진행했다.[17] 몇몇 주제들과 태도들이 반복적으로 나타났다. 존경하는 사람들을 나열하라는 질문에 학생들은 유명한 인물들을 언급하기보다, 아예 입을 다물거나 개인적으로 아는 사람들만 언급했다. 게다가 존경하지 않는 사람들을 말해보라고 하자 학생들은 이상하리만치 대답을 꺼렸다. 심지어 어느 수업에서는 히틀러가 "존경하지 않는 사람" 명단에 올라야 한다는 말조차 들을 수 없었다. 한 학생은 머뭇거리며 이렇게 말했다. "히틀러는 독일에 좋은 일들을 했다."

일의 영역과 관련하여 많은 학생들은 타협적인 태도가 비윤리적이라고 판단하기를 꺼린다. 나와 같은 시대의 사람들 중 다수는 사라진 에너지 거대기업 엔론을 그린 다큐멘터리 영화 〈세상에서 제일 잘난 놈들The Smartest Guys in the Room〉에서 에너지 회사들의 오만방자한 행동을 보고 경악을 금치 못했다. 한 생생한 장면에서 임원들은 수만 명의 캘리포니아 주민에게서 이유 없이 전력을 끊고 에너지 가격을 멋대로 조작하면서 큰 소리로 웃는다. 그러나 우리의 학생들은 그 임원들을 비난하기를 망설였다. 한 학생은 이렇게 말했다. "그건 주지사 [그레이]] 데이비스의 잘못이었다. 주지사는 그들이 뭘 하고 있는지 알아야 했다." 다른 학생은 이런 견해를 피력했다. "주 의회가 에너지 가격 규제를 풀지 말았어야 했다. 엔론 임원들은 시장에서 자신들의 권리를 행사했을 뿐이다."

다른 "반성" 수업에서 우리는 MIT에서 매우 존경받던 입학처장의 사례에 대해 논의했다. 최근에 밝혀진 대로 그 입학처장은 자신의 교육 자격 증명서를 누차 허위로 작성하여 해고당했다. 단 한 명의 학생도 입학처장을 해고한 결정에 지지하는 발언을 하지 않았다. 학생들은 두 생각으로 똑같이 갈렸다. (1) "그녀는 주어진 일을 잘 하고 있었는데, 무엇이 문제인가?" (2) "글쎄, 어떻게 보면 누구나 자신의 이력서에 거짓말을 쓴다."

학생들의 대화들을 분석할 때 나는 두 측면에 주목해왔다. 젊은이들이 채택한 관점과, 그들이 그 관점과 함께 드러내는 정서가 그것이다. 구체적인 개인이나 행동에 대해 질문을 할 때 이 젊은이들은 판단을 내리기 싫어하는 태도를 보이고, 때로는 개인적 선호를 밝히기조차 꺼린다. 또한 그들의 태도에는 뭔가 억제하는 분위기가 있었다. 개인적인 모욕에 당연히 따라나올 만한 정서가 더 넓은 윤리적 위반에 대해서는 엿보이지 않았다. 수십 년 전에 또래들과 토론하고, 그런 뒤 오랫동안 여러 세대의 학생들과 적어도 비공식적으로 대화를 나눠온 나로서는 새로운 상황이 도래했음을 절실히 느낀다.

특히 나는 포스트모더니즘 사상가들이 지난 반세기 동안 내놓은 주장들이 현재 일반적인 어법에 침투했거나 적어도 교육받은 미국 젊은이들 사이에 깊이 스며들었다고 생각한다.[18] 이 학생들이 프랑스와 미국 지식인들의 주요 저작들을 읽었는지는 몰라도 그들의 사고방식과 표현법을 얼마간 채택하고 있다. 그 결과, 한 사람의 진리는 다른 사람의 진리와 다를 수 있다거나, 두 관점이 똑같이 유효하거나 똑같이 옳을 수 있다거나, 사람은 다른 배경이나 문화에 속한 사람을 판단할 권리가 없다거나, 모든 사람은 선한 속성과 악한 속성을 함께 갖고 있다는 등의 이야기를 수시로 듣게 된다.

포스트모더니즘이 부재했어도 이런 흐름들이 출현했을지는 알 수 없다. 역사실을 시험할 수 없기 때문이다. 그러나 여하튼 '선'에 관심이 있는 사람들은 난처한 상황에 직면한다. 미국인들은 점점 더 자신만의 도덕적 원칙을 구성할 권리를 주장하고, 동료들의 도덕성에 판단을 내리기를 대단히 꺼린다. 더 이상 범법자들을 마을 공유지의 방책 안에 가둘 수 없게 되었다!

또 다른 흐름도 불안감을 자극한다. 젊은 미국인들은 자신의 행동을 다스릴 윤리적 나침반이 없는 것 같다. 2008년 3만 명의 학생에게 시행한 여론조사에서, 거의 3분의 2가 전년도에 부정행위를 한 적이 있고[19] 거의 3분의 1이 가게에서 물건을 훔친 적이 있음이 드러났다. (우리는 학생들이 분명 자신들의 비행을 과장하지 않았을 거라고 가정할 수 있다. 적어도 그것을 비행으로 보았다면 말이다.) 그런 젊은이들이 전문직 노동자들의 윤리 위반에 그렇게 무감각한 것도 놀라운 일이 아니다. 그러나 이 젊은이들을 흘겨보기 전에 우리 성인들도 자신을 거울에 비춰볼 필요가 있다. 만일 행동 기준이 느슨해졌다면, 바로 우리가 그 용납할 수 없는 행위들을 일관성 있게, 적극적으로, 또는 빈틈없이 제재하지 못했을 뿐 아니라, 바람직한 행동의 모델을 제대로 보여주지 못했기 때문이다. 또한 우리 어른들이 포스트모더니즘의 관점을 실은 비평들에 설득력 있게 대응하지 못해서일지 모른다.

어쩌면 심리학자 로렌스 콜버그가 몇 십 년 전에 주장한 것처럼, 청소년기에 일시적으로 책임 의식이 하락할 수 있는지 모른다.[20] 그러나 포스트모더니즘의 일반적인 교리들이 그 흐름을 부추겼고, 윤리나 도덕의 절대적 원리들을 잠식했다는 것이 나의 생각이다. 또한 포스트모더니즘 비평도 나름대로 진지한 측면들, 더 나아가 긍정적인 측면들이 있었지만, 용납하기 어려울 정도로 규범을 부정하는 상황, 즉 아노미 현상의 대표적인 예를 낳았고, 그 결과 젊은이들은(그리고 그렇게 젊지 않은 사람들까지도) 어떤 행동이나 행위 또는 태도에 대해서도 부도덕하거나 비윤리적이거나 명백히 틀렸다고 판단하기를 꺼린다. 무엇이나 통하면 아무것도 지속될 수 없다.

마치 포스트모더니즘 비평으론 부족하다는 듯 새로운 디지털 미디어가 등장했다. 인터넷, 소셜 네트워크, 인스턴트 메신저, 다중사용자 접속 게임, 가상현실 등이 젊은이들의 마음과 행동에 어떤 영향을 미치고 있는지에 대해 많은 사람들이 궁금증을 품고 있다. 젊은 계층을 한동안 관찰한 끝에 나는 다음과 같은 확실한 결론에 도달했다. 디지털 미디어는 우리의 선 개념, 즉 우리가 타인을 생각하는 방식, 타인이 우리에게 어떻게 행동하고 우리가 타인에게 어떻게 행동하는가에 대한 사고방식에 새롭고 근본적인 도전장을 내밀었다. 특히 디지털 미디어는 이웃 간 도덕성과 역할 윤리의 차이를 흐리거나 지우고 있는데, 이는 인간의 삶에 전례가 없는 상황이다.

굿 플레이 프로젝트Good Play Project의 깃발 아래 우리 연구팀은 재고찰이 필요하고 어쩌면 완전한 재공식화가 필요할 수도 있는 다섯 개의 윤리적 주제를 탐구하고 있다.[21] 물론 새로운 유비쿼터스 미디어에 비추어서다. 젊은이들에게 특별히 중요한 주제로 시작하자면, 개인의 **정체성**이 있다. 젊은이들은 자신이 누구인지, 자신을 어떻게 나타내야 하는지, 개인적으로나 전문적으로 어떤 종류의 일에 매진해야 하는지를 결정하기 위해 오랫동안 다양한 노력을 기울여왔다. 이는 아주 정상적인 상황으로, 이치에 맞고 현명한 결정들을 낳을 수 있다.

그러나 새로운 디지털 미디어는 앞서 언급했듯이 게임과 네트워크를 통해 온라인상에 여러 개의 자아를 만들 기회를 무수히 제공한다. 젊은이들이 타인들, 가족이나 친구들에게 피해를 줄 수 있는 방식으로 거짓된 자아를 내놓을 때, 다시 말해 자신과 가족을 잘못 묘사한 결과에 책임을 지지 않고 그릇되거나 상처가 되는 정보를 제공할 때 윤리적 문제들이 발생할 수 있다.

사회가 원활히 기능하려면 개인들이 서로를 신뢰할 수 있어야 한다. 신뢰가 정착하려면 개인들이 믿을 수 있는 정보를 제시하고, 그와 동시에 미디어를 통해 만나는 개인적 또는 사실적 정보를 이성으로 판단할 수 있어야 한다. 그러나 수많은 주체를 만들어낼 수 있고 믿을 수 없는 정보가 난무하는 곳에서, 신뢰할 만한 판단을 내리거나 타인들의 신뢰를 얻고 유지하는 것은 만만치 않은 일이다.

사생활의 한계 및 범위는 시대와 사회에 따라 다르지만, 사람들은 몇 가지 개인적인 정보획득 방식을 유지하거나 몇몇 친구와 친족을 선택해 그들의 정보에 국한할 수 있고, 그와 동시에 개인들은 서로의 사생활을 존중한다는 것이 일반적인 예상이다. 그러나 비밀로 유지하고 싶은 정보를 포함하여 모든 정보가 모든 곳에서 유통되고 무한히 살아남는 시대에 사적 자유는 환상이 돼버릴 위험에 처해 있다.

거의 모든 사회는 예술작품이나 과학적 발견이나 발명품을 만드는 데 들어간 노력을 인정한다. 그리고 현대 사회에서는 이런 형태의 창의성을 대개 특허, 상표, 저작권 등으로 보호한다. 그러나 오늘날 언어든 그래픽이든 음악이든 상관없이 거의 모든 것이 즉시 전송되고, 변형되고, 차용되고, 자신의 것으로 통용된다. 따라서 지적 재산의 **소유권과 저작권** 문제도 다시 생각할 필요가 있다.

우리 연구의 마지막 의제는 **공동체 참여**이다. 이 문제는 좋은 시민성의 영역에 해당한다. 앞에서 주장했듯이 인간은 구성원들이 직접 대면하는 사회적 조건 아래서 진화했다. 그런 사회에서는 모두가 서로를 알고, 그래서 개인이 자신의 정체성을 쉽게 버리거나 바꿀 수 없다. 오늘날 우리는 온라인 공동체들의 크기, 범위, 수명(또는 단명)을 알지 못하고, 사실 알 수 없을지도 모른다. 그런 조건 아래서 우리는 윤리적 시민이 되는 방법들뿐 아니라 회원 자격, 즉 시민성의 의미를 면밀히 탐구해야 한다.

굿 플레이 연구를 통해 나는 새로운 디지털 시대에 이 다섯 개의 윤리적 발화점을 새로 공식화해야 하고, 그 방향은 나쁜 쪽이 아니라 다른 쪽이 될 것이라 확신하게 되었다. 우리가 살고 있는 시대는 실을 잣듯 자아를 끊임없이 뽑아낼 수 있고, 때로는 건강한 방식으로 자아를 만들지만 때로는 자신이나 타인에게 해로운 방식으로 자아를 만들고, 신뢰할 가치가 있음을 보여주는 훌륭한 단서들이 매우 드물고, 한때 사적인 것으로 여기던 정보가 한 순간에 "폭로"되고, 지적 소유권(더 나아가 모든 상징물의 소유권)을 침해 또는 무시하기 쉽거나 보호하기 어려운 시대다. 인터넷은 개인들이 내놓는 정체성과 역할을 검증할 수 없는 세계, 인간적 교류를 규제하던 관습적 조건들에 더 이상 의존할 수 없게 된 세계 한 가운데에 우리를 떨어뜨려 놓았다.

때때로 이 약식 절차는 비극을 낳기도 했다. 13살 소녀 새러 드류의 어머니인 로리 드류는 다른 13세 소녀인 메건 메이어가 딸에 관한 나쁜 이야기를 인터넷에 퍼뜨리고 있다고 믿었다.[22] 공범 한 명과 디지털의 교활한 손을 빌어 로리는 조시 에반스라는 이름의 16세 남자아이를 지어내 메건을 사이버 대화에 끌어들였다. 로리는 메건에게 골탕을 먹이거나 창피를 줄 작정이었다. 가공인물인 조시가 갑자기 관계를 끊자 어린 메건은 목숨을 끊었다. 로리는 단 세 가지 경범죄로 기소되었고 유죄판결은 결국 뒤집혔지만, 이 사건은 겉으로 무해해 보이는 소셜네트워크에서 깊은 감정이 실린 대화가 어떤 해를(심지어 죽음을) 낳을 수 있는지 여실히 보여준다. 이와 비슷한 비극적 이야기들이 주기적으로 보고되고 있다. 예를 들어 이 책의 편집이 마감될 무렵 10대 동성애자 대학생이 성행위를 몰래 찍은 웹캠이 인터넷에 뜨자 목숨을 끊었다.[23] 이런 사건들은 정체성, 신뢰, 사생활, 공동체 같은 구시대 개념들이 새로운 디지털 미디어로 간단히 이전될 수 없음을 분명히 보여준다.

처음에 나는 이 다섯 초점들을 독립적으로 고찰할 수 있다고 생각했다. 그러나 이제는 이 다섯 초점이 서로 확고히 연결되어 있다고 생각한다. 이 결론의 주된 이유는 다음과 같다. 일단 사이버공간에 발을 들이면, 당신의 의도가 아무리 소박하든 편협하든 간에 당신은 사실상 하나 또는 그 이상의 공동체에 들어가게 되는데 그 공동체의 수준과 범위는 통제할 수 없을 뿐 아니라 말 그대로 가늠할 수조차 없다. 그리고 이제 당신은 하나 또는 그 이상의, 본질적으로 무한한 공동체의 일부이기 때문에, 정체성, 사생활, 소유권, 그리고 무엇보다 신뢰성의 문제가 불가피하게 발생한다. 간단히 말해, 관습적인 모든 것이 백지화된다.

때로는 픽션이 이 주제들을 간략하고 생생하게 보여준다. 소설가 게리 슈테인가트는 디스토피아 소설 〈너무 슬픈 진짜 러브스토리Super Sad True Love Story〉에서, 온라인에서 만나는 사람의 모든 정보를 알려주는 디지털 장치, "애퍼라트apparat"를 소개한다.[24] 주인공 레니 아브라보프가 있을 때 사용자는 레니의 정확한 나이, 건강 상태, 출생지, 신원, 부모의 질병, 그의 수입, 저축, 채무, 가장 최근에 구입한 물건, 활동성, 종교적 정치적 성향 등을 확인할 수 있다. 이 장치는 사람들을 더 친하게 해준다. 그의 "섹스 성향" 소개에서 우리는 그가 좋아하는 여자의 유형, 여자의 인종, 자존감, 수입을 알 수 있고, 심지어 그가 세 구멍 중 어느 구멍을 좋아하는지도 알 수 있다.

애퍼라트에 관한 짧은 묘사는 다섯 개의 윤리적 주제를 모두 건드린다. 애퍼라트는 본인이 모르는 자료를 포함해 레니의 정체성에 대해 많은 정보를 노출시킨다. 애퍼라트는 레니의 사생활을 침해한다. 애퍼라트는 누가 이 정보를 소유하는지, 그것이 신뢰할 수 있는 정보인지, 공유해도 되는 정보인지의 문제를 불러일으킨다. 그리고 누구에 대해서라도 유사한 정보가 흘러나올 수 있기 때문에 애퍼라트를 소유한 모든 사람은 공동체 안에서 누구를 만나더라도 그 사람을 "발가벗길" 수 있다.

디지털 미디어는 연령에 상관없이 모든 개인을 끌어들일 수 있지만 특히 청소년들에게 어려운 문제를 던진다. 아이들이 먼 곳에 떨어져 있는 무한한 공동체에 소속되어 있다는 개념을 이해할 것이라 기대하기엔 무리가 있다. 이는 마치 아이들이 전문직이나 시민성의 성격을 이해할 것이라 기대하기 힘든 것과 같다. 나의 용어로 아이들은 이웃간 도덕성(그리고 좋은 사람의 역할)에는 "준비"가 되어 있지만 사이버 공동체에서 시민 역할에 내포된 윤리에는 아직 준비가 되어 있지 않다. 그래서 아이들은 무심코 타인이자 자기 자신을 해칠 수 있는 경우에 대비하여 확고한 지도가 필요하다. (이 문제는 다음 장에서 자세히 논하기로 하자.)

청소년기가 되면 청소년들은 새로운 디지털 미디어의 함정들을 모르지 않는다. 대부분의 젊은이들은 음악을 불법으로 다운로드하면 문제가 될 수 있고, 불법 사이트에서 모은 정보(또는 오보)를 퍼뜨리면 누군가에게 피해를 입힐 수 있고, 사이버 협박도 잘못이라는 것을 알고 있다. 그러나 우리가 지금까지 만나본 미국 젊은이들은 이 지뢰들에 관한 윤리 의식이 안타까울 정도로 희박했다. 대개의 경우 미국 젊은이들은 윤리적 영향을 무시하거나, 단지 자기 자신에게 돌아올 부정적 결과에 대해서만 걱정하거나("불법으로 다운로드하면 문제가 될 수 있다."), 사이버공간 자체의 중요성을 과소평가했다("인터넷을 너무 오래 하지만, 그건 별로 중요하지 않다."). 물론 이 맹점들 때문에 청소년들을 꾸짖어도 아무 소용이 없다. 윤리적 행동을 장려하고 모범을 보이는 것은 어른들(또는 보다 책임 있는 또래들)의 몫이고, 그런 모범 보이기는 어른들이나 또래들이 디지털 미디어를 능숙하게 사용하는 능력을 획득하여 모방할 가치가 있는 역할 모델이 될 때에만 가능하다.

결국 우리 인간은 이웃 간 도덕성을 실천할 수 있는 생물종으로 진화했지만, 청소년(종종 아주 어린 청소년)이 된 것처럼 뜻하지 않게 역할 윤리, 시민성의 영역으로 떠밀리게 되었다. 그러나 안타깝게도 젊은이들과 그들을 책임진 어른 모두 이 복잡한 추상적 영역들을 해결할 인지 및 감정의 장비를 갖추지 못했다. 나는 사이버공간을 새로운 변경으로 생각한다. 이 황량한 서부에 구세계의 관습을 들여올 수도 있지만, 궁극적으로는 아직 아무도 이해하지 못하고 있는 새로운 지형에 맞게 새로운 규범과 관습을 빚어야 한다. 그런 성형 가공은 신구 세대가 각자의 전문 능력을 함께 녹일 때 효과적으로 이루어진다. 구체적으로, 젊은이들은 새로운 미디어를 직관적으로 이해하는 능력에 기초하여, 어른들, 특히 현명함을 갖춘 어른들과 공통의 대의를 형성할 필요가 있다. 어른들은 핵심이 되는 윤리적 태도들을 더 잘 이해하는 능력에 기초하여, 윤리적 태도들을 어디에 적용해야 하는지, 그리고 어디에서 윤리적 태도들을 재고하고 변형해야 하는지를 결정하는 데 도움이 되어야 한다.

현재 '선'의 지위를 평가하고, 앞으로의 경로를 고찰해볼 시간이 되었다. 지금까지 나는 이웃 간 도덕성과 윤리의 차이를 계속 주장했다. 전자는 국지적이고, 오래 진화해왔고, 상대적으로 안정적이며, 생물학적 기초를 가진 일련의 원칙과 행동이고, 후자는 비국지적이고, 출현과 발전의 속도가 빠르며, 분명 역사적 문화적 요인들에서 발생하고 그 요인들과 계속 보조를 맞춰야 하는 일련의 원칙과 행동이다. 장기적인 역사, 더 나아가 선사의 관점에서 볼 때 우리의 이웃 간 도덕관념은 전문적이고 시민적인 윤리의식보다 훨씬 더 튼튼하게 확립되어 있으며, 후자는 훨씬 나중에 발전한 의식이다. 구체적으로 설명하자면, 이웃의 물건을 훔치는 행위는 어느 사회도 승인한 적이 없을 것이다. 그러나 디지털 세계에서 과연 절도 개념이 타당한가는 보다 성가시고 혼란스러운 문제이다.

전통적인 '선' 관념은 그대로 유지되고 있지만, 이 가치에 대한 우리의 전반적인 개념은 현재 재협상을 거칠 필요가 있다. 새로운 협상이 필요한 것은, 한편으로 미국을 비롯한 전 세계에 퍼져 있는 강력한 상대주의 물결 때문이고, 다른 한편으로 새로운 디지털 미디어의 중요성과 편재성이 급증했기 때문이다. 나로서는 우리가 조상들이 전해준 것보다 더 좋은 윤리 규약에 도달할지, 더 나쁜 윤리 규약에 도달할지를 예상할 수 없다. 인간과 관련된 사건들은 규칙에 따르거나 심지어 자연 법칙이 만들어낸 결과가 아니라 우연에 따라 움직이는 역사적 문화적 차원들과 맞닿아 있다. 그러나 나는 '선'의 영역이 계속해서 우리 앞에 도전 과제를 던져놓을 것이라 예상하고, 선이란 단어의 윤리적 의미도 그런 흐름 속에서 계속 발전할 것이라고 똑같이 자신 있게 주장할 수 있다.

선(그리고 무엇이 선하지 않은가)에 대한 고찰은 여전히 중요하다. 국지적 차원에서 선의 윤곽은 매우 느리게 발전한다. 복잡한 사회에서 그리고 지구의 차원에서 선은 끊임없이 협상과 재협상을 거치고 있다. 현재 포스트모더니즘 비평과 새로운 디지털 미디어는 선을 단순하게 바라보는 어떤 견해에도 강력한 도전장을 던진다. 인간의 생물학적 본성은 우리를 비난하거나 구원하지 않을 것이다. 하나의 생물 종으로서 우리는 선과 악, 이타심과 이기심의 성향을 함께 갖고 있다. 우리는 "선하게 태어났다"는 주장들을 겨냥하여 토머스 홉스는 신랄한 대답을 날렸다. "누군가의 욕구나 욕망의 대상이 되는 것이라면 무엇이든, 그의 입장에서는 그것을 선하다고 부른다."[25] 무엇이 선한지, 과거로부터 선이 어느 방향으로 발전하고 있는지, 미지의 영토에서 어떤 방식으로 선을 주조하고 새롭게 협상해야 하는지를 결정하는 것은 우리 자신의 (개인적 그리고 집단적) 주체 의식,• 그리고 현재의 조건에 대한 우리 자신의 이해이다.

진리를 향한 경향은 강력하고 상향적이다. 미의 운명은 파편화되었고 갈수록 분산화 및 개인화될 것이며 새로운 미적 경험에 비추어 끊임없이 수정될 것이다. 다양한 의미에서 선의 지위는 분명히 그리고 영구적으로 우리 인류의 손에 달려 있다. 이웃 간 도덕성은 초기에 임시변통으로 길잡이 역할을 할 수 있지만, 대단히 복잡하고 상호연결성이 높은 세계에서 일과 시민성의 여울목들을 헤쳐나가려 할 때 우리는 그것에 의존할 수 없다.

이 항해의 출발점으로서 우리는 과거 수세기 동안 다양한 문화에서 출현했고 오늘날에도 생생히 살아있는 노동 의식과 시민 의식을 이해할 필요가 있다. 법률이나 저널리즘의 윤리는 전 세계적으로 동일하지 않고, 시민성 개념도 나라 및 대륙에 따라 극적으로 다르다. 타인들

• sense of agency. 세계 안에서 자신이 스스로의 의지에 따른 행동을 주도적으로 실행하고 제어하고 있다는 주관적 인식.

에게 직접적인 피해를 입힐 때를 제외하고, 우리는 우리의 것과 다른 노동 모델 또는 시민 모델을 환영하거나, 인정하거나, 묵인해야 한다. 바로 이것이 모더니즘과 포스트모더니즘의 긍정적 교훈일 것이다.

그러나 장기적으로 볼 때, 각 나라(현재 200개에 근접하고 있으며 계속 늘어나고 있다)들이 전문직과 시민성에 관한 규정 및 관습을 저마다 독립적으로 유지한다면 과연 지구가 계속 생존할 수 있을지 의문이 든다. 지구는 너무 많은 부분들이 상호 연결되어 있고, 시간이 지날수록 그 연결성은 더욱 커질 것이다. 우리는 국경을 초월하는 노동 모델을 발전시킬 필요가 있으며, 과학, 의료, 항공여행 분야에서 유용한 사례들을 볼 수 있다. 이와 마찬가지로 세계의 다양한 주민들이 수용할 수 있는 시민성 모델을 발전시킬 필요가 있다. 이 점과 관련하여 국제사법재판소 같은 기관들 그리고 세계인권선언 같은 문서들이 최초의 노력을 대표한다. 굿 워크와 좋은 시민성의 수렴적 개념들을 수용할 때에만 우리는 이 연약한 지구에서 좋은 삶을 영위하는 방향으로 나아갈 수 있다.

5.

희망의 첫 발

TRUTH
BEAUTY
GOODNESS

어떤 일이든 조금이라도 이룰 만한 가치가 있는 것은

훌륭하게 실행할 필요가 있다.

— 체스터필드

그리스인들은 소크라테스와 플라톤의 전통에 따라 인간의 모든 지식은 애초에 완성되어 있다고 믿었고, 유력한 프랑스 수학자 겸 철학자인 르네 데카르트는 인간에겐 "생득 관념"이 있다고 생각했다. 이 "생득설"과 대조적으로 영국과 미국 철학자들은 정반대 견해를 내놓았다. 그들의 "경험주의적" 관점에서 볼 때 인간은 태어날 때 기본적으로 "빈 서판"●이다. 그 결과 주변의 문화, 즉 당사자를 둘러싼 가족, 매스미디어, 문화제도, 일상의 사건들이 미래에 나타날 그의 모습과 그가 보여줄 지식을 거의 전적으로 지배한다.

생득설과 경험주의의 지적 긴장은 의외로 강렬했다. 19세기 말 과학적 심리학이 출범한 이래 주요 사상가들은 신생아에게 얼마나 많은 지식과 어떤 종류의 지식을 배당할 수 있는지 그리고 출생 후에 어떤 일이 벌어지는지를 보여주는 증거를 열심히 찾았다. 동생인 헨리 제임스 못지않게 언어적 유희를 즐겼던 심리학자 윌리엄 제임스는 유아의 세계를 "꽃을 피우고 윙윙거리는 혼란"의 세계로 묘사했다. 지그문트 프로이트는 유아의 영혼에서 성적·공격적 충동들의 치열한 싸움

● blank slate. 서판이란 글씨를 쓸 때 종이 밑에 받치는 널조각, 글이 적혀 있는 판, 인쇄를 위해 제작한 판 등을 가리키지만, 여기에서는 글씨를 쓸 수 있게 나무나 돌 등을 깎아 만든 얇은 판을 가리킨다.

을 감지했다. 스위스의 유명한 발달심리학자 장 피아제는 프로그램된 반사기능들만 존재하고 일련의 보완 과정들이 그 기능들을 점차 다듬고 개조한다고 인정했다. 피아제의 설명에서 **동화**assimilation는 아동의 현재 행동목록 속으로 세계가 흡수되는 과정이고, **조절**accommodation은 아이의 행동목록이 세계의 대상과 조건에 적응하는 과정이다. 아동에게 훨씬 더 많은 선천적 장비와 기초 지식을 배당하는 우리 시대에, 유아기의 세계적 권위자인 앨리슨 고프닉은 두 권의 책, 〈요람 속의 과학자The Scientist in the Crib〉와 〈철학적 아기The Philosophical Baby〉•를 펴냈다.[1] (독자 여러분은 이런 궁금증이 들지 모른다. "다음 책은 혹시 〈예술적 유아〉가 아닐까?)

지난 1세기 동안 과학 연구를 배불리 경험한 탓에 발달심리학자들은 대략적인 합의에 도달했다. 유아는 일정한 인생 도면을 가지고 지구에 도착한다. "내장된" 신체적·생리적 발달 도면들, "보다 부드럽고" 유연한 사회적 감정적 궤도들, 예측 가능한 인지 발달의 표석들이 그에 해당한다. 극히 파괴적인 환경들을 방지하면(다행히 갈수록 이런 환경이 사라지고 있다), 아이들은 생애 초기에 걷기, 뛰어오르기, 깡충거리기, 달리기를 배우고, 예측 가능한 시간표에 따라 신경계, 근육계, 순환계를 완성하고, 첫 10년이 지난 직후에 청소년기와 관련된 변화들을 겪는다. 아이들은 2살 이전에 말을 시작하고, 2살 무렵이면 심리적 표현을 하고 잘 숨겨둔 물건을 찾아낸다. 이 걸음마 하는 유아들은 또한 숫자, 인과관계, 사람의 지향성(의도성), 자신의 자아에 관한 얼마

• 한국어판의 제목은 〈우리 아이의 머릿속〉이다.

간의 명백한 지식을 갖고 있음을 우리는 안다. 게다가 전 세계 아이들은 5~6세에 정규 교육을 받을 준비가 되고, 첫 10년 이후에는 매우 추상적인 사고방식들을 드러낸다.[2]

그러나 성장하는 아이와 진, 선, 미의 관계에 대하여 우리는 무슨 말을 할 수 있을까? 개인적인 용어로 표현하자면, 아이들은 세계가 어떠하다고 믿고, 세계가 어떤 모습이기를 좋아하고, 타인들이 우리에게 어떻게 행동하고 우리가 그들에게 어떻게 행동하기를 좋아할까? 여기에서 우리의 이야기는 놀라울 정도로 난해해진다. 발달심리학 분야의 수많은 글과 비디오와 연구논문에 지금까지 그런 얘기는 거의 **없었다**. 그래서 세 가치의 발달 과정에 대한 설명을 짜 맞추는 일은 내 몫으로 남아 있다. 나는 발달 단계들 그리고 포스트모더니즘의 사고 및 디지털 미디어와 관련하여 가장 적절하다고 여겨지는 순서로 그 과정을 설명하고자 한다.

내가 보기에, 각각의 가치와 관련하여 폭넓은 기질들, 성벽들, 또는 성향들이 존재한다. 어린 아이들도 진위, 미추, 선악을 파악하는 데 아무 문제가 없다. 아이들은 세계적으로 아주 비슷하게 이 가치들을 파악한다. 그러나 똑같이 중요하거나 어쩌면 더 중요할 수 있는 사실을 지적하자면, 이 성향들은 각각의 발달 단계에서 그리고 아이들이 성장하는 문화 및 시대의 주요 규범들에 의해 재가공된다. 특히 진리 이해와 관련하여 특별히 중요한 것은 학교에서의 경험이다. 선에 관한 한 유력한 어른들의 모범이 강한 힘을 발휘한다. 그리고 미적 판단의 경우는 또래와 매스미디어의 영향을 강하게 받는다.

아동기의 상당 기간 동안 세 가치의 발달 과정은 비교적 곧고 순탄하다. 그러나 복잡한 현대 사회에서 청소년기의 시작은 세 가치의 지위와 운명에 새로운 긴장과 새로운 기회를 동시에 유발한다. 또한 포스트모던의 개념들(포스트모던으로 인식하든 못 하든 간에)과 디지털 미디어도 청소년들에게 매우 큰 충격을 가한다. 결국 이 힘들의 전체적인 영향 아래서 젊은이들은 비참하리만치 완고한 견해를 형성한다. 젊은이들은 철저한 무간섭이나 무관심을 내세우거나, 철저한 혼란 또는 놀라울 정도로 복잡하고 세련된 사고에 빠진다. 그러나 삶의 출발점 근처에서도 우리는 아이들에게 영향을 미치는 강한 메시지들을 확인할 수 있다.

가장 먼저 해야 할 가장 중요한 말은, 우리의 세 가치 그리고 그 가치들이 가리키는 개념들은 그 어떤 단순하거나 직접적인 의미에서도 인간 게놈 또는 인간 생물종의 일부가 아니라는 것이다. 더 나아가 이제 “자연의” 아이, 야생 아이, “원재료” 아이 등의 개념은 더 이상 설득력이 없다. 자궁 내 환경이 일찍부터 미래의 인간을 빚는다. 그 환경이 건강한가, 병들었는가? 밖에서 무슨 소리가 들리는가, 달콤한가 귀에 거슬리는가, 한 언어인가 여러 언어인가, 사람이 만든 악기인가 자연에서 온 소리인가? 부모나 대가족의 기대도 최소한 똑같이 중요하다.[3] 여자아이를 원하는가 남자아이를 원하는가? 태아의 성을 알고 있고, 그것이 중요한가? 가족의 사랑 때문이든 유전자 검사나 초음파나 그밖의 검사 때문이든 간에 아이의 건강에 대하여 어떤 예상을 하고 있는가? 그리고 곧 태어날 아기에 관한 예비 부모의 말과 생각에 이 정보가 영향을 미친다면 어떤 영향을 미치는가?[4]

대개 출생 전 요인들의 장기적 영향은 상대적으로 미약하다. 그러나 출생 후 환경에 대해서는 그렇게 주장할 수가 없다. 일단 세상에 나오면 유아는 주위의 사물과 신호에 극히 민감하다. 적절한 음식이 충분히 있는지, 보호자의 정기적이고 따뜻한 보살핌이 있는지, 어떤 식으로 옷을 입히고, 벗기고, 응대하고, 때때로 치료해주는지가 매우 중요하다. 물론 그런 신호들은 요람과 가정의 울타리에 국한되지 않는다. 지역사회가 평화로운가 전쟁 중인가? 가족이 안전하고 편안하게 느끼는가, 긴장하고 다투는가? 보다 일반적으로, 신생아를 대하는 태도는 어떠한가? 아기를 신의 축복으로 보는가, 집안이나 농장의 일손으로 보는가, 이미 북적이는 마을에 더해진 예상치 못한 짐으로 보는가, 번성하는 사회의 반가운 예비 구성원으로 보는가?

직접적인 환경에 속한 부모, 그밖의 어른들, 손위 형제들(또는 쌍둥이 형제)의 영향에 의문을 제기하는 사람은 거의 없을 것이다. 게다가 강력한 제도들이 가정과 사회의 중간에서 힘을 발휘한다. 처음부터 아이들은 지배적인 미디어에 노출된다. 내가 성장하던 지난 세기 중반에 **매스미디어**란 단어는 우선 라디오를 의미했고, 그런 다음 텔레비전을 의미했다. 이제 "발전한" 사회에서 아이들은 어린 시절부터 TV, CD와 DVD 플레이어, 퍼스널컴퓨터, 휴대용 기기에 둘러싸이고, 아주 미개발된 사회들도 ("스마트" 폰은 아니지만) 휴대폰이 넘쳐나고, 심지어 "한 아이 당 노트북 한 대"에 근접하고 있다. 인터넷 시대에 아이들은 단순한 소비자가 아니다. 많은 아이들이 어릴 때부터 때때로 매우 적극적으로 정보를 수집하거나, 편집하거나, 심지어 창조하는 일에 뛰어든다. 이 책의 주제들과 관련하여 이 모든 매스미디어 형식들은 세계에 대한 견해들을(진), 다양한 형식과 구성으로(미), 각기 다른 인간관계 모델을 곁들여(선) 보여준다. 이 표현들은 조화를 이루기도 하지만, 종종 서로 모순을 일으킨다.

이보다 덜 구체적인 사회 제도들 역시 강력하다. 전 세계적으로 대부분의 사회들은 하나 이상의 종교 전통을 갖고 있다. 청소년들은 성장하면서 절, 교회, 또는 이슬람사원에 참석하고 일간 기도와 야간 예배를 올리는데, 이 종교 전통은 아이들의 마음에 강한 흔적을 남긴다. 철학은 매우 달랐지만 제수이트파와 공산주의 창시자 레닌은 똑같이 주장했다. "7살 이하의 아이를 데려오면, 평생 신도(당원)로 만들겠다." 아이의 삶에 종교가 없는 것 역시 중요하다. 물론 그 지역의 다른 가족들도 똑같이 세속적인가, 아니면 그 가족이 마을에서 유일한 무신론자 내지 불가지론자인가는 대단히 중요하지만 말이다. 오늘날 많은 사회들이 모든 걸음마하는 유아들을 위해 박물관, 운동장, 놀이터를 제공하고, 종종 이런 공공 공간들에서 많은 교육(때로는 역교육)이 발생한다.

물론 생애 초기가 지난 후에 가장 직접적이고 강력하고 장기적인 인장은 교육기관이 찍는다. 과거에는 대부분의 아이들이 정규 교육을 받지 못했다. 1세기 전만 해도 정규 교육은 6세나 7세경에 시작해 불과 몇 년 뒤에 끝이 났다. 오늘날 모든 선진 사회에서 유아/걸음마 단계 유아를 위한 시설, 유아원, 유치원은 이른 시기부터 영향력을 발휘하기 시작하고, 절반 이상의 청소년들이 중등과정 후의 교육을 받고, (분명 독자들 중 일부도 포함되겠지만) 어떤 사람들은 그 후에도 계속 학위를 취득하고 적어도 한 발은 교육 제도 안에 계속 유지한다.

여러분이(어쩌면 여러분의 조부모까지도) 이미 알고 있는 것을 재차 말하는 위험이 있지만, 나는 공급 측면에서 많은 정보, 전례 없이 많은 양의 "데이터"가 존재한다고 다시 한 번 강조한다. 많은 사람들 그리고 많은 기관들이 아이의 마음을 자극하는 상황에서, 아이가 그런 기관들에 무감각하다고 주장하는 사람은 바보이거나 지독한 유전적 결정론자뿐일 것이다. 어떤 기관들(예를 들어, 교회)은 매우 분명한 교육 목표를 갖고 있는 반면에, 다른 기관들(예를 들어, 카툰네트워크[애니메이션 채널])은 부수적인 목표를 갖고 있다.

"수요 측면"을 고려할 때, 아이들이 충분한 음식, 음료, 신체적 안락을 찾는 것은 분명하다. 이 "의식주"가 부족할 때 아이들은 몸부림을 치고, 소리를 지르고, 어떻게든 필요한 것을 얻으려고 애쓴다. 이 욕구충족의 배선은 말하자면 선천적으로 내장되어 있다. 그러나 다른 욕구들이 곧 전면에 등장한다. 다른 영장류들처럼 아이들은 따뜻함, 편안함, 포옹 같은 사랑의 징후를 찾는다. 그리고 일단 이 욕구들이 충족되면 아이들은 모든 종류의 정보, 데이터, 지식을 원하게 된다.[5]

당면한 과제로 넘어가보자. 충분히 온화한 환경에서 아이는 정보를 찾고 우리의 진, 선, 미 트리오와 관련하여 문제를 제기하기 시작한다. 유아기부터 아이는 주변 세계의 규칙성(부모가 언제 어디에서 나타나는가)과 불규칙성(부모의 부재, 예상치 못한 형태의 음식, 낯선 사람의 깜짝 방문)을 관찰한다. 어느 정도의 규칙성은 소중하게 받아들인다. 그러나 소리, 장면, 맛, 냄새 등의 예측성이 너무 높으면 곧 지루해진다. 심리학자들의 표현을 빌리자면 아이는 환경에 "습관화habituate"되고 주의를 거둔다. 따라서 흥미를 계속 유지하기 위해 아이는 예측성에서 벗어나는 사건과 경험에 주의를 돌린다. (어른들 입장에서도 아이의 주의를 계속 유지하기 위해 "까꿍"을 하거나 그에 해당하는 것을 제시한다.) 너무 많이 또는 너무 자주 벗어나기보다, 아이가 섭취하는 하루 정보량에 양념을 치는 정도면 충분하다.

진리와 관련하여 처음에 유아나 아동은 실용적 진리 또는 실용성의 진리라 부를 만한 것에 촉각을 곤두세운다. 유아가 미소를 지으면 보호자가 미소로 응답한다. 아이가 소리를 지르면 보호자가 아이 곁으로 온다. 아이가 요람에서 기어나가려고 하면, 보호자가 아이를 요람 중앙에 다시 눕히거나 요람의 옆면을 올려 찰칵 하고 잠근다. (이런 종류의 진리들이 다른 포유동물들에게도 적용된다는 점에 주목하라.) 아이는 이 실용적 진리의 위반 사례에도 주의를 기울인다. 위반의 성격과 아이의 감정 상태에 따라 그런 위반들은 흥미를 불러일으킬 수도 있고(모자를 쓴 엄마의 모습이 재미있다), 기분을 상하게 할 수 있다(왜 아빠가 아주 낯설게 보일까?).

태어난 지 2, 3년이 된 어느 시점에 아이는 주변의 실용적 진리를 인식하는 단계를 넘어선다. 아이가 말을 하고 언어를 이해하기 시작하고부터, 진리와 허위를 전달하는 단어들이 아이의 어휘에 들어온다. 물론 이때쯤이면 아이는 이미 어느 누구와도 질적으로 다르다. 특히 부모가 아이들에게 책을 읽어주는 교육학적으로 조숙한 환경이라면, 옳은/정확한/진실한 것 그리고 "과녁을 벗어난" 것에 관한 메시지들이 주위를 가득 메운다. 그러나 그와 동시에 "진리" 판단의 범위는 경계가 분명하지 않다. 인정의 말들("좋아," "바로 그거야," "잘 했어")은 아이가 말을 했다는 것을 인정할 수도 있고, 그밖에 아이가 타당한 말을 했거나, 아이의 대답이 귀에 들리거나 알맞게 표현됐거나 문법적으로 옳거나, 아이의 대답이 얼마간 진리가치를 드러낸다는 것을 인정할 수도 있다. 진리의 다양한 함의를 푸는 것은(무엇이 절대적으로 옳은가, 무엇이 이 상황에서 인정할 수 있는 것인가, 무엇이 엄격히 금기시되는가) 끝이 보이지 않는 과제다.

심리학자들이 **자기중심성**egocentrism이란 용어를 채택하기 훨씬 전에도 아동들은 항상 자기 자신에게 초점을 맞춘다는 사실은 잘 알려져 있었다.[6] 그런 초점에는 분명 자기도취적이거나 이기적인 요소가 포함되어 있지만, 자기중심성은 기본적으로 관점의 한계를 의미한다. 아이들은 배타적으로 또는 일차적으로 자신만의 종종 (그리고 어쩌면 필연적으로) 특이할 수밖에 없는 관점에서 세계를 본다. 자기중심성을 고스란히 보여주는 예를 들자면, 자신이 보고 있는 장면이 반대편에 앉은 사람에게도 똑같이 보인다고 아이가 틀린 주장을 할 때이다. 우리의 분석에 따라 표현하자면, 아동은 "나에게 진실이면 너에게도 분명히 진실이다."라고 가정한다.

그러나 지난 몇 십 년 동안 심리학자들은 아동기의 자기중심성 이론에 도전하는 놀라운 결과들을 보고해왔다. 2~3세가 되면 벌써 아이들은 "마음 이론"을 갖추기 시작한다.[7] 이 이론을 통해 아이들은 눈에 안 보이는 심리 상태들(믿음, 의도, 감정)이 외적 행동을 야기할 수 있고, 다른 사람들이 자신의 믿음과 다르거나 심지어 모순되는 믿음을 갖고 있을 수 있음을 인정한다. (위의 예문을 이용하자면, "나에게 진실이라도 너에겐 진실이 아닐 수 있다.")

아이의 마음 이론은 4세에 최고조에 도달한다. 이 시기에 아이는 틀린 믿음을 구별할 줄 안다. 다시 말해 이제 아이는 다른 사람이 외부 세계를 잘못 지각할 수도 있음을 이해한다. 틀린 믿음을 개념화하는 능력이 생겼다는 것은, 믿음이 단지 세계에 대한 표현임을 아이가 인식한다는 것을 의미한다. 일종의 표현으로서 믿음은 반드시 세계를 비추는 정확한 거울이 아니라, 부분적이거나 치우치거나 완전히 틀릴 수 있다. 아이는 자신만의 관점을 벗어나 명제를 "옳다," "그르다" 또는 "참이다," "거짓이다"로 판단할 줄 알게 된다.

예를 들어보자. 수지와 베스는 바구니 A에 담긴 장난감을 본다. 수지가 방을 나간 뒤, 베스는 그 장난감을 바구니 B에 넣는다. 수지가 방에 돌아올 때, 수지는 (처음에 그 장난감을 보았던) 바구니 A에서 장난감을 찾을까, (그녀가 모르는 사이에 장난감이 옮겨진) 바구니 B에서 장난감을 찾을까? 대략 4세 이전에 베스는 수지가 안 보이는 곳에서 일어난 그 조작을 알고 있을 거라고 잘못 생각한다. 그래서 베스는 수지가 바구니 B로 가서 장난감을 찾을 거라고 예측한다. 그러나 일단 마음이론이 형성되면 베스는 수지가 틀린 믿음을 갖고 있다는 것을 안다. 다시 말해 수지는 그 조작을 모르기 때문에 장난감이 바구니 A에 있을 거라고 계속 믿고 있다고 베스는 생각한다.

다른 영장류들에게서 볼 수 없는 이 통찰력은 매우 기초적이다. 아이는 (자신을 포함하여) 개인들이 믿음을 갖고 있다는 것, 그 믿음들은 옳거나 틀릴 수 있고 우리의 용어로, 참이나 거짓일 수 있다는 것을 처음으로 이해한다. 아이는 이 지식을 명제 형태로 포착할 줄 알고, 다른 사람들이 주장하는 명제를 평가할 줄 안다. 물론 이 믿음들은 역사, 과학, 또는 수학으로 확립된 믿음들과 거리가 멀다. 그러나 바로 이 믿음들이 문화 안에서 나중에 진실성의 지위를 놓고 경쟁할 명제적 지식의 토대가 된다.

앞서 지적했듯이 처음에는 무엇이 참이고 무엇이 거짓인지에 대한 아이의 의식에는 자기중심적 요소가 남아있다. 이 의식은 기본적으로 아이의 직접적인 세계 지각에 기초하여 형성된다. 그러나 정규 교육에 들어서기 전에도 아이들은 다른 사람이 발언하는 진리를 기꺼이 받아들인다. 이 증언 수용은 주로 나이가 더 많고, 잘 알고, 신뢰할 수 있다고 여겨지는 사람들과 관련하여 발생한다.[8] 분명 증언을 수용하는 능력은 교육의 큰 기초가 된다. 아이는 신뢰하는 교사나 교과서나 프로그램(방송이든 다운로드한 것이든)에 전달하는 내용을 진실한 것으로 취급해야 한다. 또한 아이는 자신이 속한 사회에서 대화의 규칙들을 파악한다.[9] 현대 사회라면 이 규칙에는 다음의 조건들이 포함될 것이다. 숨겨야 할 이유가 없는 한, 너의 의도를 간략하게, 뚜렷하게, 진실하게 말하라.

이렇게 불과 몇 년 사이에 아이는 몇 개의 중요한 단계를 통과한다. 실제로 관찰한 진리에서 명제로 암호화할 수 있는 진리로, 타인의 진리가 자신의 진리와 동일하다는 가정에서 타인은 세계 내의 조건을 다르게 표현할 수 있다는 인식으로, 자신의 인식에 의존하는 단계에서 보다 총명한 어른들의 증언을 자발적으로 받아들이는 단계로 발전하는 것이다.

두 번째 가치로 넘어가면, 대략적인 선악 관념이 이른 나이에 발생하는 것을 알 수 있다. 심지어 첫 해에도 유아들은 남에게 도움이 되는 어른들에게 이끌리고 중립적으로 행동하거나 남을 방해하는 어른들은 피한다.[10] 2세나 3세가 되면 아이들은 남들이 자신에게 바라는 것을 예리하게 간파한다. 어른들이 바라는 대로 행동할 때 아이는 찬성으로, 즉 미소나 "잘 했어, 샐리" 같은 칭찬으로 보상받는다. 아이가 힘 센 어른들의 뜻을 거스를 때, 예를 들어 양쪽을 살피지 않고 길로 뛰어들거나, 방금 다림질한 식탁보에 음식을 흘리거나, 동생을 때릴 때에는 훈계성 어휘가 끼어든다. "안 돼," "그러지 마," "그건 나쁜 짓이야, 조니." 아이들을 지켜본 적이 있는 사람은 찬성과 반대의 표현들이 곧 아이의 마음에 내면화되는 것을 알게 된다. 피드백을 받은 뒤에 또는 훨씬 나중에 블록 쌓기를 하거나 요람에서 졸 때 아이는 옛 일을 기억하면서 "착한 조니," 또는 "나쁜 조니"라고 중얼거린다.

많은 학자들이 생후 2년이나 3년에 도덕성이 출현한다고 말한다.[11] 보다 일반적인 차원에서 지식의 초기 단계들과 매우 유사하게, 선악 관념도 매우 자기중심적일 때가 많다. 철학자 토머스 홉스가 말했듯이, 우리는 '선'을 우리가 바라는 것으로, '악'을 우리 자신의 욕구를 충족시키지 못하는 것으로 생각하는 경향이 있다. 그러나 진리와 관련하여 언급한 것처럼, 4세 무렵에 그런 자기중심성은 이미 감소하기 시작한다. 성장하는 아이는 그 자신이 바라는 것이 세계가 그에게 바라는 것과 다를 수 있고, 때때로 세계는 그의 이익에 반하는 행동이나 행위를 요구한다는 것을 알게 된다. 프로이트는 이 표석을 초자아의 확립이라 불렀다. 우리의 말과 행동에 찬성하거나 (대개) 반대하는 작은 목소리가 머릿속에 생겨나는 것이다. 더 나아가 아직 어린 나이에도 대부분의 문화에서 대부분의 아이들은 수치나 죄의식의 징후를 보인다. 지역사회의 기준을 고수하지 못한 사람은 비난받아 마땅하고 또 비난받을 수도 있다는 개인적 그리고/또는 일반적 인식이 자리를 잡는다.

곧 이어 또 다른 중요한 표석이 출현한다. 5세가 되면 아이는 도덕적인 것과 단지 관습적인 것을 구분할 줄 안다.[12] 구체적으로 설명하자면 아이는 학교에서 단순히 관습을 위반하는 경우(예를 들어, 우린 색칠하기 전에 빨간 덧옷이 아닌 파란 덧옷을 입을 것이다)와 도덕을 거스르는 위반(급우를 못살게 구는 아이들은 벌을 받을 것이다)이 다르다는 것을 인식한다. 아이는 빨간색이 아닌 파란색 옷을 입거나 그 반대로 입겠다는 결정은 거의 중요하지 않고 별 문제 없이 바뀔 수 있음을 이미 알고 있다. 그러나 선생님이 갑자기 집단 따돌림을 무시하거나 허가하면 당황하는 경향을 보인다. 그런 행동은 도덕적 위반에 해당한다는 것을 이제 알고 있기 때문이다.

아이를 양육하는 관점에서, 판단의 일관성은 필수적이다. 개인 및 기관들이 선한 것과 선하지 않은 것에 대해 서로 일치할 때, 도덕성 발달은 비교적 순조롭게 이루어진다. 반면에 어떤 어른이 혼란스러운 지침을 주거나(예를 들어 월요일에는 욕을 해도 괜찮고, 안식일에 욕한 사람은 벌을 받는다), 어른들이 서로 다른 메시지를 주거나(엄마는 자주 욕을 하고, 아빠는 격렬하게 반대한다), 한 권위자가 단지 관습 위반으로 간주하는 것을 다른 권위자가 도덕적 위반으로 간주할 때, 도덕성 발달은 문제에 부딪힌다. 복잡한 세계에서 도덕적 판단의 불일치는 빈번히 발생한다. 많은 (사실, 너무 많은) 청소년들이 무엇이 좋고 무엇이 나쁜지를 확실히 모르고 성장하는 것도 놀라운 일이 아니다.

나는 지금까지 무엇을 “좋은” 것 또는 “나쁜” 것으로 간주해야 하는지에 대해서는 구체적인 판단을 피했다. 도덕적 판단이라는 속성은 보편적이고 인간 본성의 영역일지 모르지만, 도덕적 판단이 적용되는 구체적 항목들은 크게 다를 수 있으며 사회적 규범의 영역에 속한다. 이웃 간 도덕성 개념과 일치하는 몇몇 가르침(이웃을 해치지 말라, 이웃의 물건을 훔치지 말라, 이웃을 속이지 말라)은 다양한 문화에서 널리 받아들여지고 있다. 그러나 기대나 단서 조건에도 주목할 필요가 있다. 전사의 사회에서 남자들은 다른 사람들(또는 적어도 어떤 다른 사람들)을 때리는 훈련을 받고, "적"을 해치거나 죽이는 능력은 미덕으로 간주된다. 올리버 트위스트가 사는 디킨스 풍의 세계에서 좋다good라는 형용사는 소매치기에 성공한 좀도둑에게 적용되거나 국한된다. 라이오넬 바트의 늙은 악한, 파긴은 부랑아 무리에게 이렇게 읊조린다. "거리로 나가 한두 사람 호주머니를 털어야 한다, 알겠느냐?"[13]

진리의 경우처럼 선의 영역에서도 이른 시기에 중요한 표석들이 출현한다. 처음에 긍정적으로나 부정적으로, 또는 좋거나 나쁘게 보이던 것들이 언어로 표현된다. 선의 다양한 함의들이 풀어지고, 인습의 영역은 도덕의 영역과 동등하지 않다는 사실이 분명해진다. 자기중심성의 쇠퇴와 함께 아이는 자신이 원하는 행동이 다른 사람에게는 좋게 보이지 않을 수 있고, 그 반대의 경우도 가능하다는 사실을 깨닫는다. 아이는 이런 판단들을 내면화하고, 자신이 널리 인정받는 기준에 맞추지 못할 때 수치심이나 죄의식을 느낀다. 또한 아이는 존경하는 사람의 선악 판단이 똑같이 존경하는 다른 사람의 판단과 일치하지 않는 경우에 주목하고, 그럴 때 감정적 혼란에 빠질 수 있다.

그들 자신의 학문적 선결과제를 생각해서인지, 사회 전반의 선결과제를 생각해서인지, 또는 사회들 간에 나타나는 더 큰 차이들을 생각해서인지, 심리학자들은 생애 초기에 발생하는 미적 판단에 대해 상대적으로 할 얘기가 적다. 물론 찬성이나 반대의 용어들은 행동 그리고 세계에 관한 주장뿐 아니라 장면, 객체, 경험에도 적용된다. 도덕적 판단을 내리고 싶어 하는 열망과 무관하게 개인들은 자신이 무엇을 갈망하는지, 무엇이 즐거운지, 무엇을 근사하다고 느끼는지, 무엇을 무시하거나 피하고 싶은지에 대해 수시로 신호를 주고받는다. 이 신호는 표정, 몸짓에 의해, 어떤 활동을 되풀이하거나 되풀이하지 않고 싶은 기분에 의해, 그리고 물론 언어 묘사에 의해 이루어진다. 온갖 종류의 서술어(그리고 그 반의어)가 사용될 수 있다. 예를 들어, 훌륭한/지독한, 놀라운/역겨운, 근사한/흉한, 멋진/불쾌한 외에도 나의 사전에는 평가 단어 쌍이 수십 개나 더 있다. 그리고 물론 아이들은 이 특징 묘사에 주목하고, 종종 그들 자신의 지껄임에서 그 말들을 흉내 낸다.

많은 사회들에서 어른들은 **아름답다** 같은 말을 신호로 사용해 마음에 드는 외양을 가진 물체들과 재창조하고 싶은 경험들을 알리는 동시에, **추하다**나 **불쾌하다** 같은 말을 사용해 피하고 싶거나 찬성하지 않거나 역겹다고 느끼는 물체와 경험을 알린다. 이런 경우는 자연계에서 올 수도 있고(장엄한 산봉우리, 포효하듯 흐르는 시내), 인공물에서 올 수도 있고(그림, 기념물, 보석), 양자의 혼합에서 올 수도 있다(숲의 자락에 위치한 집, 소중한 화병에 꽂힌 방금 따온 꽃들). 무엇을 입을지, 어떻게 입을지, 어떻게 몸단장을 할지, 집안을 어떻게 꾸밀지, 정원을 어떻게 꾸밀지, 무엇을 먹을지, 어떻게 먹을지에 대한 선택들은, 의도적인 선택이든 무심한 선택이든, 남의 의견에 따른 선택이든 자발적으로 내린 선택이든 간에 반드시 미적 차원들과 관련이 있다. 아이들은 분명 이런 선택에 주목하고, 마음에 드는 형태가 나타나거나("멋있는 집이야"), 변형되거나("덧문에 칠을 했네"), 부서지면("저게 뭐야, 새 집은 못 생겼어") 그런 선택을 비평의 주제로 삼기도 한다.•

우리는 주변에서 들려오는 언어를 당연시한다. 언어 현상에 대한 인식은 둘 이상의 언어를 사용할 수 있을 때(또는 사용할 수 없어서 좌절감을 느낄 때) 발생한다. 이와 마찬가지로 우리는 형성기를 보내는 지역에 뿌리 내린 미적 가치들을 당연시하고, 주로 아주 다른 미적 또는 자연적 가치들의 팔레트에 노출될 때 그것을 인식한다. 도시적이든 목가적이든, 붐비든 한적하든, 험준하든 평탄하든, 바닷가든 담수 근처든 메마른 사막이든 간에, 어느 지역이라도 아동에게 최초의 심미안을 만들어줄 수 있다. 환경 자체와 그 환경 안에서 이루어지는 선택과 논평이 함께 필수적인 기준선이 된다.

우연의 힘으로 나는 잎이 무성한 도시 환경에서 자랐고 산, 호수, 강이 있는 지역들에서 휴가를 보냈다. 이것들은 나의 자연미 개념을 구성하는 기본적인 재료가 되었고, 수십 년이 지난 지금도 그렇게 남아있다. 이 개념들은 나와 같은 시대에 농장에서 자라고 바닷가에서 휴가를 보낸 시골 사람들의 자연미 개념들과 얼마나 다른가. 물론 첫 환경이 부정적인 예로 작용할 수도 있다. (어떤 이유로든) 아동기의 환경을 싫어하게 됐다면, 나중에 선택을 하게 되었을 때 정반대 환경이나 적어도 철저히 다른 환경을 선호할 것이다.

• 아동의 미적 판단에 관한 실험을 연상케 한다.

진화심리학자들은 어떤 자연 경치들에 대한 범세계적인 기호를 지적할 때 뭔가를 발견한 것처럼 말한다. 알렉산더 멜라미드와 비탈리 콜마가 확인한 세계적으로 좋아하는 경치들을 생각해보라.[14] 어쩌면 우리의 잠재의식 속에는 수십만 년 전 우리 선조들이 방랑생활을 하던 동아프리카 평원의 흔적들이 남아있을지 모른다. 그러나 진화론자들은 인간이 만든 객체들에 대한 미적 취향이 문화와 역사적 시대에 따라 매우 다르게 "진화"한다는(인용부호에 주목하라) 사실을 보지 못한다. 사람들이 얼굴에 색칠을 하는가, 그리고 한다면 무슨 재료로 어떤 모양을 그려 넣는가? 사람들이 높이 평가하는 몸은 뚱뚱한가 홀쭉한가, 자의식적인 근육질인가 수수한 체형인가? 시각 예술이 인체의 재현을 선호하는가, 경멸하는가, 또는 법으로 금지하는가? 그리고 인체가 전경을 차지한다면, 그 재현은 사실적인가(있는 그대로), 인체를 이상화하는가, 기하학적 단순화나 심지어 희화화에 더 가까운가? 다른 집단이 선호하는 장식물과 객체를 알게 되었을 때 우리는 그것들을 모방하는가, 일부러 대조적인 형식으로 묘사하는가, 새로운 어떤 것을 안출하는가, 두 양식의 혼합물을 만들어내는가? 이 상반된 각각의 결과에 대해 아주 쉽게 이론적 근거를 떠올릴 수 있다는 사실은 그 자체로, 생물학에 일차적으로 기초한 설명들 또는 이 문제에 한하여 경제적 요인들(재료의 비용, 객체의 시장가격)에 일차적으로 기초한 설명들이 부적절하다는 것을 입증한다.

아동 초기의 가치들에 대한 논의를 마무리하는 지금, 사회들은 각각의 영역에 각기 다른 중요성을 부여한다는 점을 지적하는 것이 중요하다. 어느 사회에서나 선악에 대한 판단은 매우 중요하다. 선악 판단이 중요한 이유는 사회가 자신의 도덕률을 유지하길 원하고 그와 동시에 아이들이 다치거나("공구 창고 근처에 가면 나쁜 아이야.") 남을 다치게 하는 것("포크를 조심히 사용해라.")을 어른들이 바라지 않기 때문이다. 대체로 이런 판단들은 말로 이루어진다. 또한 사회들은 세계의 상태(세계의 물리적 속성들, 생물학적 속성들, 그리고 무엇보다 인간이 어떤 존재인지)를 설명하는 서술들의 진리성에 큰 관심을 기울인다. 그래서 설명하는 말들("저건 늑대가 아니라 개다," "저것 봐, 달이 어제보다 더 둥글어," "존 아저씨는 그냥 화가 난 척한 거야")은 일상적 대화의 중요한 부분을 이룬다.

그러나 미의 영역으로 오면 훨씬 더 큰 편차가 발생한다. 어떤 문화들 및 하위문화들은 객체의 외양에 그리고 객체를 어떻게 만들고, 전시하고, 변경했는지에 관한 선택에 큰 관심을 기울인다. 그 중 어떤 문화들은 정원이나 벽화나 실황 음악 또는 레코드음악을 묘사하는 광범위한 어휘를 갖고 있다. 발리와 일본은 종종 예술적 기교의 오아시스로 불린다. 어떤 이유에서인지는 몰라도 다른 사회들은 미적 자질에 에너지와 관심을 덜 쏟고, 또 어떤 사회들은 그런 판단을 거의 말로 표현하지 않는다. 이 차이들은 아동들이 미적 선택에 끌리는 정도, 아이들이 내리는 선택의 종류, 그리고 아이들이 선택을 의식하고 자신의 판단을 언어적 표현이나 감탄사로 표현할 가능성에 필연적으로 영향을 미친다.

그렇긴 해도 우리는 무엇이 아동들에게 즐거움을 주는지를 잘 알고, 그런 기호들에 기초하여 미적 판단과 경험에 대해 타당한 추측을 내릴 수 있다. 사회과학자들은 꾸준한 관찰을 통해 아동들이 이야기를 좋아하고 특히 영웅과 악당이 분명히 드러나는 이야기를 매우 좋아한다는 사실, 유아들이 자장가를 좋아하지만 뛰어다니고 춤을 추는 나이가 되면 소리가 크고, 규칙적이고, 박자가 강한 음악을 더 좋아한다는 사실, 걸음마 단계의 유아들이 크고 매력적인 동물과 생물을 묘사한 크고 화려한 전시물을 좋아한다는 사실, 걸음마 단계의 유아들이 화려하고, 빨리 움직이고, 극적이고, 큰 소리로 단계를 표시하는 비디오 게임에 이끌린다는 사실을 발견했다.[15] 아동들은 마술에 얼을 빼앗기고, 주목하고 있던 물체나 생물이 갑자기 사라지거나 나타날 때 또는 한 상태에서 다른 상태로 변할 때 특히 흥분한다. 진취적 정신이 강한 많은 심리학자들이 이런 기호들을 이용해 아동들을 대상으로 한 실험들을 고안해왔다.

많은 연구들이 보고한 바에 따르면 취학 전 아동은 본질주의자다.[16] 다시 말해 세계의 모든 현상들은 제각기 기초적 본질, 즉 결정적으로 중요하고 피상적 외양을 초월하는 본질을 갖고 있다고 아이들은 믿는다. 개를 다른 색으로 그리거나 털을 깎거나 이식 수술을 해도 그것은 여전히 개다. "내장된 부품"이 마술처럼 다른 것으로 바뀔 때에야 비로소 "개의 본질"이 해체된다. 본질주의는 사람에도 적용된다. 여자는 여자이고 남자는 남자이며, 이 생각은 어떻게 해도 변하지 않는다. 본질주의는 인간의 하위범주에도 적용된다. 아이들은 사람들을 "거짓말쟁이," "영웅," "친구"로 가차 없이 묶는다. 아동들에게 이 본질은 좀처럼 넘을 수 없는 벽이다.

이것이 왜 미 연구와 관련이 있을까? 본질 추구의 경향은 이른 나이에 사람이 만든 물체에까지 확대된다고 밝혀졌다. 그림은 바위와 다르다. 그림은 사람이 만들었고 그래서 그 사람의 본질의 일부를 갖고 있기 때문이다. 아이는 한 친구가 만든 작품이 다른 친구가 만든 작품과 다르다고 보고, 우연히 만들어진 서투른 그림이 무엇인가를 묘사하려는 노력에서 나온 서투른 그림과 다르다고 본다. 게다가 한 아이(A라 부르자)는 다른 아이(B)가 선을 휘갈길 때 그 앞에 모델이 있느냐 없느냐에 따라 B가 휘갈긴 선을 다르게 해석한다. 그리고 어떤 막대기에 대말(끝에 말 머리가 있는 장난감) 지위를 부여하고 나면, 그 대말을 막대기로 취급하거나 심지어 개로 취급하는 자에게 화가 미칠지니![17] 이 발견들을 종합하면, 아이들은 어떤 물체들, 즉 미적 경험의 중심이 되는 물체들의 특별한 지위를 일찍부터 인식한다는 것을 알 수 있다.

일반적으로 인정하듯이, 유아기의 미 의식 연구와 관련하여 우리는 진과 선에 대해서만큼 많은 양의 조사 또는 높은 정도의 신뢰를 확보할 수 없다. 이는 놀랍거나 실망스러운 일이 아닐지 모른다. 어쨌든 결국 이 책에서 주장하듯이 미적 감각은 다른 가치들의 경우보다 수렴성이 훨씬 적고 개인화 정도가 훨씬 높다. 그럼에도 최소한 임시적으로 몇몇 결론을 내릴 수는 있다. 첫째, 이른 나이부터 아이들은 어떤 장면들과 경험들을 흥미롭고, 기억할 만하고, 다시 찾을 가치가 있다고 느낀다. 둘째, 아이들은 그런 존재물의 지위와 본질에 주의를 기울인다. 셋째, 아이들은 자연적 원인에서 나온 사물과, 인간이 창조한 사물, 더 나아가 표현의 목적을 포함하여 특수한 목적을 위해 특수한 사람이 창조한 사물을 명확히 구분한다.

지금까지 생애 초기에 대한 이 설명에서 나는 정규 교육의 유무에 상관없이 발생하는 인간 발달의 과정을 그려 보였다. 이 접근법은 진, 선, 미는 인간의 영속적 관심사라는 나의 믿음을 반영한다. 다시 말해, 진, 선, 미는 수천 년 전의 선사시대로 거슬러 올라가고, 현존하는 모든 문화에서 정규 교육에 부여되는 중요성에 상관없이 발견할 수 있는 가치들이다. 반세기 전, 피아제의 영향이 최고조에 이르렀을 때라면 나는 이 발달 과정들을 "선천적" 또는 보편적이라 규정했을 것이다. 오늘날 우리는 성인 모델들 그리고 요람에서부터 아이들 곁에 존재하는 사회제도들이 의도적으로 또는 무심코 행하는 역할을 날카롭게 인식한다.

의심할 바 없이 진리 결정, 도덕적 행동, 미적 취향의 양상들은 정규 교육이 없어도 이후 몇 십 년 동안 계속 발달한다. 그리고 정규 교육이 없을 때 그 양상들이 어떻게 발달하는지 또는 어떻게 발달하지 못하는지는 흥미로운 이야깃거리가 될 것이다. 어쨌든 문자가 없는 문화들도 세계를 이해하는 복잡한 분류법들, 즉 천체와 작물과 친족 관계에 대한 "통속 이론들," 결혼, 재산, 신앙, 탄생 및 죽음과 관련하여 규정하고 금지하는 복잡한 규칙들, 그리고 우리가 감상할 수 있고 심지어 경외감을 느낄 수 있는 기능과 장식에 대한 관심을 갖고 있다. 그러나 포스트모더니즘과 디지털의 시대에 세 가치들에 대한 설명에서 나는 학교와 학교 교육의 결과로 발생하는 현상에 초점을 맞추지 않을 수 없다.

교육자들은 네 개의 주요 교육목표를 추구한다. 첫째, 문자사용 능력과 수리 능력을 갖춘 주민을 생산하는 것이다. (이 목표는 보편적이고 논쟁의 여지가 없으므로 더 이상 다루지 않을 것이다.) 둘째, 미래의 시민들이 해당 사회의 진리들을 배울 수 있는 도구를 제공하는 것이다. (이 목표를 달성하기 위해 핵심 과목의 렌즈들과 실용적인 노동 절차를 가르친다.) 셋째, 중요한 도덕률(일반적으로 주위의 종교율법과 법률에서 나온다)을 알리고 시행하는 것이다. 마지막으로, 해당 문화의 가장 소중한 형식 및 메시지를 가진 인간 창조물들(이야기, 공예품, 장식물, 춤, 노래)을 전달하는 것이다.

이제 우리 시대의 교육자들이 이 야심찬 목표들을 어떻게 달성할 수 있는지를 생각해보자. 학교라는 환경에서 진리는 세 종류의 주요 학과군 안에 존재한다. 첫째는 수학이다. 어떤 진술들 또는 법칙들은 정의에 의해 참이거나(5 = 1 + 3 + 1), 증명에 의해 참이다(삼각형의 내각의 합은 180° 다). 두 번째는 역사, 즉 이름, 연대, 사건을 최대한 정확히 기록하고 전달하는 학과다. 문학과 문헌 기록들은 충분하진 않아도 역사에 필수적이다. 세 번째는 과학, 즉 관찰과 실험을 통해 물리계, 자연계, 인간계를 묘사하고 모델화하고 설명하려는 노력이다.

학문적 이해는 사실들의 단순한 집적(때때로 교과내용지식이라 불린다)과 같지 않음에 주목하자. 사실들도 필요하지만, 사실 자체는 학문적 이해와 전혀 무관하다. 게다가 휴대용 기기가 넘쳐나는 시대에 손가락 끝으로 즉시 불러낼 수 있는 사실들을 암기하는 것은 거의 무의미하다. 그보다 교육자들은 학과 전문가들이 지식을 확립하고 증명하는 방법들을 이해시켜야 한다. 이 습득을 위해 학생은 반드시 전문가들이 정기적으로 수행하는 활동에 몰입할 필요가 있다. 수학에서는 증명, 과학에서는 체계적 관찰과 실험, 역사에서는 문서 및 시각자료

연구가 필요하다.

이 다양한 진리들을 확립하는 일은 결코 쉽거나 간단한 문제가 아니다. 수학적 진리도 특히 새로운 수학 분야가 정립되면 경쟁에 돌입할 수 있다. 역사는 새로운 문서의 발견에 의해 그리고 현 시대가 제공하는 새로운 시점에 의해 설명을 수정하는, 해석과 재해석의 문제다. 철학자 칼 포퍼가 주장했듯이, 과학은 현존하는 주장들을 최대한 엄밀하게 시험하는 문제다. 반증 가능성은 과학 연구의 뚜렷한 징표로,[18] 바로 이 때문에 창조론(또는 과학의 탈을 쓴 그 후계자인 "지적 설계론")은 과학이 아니라는 점을 짚고 넘어갈 필요가 있다. 새 패러다임이 등장하면 낡은 패러다임은 편협하고, 오해를 불러일으키고, 심지어 틀린 것으로 밀려난다. 그리고 새 패러다임은 영원한 진리가 아니라, 그 역시 부분적으로 또는 완전히 대체될 수 있다. 그러나 패러다임은 결코 임의적으로 바뀌지 않는다. 대체로 새 패러다임은 더 잘 확립되고 더 폭넓은 기초를 가진 진리로 나아가는 계단에 비유할 수 있다.

지금까지 나는 연령에 특별히 주의하지 않고 "학교의 진리들"을 검토해왔다. 아동들을 연구할 때, 진리의 확립과 전달은 또 다른 난제에 부딪힌다. 특히 과학의 진리들이 그러하다. 단도직입적으로 말하자면 과학은 상식이 아니다. 넬슨 굿맨의 재미있는 풍자처럼, 종종 과학은 상식적 오해common non-sense를 논박한다. 인지심리학은 이 주장을 충분히 뒷받침해왔다. 아이들은 대부분 틀린 상식, 즉 세계에 관한 수많은 그릇된 생각을 믿는다.[19] 공식적인 보호감독이 없을 때 아이들은 그런 오해에 도달한다. 누구라도 과학의 진리를 이해하고자 한다면, 학교 교육이 이 상황에 직접 대처해야 한다.

상식적 오해의 예를 몇 개만 들어보면 그 문제를 이해할 수 있다. 상식에 의존할 때, 우리는 태양이 지구 주위를 돌고, 물체가 에너지를 소진하면 땅에 떨어지고, 모든 동물은 동시에 태어났고 그 시점 이후로 변하지 않았다고 믿는다. 대부분의 초등학생들은 이 진술들을 즉시 받아들일 것이다(학교를 졸업한 사람들이 어떤지에 대해선 추측하지 않겠다!). 8세나 12세 아이에게 이 개념은 틀렸고, 그들(또는 그 틀린 개념들)은 "개선"되어야 한다고 말하는 것으론 부족하다. 그보다, 진정한 학문적 사고를 하려면 완전히 다른 세계관을 채택해야 한다. 다시 말해, 모든 천체가 지구를 중심으로 도는 프톨레마이오스의 관점 대신 태양을 중심으로 태양계를 구성하는 코페르니쿠스의 관점을 채택하거나, 만물이 일주일 이내에 창조되었다는 성경 이야기 대신 수백만 년에 걸쳐 일어난 진화로 설명하는 다윈론을 채택해야 한다.

아동들에게 가장 좋은 과학 교육(그리고 그밖의 과목들)은 무엇인가를 고찰할 때, "이해를 위한 교육 및 학습"[20]에 관한 우리의 수십 년에 걸친 오랜 연구에서 실마리를 찾을 수 있다. 분명 어떤 사실들은 알 필요가 있지만, 과학적 사고는 기본적으로 사실의 정복이 아니다. 그보다 과학적 사고를 위해서는 두 과제를 극복해야 한다. (1) 주장과 그 주장을 지지하거나 논박할 수 있는 증거에 의거해 생각하는 것. (2) 현재 지배적인 과학적 패러다임들의 이론을 정복하는 것. 과학적 패러다임은 느리긴 하지만 변화를 겪는다. 그리스 시대의 아리스토텔레스 물리학은 계몽운동의 뉴턴 물리학에 천천히 자리를 내주었고, 뉴턴은 20세기 전반 아인슈타인의 견해에, 그리고 우리 시대에 그보다 훨씬 더 복잡하고 훨씬 덜 직관적인 양자역학과 초끈 이론에 명예로운 자리를 물려주었다.

물론 모든 자연과학, 물리과학, 사회과학의 끝없이 변하는 패러다임들을 완전히 정복할 필요는 없다. 누구에게도 불가능한 일이다! 그러나 우리 시대에 확립되어 있는 진리들을 유의미한 수준까지 이해하고자 하는 사람은 그 프로그램을 "뒤쫓기라도" 해야 한다. 그리고 바로 이 때문에, 전 세계적으로 수많은 사람들이 STEM(과학, 테크놀로지, 공학, 수학) 교육에 일찍부터 초점을 맞춰야 한다고 요구하고 있다.

1950년대 말 영국의 과학자 겸 소설가 C. P. 스노우는 STEM 교양교육의 중요성을 강조했고,[21] 지금까지 어떤 증거도 그의 주장이 틀렸다고 입증하지 못했다. 그러나 너무 많은 사람들이 스노우를 인용해 유일한 진리 또는 가장 중요한 진리는 과학적 진리라고 주장해왔다. 이 책의 가장 큰 부담은 진리와 진리의 종류는 여럿이고 어느 것도 절대적인 헤게모니로 다른 것들을 지배하지 않는다고 주장하는 것이다. 과학적 진리밖에 모르는 사람들은 수학만 알거나, 역사만 알거나, 예술만 알거나, 일터와 시장의 실용적 진리만 아는 사람들처럼 불운한 사람이다.

그래서 우리는 이렇게 물어야 한다. 어린이들이 스스로 생각해내거나 다른 사람들에게서 흡수하는 오해들 그리고 절반의 진리들에 우리는 어떻게 대처해야 하는가?

대략적인 답은 이렇다. 진리의 결정에 이르는 쉬운 길, 왕도, 간단명료한 길은 없다. 교육자로서 우리는 아이들이 이전에 습득한 민속적 믿음들에서 부적절한 것들을 가려내고, 더 유효하고 더 진실한 이론들을 구성할 수 있게 도와야 한다. 우리의 연구들은 두 종류의 보완

책을 제안한다.

첫 번째 접근법은 **건설적 관여**constructive engagement를 필요로 한다.[22] 아동들은 자신이 갖고 있는 직관적 믿음들의 부적절성에 직면할 필요가 있다. 지구가 편평하다면 어떻게 배로 세계를 일주할 수 있을까? 모든 생물이 동시에 태어났다면, 화석을 어떻게 설명해야 할까? 인간적 가치들이 수천 년 동안 변하지 않았다면, 얼마 전까지 광범위하게 인정하던 노예제를 어떻게 설명해야 할까? 우리는 이 문제들을 명시적으로 제기하거나 학생들이 스스로 인식하게 도와주고, 그런 다음 학생들이 역설들과 난제들을 깊이 생각하도록 이끌어야 한다.

그러나 틀리거나 부적절한 이해를 해체하는 것으론 부족하다. 건설적 관여를 보완하는 장치로 우리는 전문가들이 사용하는 종류의 설명을 소개하고 모델화할 필요가 있다. 이는 아동들에게 과학과 역사 같은 주요 학과들의 사고방식을 장착시켜 준다는 것을 의미한다. 생물학자의 렌즈를 통해 전문가처럼 증거 자료를 볼 수 있다면, 진화의 과정들을 이해하기 시작할 것이다. 또한 고대 그리스의 역사나 남북전쟁 전의 남부 문화에 몰두한다면, 왜 대부분의 사람들이 다른 인간을 노예로 부려도 괜찮다고 생각했는지를 이해할 수 있을 것이다. 시간이 흐르고, 공감 능력이 있는 스승들이 현명한 발판을 마련해준다면, 어린 학생들은 그릇된 생각을 버리고 유능한 전문가들의 진리를 수용하기 시작할 것이다.

건설적 관여와 전문지식의 모델화는 정규 교육 초기에 시작할 수 있고, 무한히 계속되어야 한다. 그러나 우리는 교육의 중간단계, 즉 12세경에 발생하는 중요한 변화에 주목해야 한다. 이때 수업은 사실들 또는 꾸밈없는 명제들에 대한 단순한 진술에 초점을 맞추는 방식에서, "명제 태도"의 제시에 초점을 맞추는 방식으로 이동한다.[23] 학교 교육 초기에 학생은 단지 "물질은 창조되거나 파괴되지 않는다"거나, "나폴레옹은 엘바 섬을 탈출한 후 권력을 되찾았다"거나 "지구는 편평하지 않고 구체이다(속어로 '둥글다')"라고 듣는다. 학생들이 인지적으로 더 정교해지면 정보를 제시하는 새로운 방법과 마주친다. 진위의 단조로운 진술을 넘어서는 것이다. 이제 진술하는 명제에 대한 화자나 저자의 태도가 끼어든다. "물질은 창조되거나 파괴되지 않는다고 과학자 아이작 뉴턴은 **주장했다**," 또는 "나폴레옹은 엘바 섬을 탈출한 후 권력을 되찾았다고 역사가 R. R. 파머는 **주장한다**." 여기에서 정보는 더 이상 직접적인 단언으로 제시되지 않는다는 점에 주목하자. 학생은 그 사실이 구체적인 권위자가 주장한(또는 단언하거나, 의심하거나, 부인한) 것이고 그래서 그 출처의 신빙성을 고려할 필요가 있음을 알게 된다.

학생의 이해가 계속 발전하려면 반드시 이 변화를 인식해야 한다. 만일 학생들이 "명제 태도"의 유효성을 계속 모른다면, 학문 연구의 성격 그리고 학문이 발전하거나 발전하지 못하는 방식을 잘못 이해할 것이다. 이와 반대로 학문은 언어와 실험과 모형 제안을 통해 전문가들이 지속적으로 주고받는 대화임을 이해한다면, 학생들은 오래 전에 확립된 진리든 현재 협상을 거치고 있는 진리든 세계에 관한 어떤 진리라도 유리한 위치에서 추구할 수 있게 된다.

따라서 진리 확립을 위해 교육이 나아가야 할 길은 상당히 분명하다. 교육자가 할 일은 학생이 자신의 직관적 지식에 한계가 있음을 이해하도록 돕고, 학생에게 다양한 학과에서 진리를 확인할 수 있는(그리고 때때로 해체할 수 있는) 도구들을 소개해주고, 전문가들의 주장과 반론이 시간이 지남에 따라 어떤 역할을 하는지를 보게 해주고, 특히 학문의 특징이기도 한, 결과적으로 발생하는 이해의 변화들을 알아볼 수 있게 충분한 배경지식을 제공하는 것이다.

우리 시대에 정규 교육은 기본적으로 학과 전문가들이 확립한 진리들에 초점을 맞추고 있다. 이 방향은 적절하고, 어쨌든 앞으로도 계속될 것이다. 그러나 우리는 두 중요한 예외에 주목해야 한다. 무엇보다, 많은 나라에서 상당 비율의 학생들이 직업교육vocational training 과정을 밟는다. 물론 직업교육에서는 학습의 많은 부분을 실용적 진리에 집중하고, 실용적 진리는 "현장에서" 그리고 "사례를 통해" 가장 잘 전달된다. 두 번째 예외는 전문직 교육professional training이다. 전문직 교육은 훨씬 나중에, 일반적으로 중등교육이나 심지어 대학교육 이후에 시작한다. 전문직 교육에서는 인턴과정과 멘토십이 중요하다. 전문대학들은 종종 현장 경험을 요구하고(예를 들어, 의과대학 부속병원이나 대학부속 실험학교), 전문직 종사자를 교수진에 포함시킨다.

의심의 여지없이 진리 확립에 집중하는 것이 정규 교육의 노른자위를 차지한다. 그에 따라 나는 "진리를 위한 교육"을 상당히 자세하게 그리고 학습 연령대 전반에 걸친 교육을 목적으로 다루었다. 그러나 이것은 다른 가치들이 중요하지 않다는 뜻이 아니라, 단지 현대의 세속 학교들이 다른 가치들을 집중적으로가 아니라 부차적으로 다루는 경향이 있음을 말하는 것이다. 나는 이 가치들을 차례로 고찰하면서, 학교에서 일상적으로 다루는 교육 내용이 매우 적다는 사실을 지적하고 무엇을 더 할 수 있는지를 제안하고자 한다.

우선 도덕의 영역, 받아들일 수 있는("좋은") 것 또는 받아들일 수 없는("나쁜") 것이 무엇인지를 전달하는 영역을 살펴보자.[24] 아이들이 학교에 들어갈 때가 되면 새로운 고려 대상들이 떠오른다. 가정에서 존중하거나 비난하는 것들이 새로운 종류의 도덕적 관심사들에 의해 보완되거나 복잡해진다. 교사들, 기타 교직원들, 다른 학생들의 도덕적 관심사가 그것이다.

과거에 학교 교육은 성전聖典 공부가 대부분을 차지했다. 물론 그 성전들에는 고결하거나 유해한 행동의 사례들, 그리고 그에 따른 보상과 처벌에 관한 놀랍고 무서운 이야기들이 산재해 있었다. 사실 그것이 그 성전들을 중요하게 다루는 이유였다. 과거에는 교육의 의제에서 선(그리고 악)을 아는 것이 진리의 숙달이나 학과의 숙달에 우선했다. 많은 경우에 가장 자극적인 구절들이 암기와 암송의 단골 과제가 되었다. 때로는 대안적 행동이나 반응을 장려하진 않아도 토론의 주제로 용인했지만, 대부분의 학교에서 도덕 수업은 일반적 통념을 가르치게 되어 있었다.

오늘날 현대의 세속 사회는 성전에 뚜렷한 관심을 기울이지 않고, 때로는 종교적 가르침을 명시적으로 금지한다. 그러나 그로 인해 도덕이 교육과정에 없다고 추측하는 것은 잘못이다. 사실 도덕은 "드러나지 않은 교육과정"이라 불리는 형태로 확실히 존재한다. 우선, 모든 학교에는 용인할 수 있는 행동과 용인할 수 없는 행동에 관한 규칙과 더불어 집단 따돌림이나 부정행위 같은 개탄스러운 행위에 대한 벌칙이 있다. 둘째, (정식 교사가 아닌 어른들을 포함하여) 학교 내의 어른들은 그들이 가치 있다고 생각하는 행동들을 몸소 보여주고, 명시적으로나 암묵적으로 그들이 용납하지 않는 행동들을 가려낸다. 그리고 당연한 이야기지만, 학교를 둘러싸고 있는 사회에는 기호, 용인, 명시적 처벌의 기준을 기록한 자체의 명부가 있다.

순수한 교훈적 교수법(허용하는 것과 허용하지 않는 것 그리고 그에 따른 보상과 규정을 단순히 열거하는 방법)으로는 아이들의 도덕성을 거의 이끌어내지 못한다. 어떤 행위들은 **왜** 금지해야 하는지를 아이들이 이해하지 못하거나, 자신의 견해를 제시하고 자신의 이유를 설명할 기회가 주어지지 않는다면, 그런 구속들을 내면화하고 자발적으로 지키기가 어렵다. (물론 처벌이 충분히 가혹하다면 학생들은 복종하지만, 처벌이 풀리거나 처벌을 피할 방법을 발견하면 복종심은 즉시 증발한다.) 그래서 "건설적 관여"는 행동수칙 헌장보다 나아 보인다. 대안적 관점들을 논의하고 토론하고 들을 기회, 그리고 처벌을 두려워하지 않고 생각의 변화를 경험할 수 있는 기회가 주어질 때, 진정한, 장기적인 도덕적 나침반이 자리를 잡을 수 있다.

유아기 이래로 아이들은 자신이 타인을 어떻게 대해야 하는지 그리고 자신이 타인에게 어떤 대우를 받고 싶은지를 알아간다. 그런 의미에서 도덕성(원래의 이웃 간 도덕성)은 명백하다. 그러나 앞에서 주장했듯이, "역할 윤리"는 자기 자신을 노동자 그리고/또는 시민으로 생각할 줄 아는 능력, 그리고 그 지위에 수반하는 책임에 따라 행동할 줄 아는 능력을 필요로 한다. 대개 아이는 학교에서 처음으로 노동과 시민성을 어렴풋이 알게 되고, 그런 의미에서 아이는 어떻게 해야 학생의 역할 그리고 특별활동이나 수업에서의 역할을 제대로 수행할 수 있는지를 생각할 줄 알게 된다. 그러나 생애 첫 10년 동안 역할로서의 역할의 요구에 대해 체계적이고 조직적으로 생각하는 능력은 아이의 시야에 들어오지 않는다.

근래에 아이들 사이에서까지 반사회적 행동이 출현하자 많은 교사들이 나에게 도덕적 윤리적 행동과 관련하여 초기에 무엇을 할 수 있는지를 묻곤 한다. 내가 보기에 정규 교육의 초기 몇 년 동안은 미성숙한 마음에 가장 뚜렷이 각인될 수 있는 말과 행동들을 강조해야 한다. 구체적으로 열거하자면, "살아 있는" 역할 모델을 통해 바람직한 행동과 분별을 인상적으로 그리고 설득력 있게 보여주고, 도덕적 사례들과 부도덕한 사례들을 분명히 보여주는 동시에 규약을 존중하는 사람과 위반하는 사람에게 돌아가는 결과를 극적으로 표현한 문학과 그밖의 매체를 접하게 하고, 일상생활에서 일어나는 도덕적 성격의 사건들을 돌이켜보게 하고, 구체적인 행위 및 구체적인 행위자의 상황을 감안하여 어떤 결과가 적당한지를 생각하게 해야 한다. 이 추천 사항들을 시행하고 이와 함께 유능한 지역사회가 이것을 모델화한다면, 그것은 학생들이 청소년기의 기회들과 문제들에 부딪히기 전에 취할 수 있는 가장 중요한 방법이 될 것이다. 다행히 이 방법은 시간과 돈이 많이 들지 않는다. 필요한 것은 실행하려는 **의지**와 위의 사항들을 항상 염두에 두는 **경각심**이다.

마지막으로, 정규 교육의 그늘에서 미를 고찰해보자. 사실 학교 교육에서 예술(미술이든 무용이든 음악이든)을 그 자체로 중요하게 포함시키는 경우는 과거에도 드물고 현재도 드물다. (문학은 약간 다르다. 대개 모국어 숙달에 전념하는 수업의 일부이기 때문이다.) 정규 교육에 포함되었을 때라도 음악은 대개 학교 밴드, 합주단, 합창단의 연주를 준비시키는 수단에 머문다. 사진 장비가 출현하지 않았거나 구할 수 없었을 때 시각예술은 제도製圖나 장면 묘사의 기술을 제공했다.

40여 년 동안 예술교육에 관여한 사람으로서 나는 이 제한된 틀이 상당히 유감스럽다. 전통적인 의미에서 그리고 이 책에 소개한 보다 확장되고 개인화된 의미에서, 예술과 미에 더 집중했으면 하는 것이 나의 바람이다. 안타깝게도 국가적·국제적 선결과제가 근본적으로 변하지 않는 한 예술 교육은 대부분 가정에서, 방과 후에, 또는 주말에 이루어지고, 그나마 꼭 이루어진다는 보장도 없다.

그러나 현재 논의하고 있는 교육의 범위 안에 예술에 대한 관심, 미에 대한 관심이 포함되는 측면이 있다. 학교는 지역사회나 국가가 특히 소중히 여기는 인공물과 경험들을 소개하는 일차적 통로로 여겨진다. 그래서 예를 들어 유럽 국가들의 학생은 해당 문화 또는 서양문명, 즉 유럽 스타일의 그림과 음악을 공부한다. 교양 있는 유럽인이라면 셰익스피어, 렘브란트, 베토벤의 작품을 잘 알아야 한다. 그리고 개별 문화들은 더 구체적인 면에 초점을 맞춘다. 영국 학교에서는 퍼셀과 엘가의 곡을 들려주고, 이탈리아 학교에서는 지오토와 티치아노의 그림을 보여준다. 그런 교육과정의 이면에 애국적 이유가 깔려 있음은 분명하지만, 미의 본질, 소재지, 범위와 관련하여 구체적인 결론에 도달하기를 학생들에게 기대하는지는 불분명하다.

발달심리 연구 덕분에 우리는 예술 지각의 뚜렷한 패턴들을 식별할 수 있다. 애석하게도 다른 문화들에서는 충분한 자료를 얻지 못했지만, 적어도 서양 사회들에서는 뚜렷한 패턴들을 파악해왔다. 예를 들어, 회화와 마주할 때 아이들은 일련의 예측 가능한 단계들을 거친다. 어린 시절에 아이들의 기호는 묘사되고 있는 물체에 관한 이해, 그리고 묘사된 물체(인형이나 악마), 색(짙은 갈색 또는 무지개), 관련된 이야기(동화, 성경 이야기, 우주여행)와 그림이 얼마나 비슷한지에 따라 결정된다. 아동들은 그림, 스케치, 조각을 세계의 직접적 표현으로 취급한다.[25] 물론 취학 전 아동들도 예술작품은 인간의 산물임을 인식한다. 그러나 "작품 뒤에 마음"이 존재한다는 사실은 입학 후 한참이 지나서야 분명해진다.

청소년기에 가까워질 무렵 청소년들은 그림이 단지 또 하나의 사물이 아니라는 사실에 더 많은 주의를 기울인다. 창작자가 다양한 목표를 염두에 두고 작품이 여러 방식으로 지각되기를 원했다는 점을 이해하는 것이다.[26] 그 결과 형식적 자질들, 즉 양식, 표현, 구성 등이 더 우세해진다. 청소년들은 "회화적 태도pictorial attitude"를 채택하기 시작한다. 대개 학령기의 아이들은 추상적이거나, 이상하거나, 희화화된 작품을 외면하고 사실주의적인 작품, 사진에 더 가까운 작품을 선호한다. 이 기호들은 주류 사회가 보여주는 작품 선호의 방향, 즉 미에 대한 대중적인 합의를 가리키는 더 큰 경향을 반영한다.

그러나 전부 다 그렇진 않다. 서양에서 창작자로 예술에 꾸준히 참여하는 청소년기 이전 아이들에겐 한계를 극복하려는 욕구, 더 이국적이고 더 이상스럽고 덜 인습적인 것을 시도하려는 욕구가 생겨날 수 있다. 그런 청소년기 직전의 아이(10~12세)는 작품에 자신만의 흔적을 남기고, 자신의 개성적인 면, 자신의 가치, 자신의 역사, 자신의 특유한 심미안을 드러낼 줄 안다. 예술적 전환을 이룬 것이다. 인터넷에서 자신과 비슷한, 색다른 취향을 가진 또래들을 만나면 가능성의 폭이 확대된다. 그리고 도덕성을 이해할 때에는 어른들의 본보기와 인정이 중대한 역할을 하지만, 청소년의 예술적 감수성은 일반적으로 또래들의 기호가 지배한다.

진과 선의 문제에서 사회는 공식적으로, 학교 교육을 통해, 또는 비공식적으로, 부모, 매스미디어, 다른 사람들과 기관들을 통해 아동들에게 무엇을 전달해줄지 비교적 확고한 지침을 갖고 있다. 그러나 미의 문제, 그리고 예술적·자연적 취향이라는 더 광범위한 문제에서는 정규 교육이 필요한지 그리고 필요하다면 어떤 방식으로 교육할 것인지와 관련하여 훨씬 더 광범위한 요소들을 고려해야 한다.[27]

나의 견해와 처방은 다음과 같다. 아이들은 누구나 미적 기호를 획득하고 드러내기 마련이다. 그러나 예술작품을 폭넓게 접하고, 작품이 어떻게 생산되는지를 관찰하고, 작품의 이면에 깔린 예술가의 존재를 이해하고, 기술과 취향에 관한 신중한 논의를 경험하는 아이들만이 저급한 예술을 뛰어넘거나 또래들의 순간적인 유행을 초월하는 미적 감각을 발달시킬 수 있다

오늘날 우리는 무수히 많은 예술작품에 접근하여, 수많은 양식, 주제, 구성방식, 미적 가치들을 찬찬히 뜯어볼 수 있는 세계에 살고 있다. 분명 아이들은 가까운 사람들이 높이 평가하는 작품들에 접할 수 있고 또 접해야 한다. 그러나 나는 아이들의 경험이 이른바 "국지적 선호 대상"에 제한되는 것은 불공평하다고 생각한다.

그 대신 나는 이른 나이부터 학교 교육이 끝날 때까지 아이들에게 몇 개의 예술 영역에 걸쳐 다양한 예술작품을 폭넓게 소개하는 것이 바람직하다고 생각한다. 예를 들어 미국 어린이들은 서양 문명의 그림과 조각뿐 아니라 선사시대 문화의 작품들, 그리고 콜럼버스 이전 문화, 이슬람 문화, 불교문화 같은 다른 주요 문화의 작품들을 봐야 한다. 이와 마찬가지로 어린이들은 모든 문화는 아니어도 몇몇 문화 전통들의 이야기, 음악, 연극, 무용, 시를 음미할 기회를 경험해야 한다.

미적 판단은 어떻게 다뤄야 하는가? 시간의 한계를 고려할 때 우리는 오랫동안 널리 인정받아온 예술작품들(그리고 자연의 그런 측면들)을 선호해야 한다. 살리에리나 디터스 폰 디터스도르프보다는 모차르트를, 에도 시대의 다른 예술가들보다는 뛰어난 화가이자 판화가로 칭송받는 가츠시카 호쿠사이를 선호해야 한다. 필연적으로 그런 선택들에는 미적 판단을 포함한 미적 기준들이 반영될 것이다. 그러나 이 표준 작품들을 소개할 때에는 두 측면에서 조정이 필요하다.

첫째, 예술작품은 미 자체를 구현했기 때문에 소중히 여겨야할 뿐 아니라, 그 흥미로움, 형식의 기억성, 재방문을 유인하는 힘 때문에도 소중히 여겨야 한다는 것을 기억해야 한다. 그래서 “벽 없는 미술관”의 공동 거주자인 아이들에게 아름답다는 수식어를 쉽게 적용할 수 있느냐 없느냐의 여부를 떠나서 가치를 인정받은 작품들을 소개해야 한다.[28] 예를 들어 우리는 2008년 전시회 〈디자인과 탄력적인 마음〉의 작품들을 슬라이드에 담을 수 있고, 이 문제라면 가까운 예술 경연대회의 수상작품들을 모은 슬라이드를 만들 수도 있다.

두 번째이자 대단히 중요한 사항으로, 우리는 아동들이 문제가 되는 차이점들에 주목하게 해야 한다. 두 장의 초상화, 두 편의 소네트, 또는 두 곡의 마주르카를 놓고 우리는 어느 것이 더 낫다거나, 어느 것이 더 가치 있다거나, 어느 것이 더 아름답다는 주장을 피해야 한다. 그보다는 아동들이 그 "전형"의 다양한 "특색들"을 식별할 수 있는 차이들을 알아보고 말로 표현할 수 있도록 이끌어야 한다. 정말로 중요한 것은 분별하는 능력이기 때문이다. (그리고 종종 어린 학생들은 우리 어른들의 '수준 높은' 취향에서 빠져나간 차이들을 꿰뚫어본다.) 일단 중요한 차이들이 확인되고 나면 그때서야 우리는 어느 작품이 더 나은지, 더 나아가 어느 작품이 더 아름답고 그 이유는 무엇인지에 대해 이야기할 수 있다.

학생들은 아마 그리고 어쩌면 불가피하게 자기가 어느 작품을 더 좋아하는지, 어느 작품이 더 낫다고 생각하는지, 어느 작품이 더 아름답게 여겨지고 그 이유는 무엇인지에 대해 서로 의견이 엇갈릴 것이다. 학교에서든, 가정에서든, 영화관에서든, 놀이터에서든 바로 그 순간에 진정한 교육이 펼쳐진다. 그리고 만일 나의 앞선 주장이 옳다면 그런 학습은 반드시 문화적인 또는 교육적인 미의 표준을 채택할 필요가 없을 것이다. 그보다 어린 학생의 학습은 자신의 기준을 알아가는 과정, 그 이유를 확인하는 과정, 지속적인 경험과 새로운 작품, 새로운 취향, 새로운 주장, 새로운 반론을 접하면서 생각의 변화에 열린 마음을 유지하는 과정으로 구체화될 것이다.

이 책의 여정에 생명을 불어넣고 있는 주제는 포스트모더니즘 비평에 물들고 디지털 미디어로 가득 찬 시대에 트리오 가치가 겪을 운명이다. 앞에서 언급한 교육적 권고사항들 중 다수는 현 시대에 그리고 각기 다른 연령의 학생들에게 여전히 적절하므로 그것을 되풀이할 필요는 없을 듯하다. 그러므로 이어질 글에서 나는 청소년들의 교육에 초점을 맞추고자 한다. 이 중요한 인생의 전환기에 청소년기의 강력한 생물학적 충동들이 포스트모더니즘 이론과 디지털 미디어의 강력한 문화적 힘들과 마주치고 있기 때문이다.

논의의 배경으로, 포스트모던의 사고방식들이 가하는 위협들은 발달기 아동에게 큰 문제가 되지 않는다고 말하는 것이 공평하다. 그런 아이들이 진리에 도전하는 말을 듣거나(또는 엿듣거나) 그 말을 그대로 따라 한다고 해도 과연 큰 의미가 있을지 의심스럽다. 어떤 의미에서 포스트모던 비평은 전근대나 근대적 관점을 소유한 맥락에서만 의미가 있다. 아동들에겐 적어도 겉으로 드러나는 바로 그런 견해는 (또는 어떤 체계적인 견해도) 없다. 더 나아가 아이들은 철저한 본질주의자답게 절대적 진리, 궁극적 도덕률, 미의 결정적인 규범을 찾는 경향이 있다. "본질"은 아니어도 일반적 통념이 있고, 그것을 찾아내는 것이 자신의 일이라고 아이들은 단순하게 가정한다. 주위를 둘러싼 사회에는 여러 의심들이 있고 갈수록 많아지고 있지만, 발달 과정에 있는 마음에는 큰 의미나 중요성을 갖지 못한다.

도덕성 발달에 관한 연구들이 이 현상을 분명히 보여준다. 로렌스 콜버그가 자세히 설명하고 많은 연구자들이 확인했듯이 아동들은 도덕률, 즉 올바른 행동을 적극적으로 찾아 나선다.[29] 개별적인 연구들이 진과 미에 대해서도 비슷한 그림을 확인시켜준다. 즉, 예술의 경우에 아이들은 올바른 묘사(사실주의적인) 방법이나 작시(운을 맞추는) 방법이 있고, 교과서들은 확고하게 입증된 영원한 진리들을 사슬처럼

꿰어 보여줄 거라고 믿는다.[30]

그러나 청소년기에 들어서면 많은 것이 극적으로 변한다. 도덕 영역에서 청소년들은 문화의 규약에 도전하기 시작하고, 종종 완벽하고 거의 심통 사나운 상대주의를 채택한다. 몇 년 전만 해도 거짓말, 도둑질, 부정행위를 보고 넘기지 않았던 바로 그 아이들이 이제는 그런 부도덕한 행동들이 왜 정당한지를 설명하려고 온갖 이유를 끌어온다. "정부는 항상 거짓말을 하니까," "그 명품매장이 돈을 너무 많이 벌기 때문이다," "부정행위가 남에게 피해를 주는 것도 아니고 부모님의 잔소리에서 벗어날 수 있으니까."

진리나 진리들을 주장하는 경우에도 비슷한 경우가 발생한다. 청소년들은 두 개의 새로운 조건에 적응해야 한다. 첫째, 교과서와 수업에서 만난 진리들은 "위에서" 내려왔거나 영원히 내려올 것이 아니라는 인식이다. 그것들은 단지 주장이고, 구체적인 개인들 또는 집단들의 명제 태도이며, 따라서 인간의 허약함에서 오는 한계를 피하지 못한다. 둘째, 이제 학생들은 보통 여러 교실에서 여러 교사들에게 여러 과목을 공부하면서 각기 다른 정보원源을 마주한다. 청소년들은 역사에서 한 묶음의 진리, 수학에서 다른 묶음의 진리, 과학에서 또 다른 묶음의 진리와 마주치고, 그밖에도 수업이나 매스미디어를 통해 또 다른 학과들의 주장과 마주친다. 이 진리들을 서로 어떻게 비교 평가할지, 그리고 어떻게 종합하여 하나의 큰 그림으로 만들지는 결코 만만치 않은 과제지만, 학교 교육의 명시적 의제에는 거의 포함되어 있지 않다. 많은 청소년들이 한때 당연시했던 진리들을 평가하고 정리하기를 포기하는 것도 놀라운 일이 아니다.

사실 청소년기의 명확한 특징 중 하나는 사회의 정설에 대한 일관되고 활발한 공격이다. 비판 정신의 개화는 근본주의를 믿는 가정에서 특히 문제가 된다. (여기에서 **근본주의**는 종교적 의미를 떠나 완고한 세계관을 가리킨다.) 아동기의 전 기간 동안 이런 가정의 자녀들은 자신의 공동체가 신봉하고 있는 규범에 쉽게 집착한다. 그러나 청소년기가 찾아오고 특히 사회가 다원적일 때 청소년들은 대조적인 관점들을 만나게 되고, 다른 가능한 세계들(역사, 과학, 미학, 종교의 세계들)을 스스로 관찰하고 숙고할 능력을 갖게 된다. 회의주의의 씨앗이 꿈틀거리기 시작한다. 그런 사회에서 어른들이 해야 할 중요한 과제는 청소년기에도 청소년의 세계관을 계속 보호해주는 것이다. 청소년이 청소년기에 맞닥뜨리는 달콤한 유혹들을 거부할 줄 알게 되면, 평생 동안 근본주의의 날개 밑에 머물 가능성이 매우 높기 때문이다.[31]

반드시 근본주의적인 가정이나 공동체가 아니더라도, 주변 문화에 존재하는 신호들이 강력하고 일관성이 있으면 지배적인 정설에 대한 도전은 오래 가지 못한다. 그래서 청소년들이 더 복잡하거나 미묘한 사고 능력을 갖추었으면서도 그들의 사회가 신봉하고 있는 더 간단한 공식으로 "퇴행"하는 의외의 현상이 벌어진다. 그런 조건 아래서 모더니즘이나 포스트모더니즘 정서는 전근대적 감수성에 굴복한다.

그러나 현재 만연하고 있는 무례하고 우상파괴적인 청소년기의 정신구조를 감안할 때, 우리는 다음과 같이 물을 필요가 있다. 청소년기의 세계관들과 포스트모더니즘적 사고는 서로 관계가 있을까? 물론 청소년들이 포스트모더니즘을 알든 모르든, 그리고 "반가치" 주장들에 동의하든 안 하든 상관없이 이단적 정서를 수용하는 현상은 항상 발생한다. 그러나 앞에서 제안했듯이, 포스트모더니즘 비평은 특히 서양 사회나 서양 사상의 영향을 받는 사회의 젊은이들 사이에서 오래 전부터 볼 수 있었던 경향들에 힘과 지속성을 공급한다. 최근 몇 십 년 동안 학교 교육과 매스미디어는 거의 모든 청소년들에게 문화적 경계의 안팎에서 다양성을 인정하라고 격려하고, 진실하고 선하다는 서술어가 조금이라도 초월적인 타당성을 보유하고 있다면, 무엇이 진실이고 무엇이 선인지와 관련하여 타인들의 생각과 행동을 성급하게 판단하지 말라고 장려했다. 포스트모더니즘의 본질을 구성하는 이 개념들이 한데 얽혀 현대 청소년기의 대표적인 특징들을 확대하고 악화시키고 있다.

포스트모던의 관점을 알든 모르든 그리고 그 관점을 진심으로 받아들이든 아니든 간에, 대부분의 청소년들은 디지털 세계에 깊이 빠져 있다. 아이들은 우리 세계를 과포화상태로 만드는 정보의 홍수와 수많은 목소리들을 당연시한다. 청소년들에게 그것은 일반적 수준이다. 사실 14세 소년이 완전한 아날로그 세계를 상상하기는, 75세 노인이 다이얼식 전화기, 전보, 대량 철도 및 항공 운송이 없는 세계를 상상하는 것만큼이나 어려울 것이다. 그럼에도 청소년들이 이 신기술들을 능숙하게 사용할 줄 안다는 사실은 그들의 진, 선, 미 의식을 더 쉽게 응결시키지 못한다. 오히려 청소년기의 정점에서 청소년들은 그런 노력을 아예 포기할 수도 있다.

디지털 미디어와 관련하여 청소년들은 역설을 보여준다. 앞에서 지적했듯이 청소년들은 온라인 생활의 중요성을 하찮게 보는 경향이 있다. 질문을 했을 때 아이들은 그들의 블로그와 소셜네트워크 사이트는 그리 중요하지 않고, **실제로** 중요한 것인 **실제** 현상들을 만나는 **실생활**이라고 대답한다. 나는 아이들의 말을 그대로 믿는다. 그와 동시에 대부분의 선진국 청소년들은 학교 안팎에서 깨어 있는 시간의 대부분을 매스미디어에 빠져 지낸다. 필연적으로 매스미디어는 진, 선, 미와 관련된 문제를 포함한 거의 모든 문제에 걸쳐 아이들에게 자료, 지식, 경험을 제공하는 일차적 원천이거나 그렇게 된다. 아이들이 알든 모르든 또는 좋아하든 싫어하든 간에 아이들의 믿음, 견해, 결론은 새로운 매스미디어의 내용들, 형식들, 구성방식들을 합치거나 증류한 결과물 또는 그것들의 늪이다.

우리는 문화사에 드물게 나타나는 중요한 순간의 진원지에 서 있는 듯하다. 라이프사이클의 극적인 변화들이 기술 환경의 새로운 지진 활동들과 교차하는 시기가 바로 지금이다. 게다가 기술 환경의 변화들은 과거보다 크게 빠르진 않아도 여전히 속도가 줄지 않고 있다. 물론 청소년기의 생물학적 시계는 크게 변하지 않았다. 계통학상의 한 세대는 지금도 4분의 1세기를 주기로 한다. 이와 대조적으로 기술적 세대의 길이는 디지털 기술이 약진할 때마다 줄어드는 듯하다. 이 요인들의 상호작용 때문에 현재 무슨 일이 벌어지고 있는지를 설명하고, 앞으로 무슨 일이 벌어질지를 예상하고, 디지털에 파묻힌 청소년기에 우리의 가치들과 관련하여 어떤 교육을 펼쳐야 하는지를 권장하기가 쉽지 않다. 그러나 전체적으로 잘 평가하여 몇 가지 건의 사항을 제시할 때가 되었다고 생각한다.

먼저, 미의 영역을 살펴보자. 예술에 관한 한 많은 청소년들이 좋아하는 장르, 그리고 그 장르 안에서 좋아하는 양식을 떠올릴 것이다. 미라는 용어나 그 대체어(**멋지다**cool, **죽여준다**wicked)를 사용하든 않든 간에, 청소년들은 그런 종류의 작품에 열정적으로 반응한다. 많은 아이들 심지어 대부분의 아이들이 자신들은 부모와 교사의 기호에 반항하고 있다고 믿는다. 이는 아마 사실일 것이다. 그러나 아이들의 기호는 결코 유일무이하지 않다. 아이들의 기호를 가장 잘 표현하는 말이 전근대이든 근대이든 포스트모던이든 간에, 대부분의 청소년들은 거의 노예처럼 그들의 군중을 따른다. 이 점에서 청소년기 감수성과 관련하여 미가 제기하는 과제는 진리와 선과 관련한 과제들과 매우 다르다. 내가 보기에 우리는 예술적 가능성에 대한 청소년들의 개념을 넓혀주고 아름답다고 간주할 수 있는 것에 대한 청소년들의 감각을 확대시키기 위해 노력해야 한다.

그들 스스로든 또래들의 자극 때문이든 간에 어떤 청소년들은 예술을 아주 폭넓게 탐구하고, 여러 예술 형식들뿐 아니라 다양한 문화 전통들을 점검한다. 분명 디지털 미디어 덕분에 가능해진 과정이다. 우리는 이들의 모험정신과 노력을 칭찬하고, 그들이 잘 알지 못하는 전통들을 소개해주고, 그들이 발견한 것을 보다 평범한 또래들과 공유하도록 격려해야 한다.

그러나 이 예외적 행동들을 가로막으면 청소년기의 호기심은 좀처럼 또래 집단의 인습적 기호를 넘어서지 못한다. 또한 재정이 탄탄한 공립학교들을 제외하고 거의 모든 학교의 우선 과제를 감안할 때, 대부분의 학생들은 정규 예술교육을 그들의 미적 시야를 넓히는 수단으로 보지 못한다. (독립적인 학교들은 예술 수업이 포함된 메뉴를 제시할 가능성이 더 높다.) 따라서 오프라인에서 미적 선택의 메뉴를 제공하는 일은 가족, 친구, 이웃, 그리고 운이 좋다면 가까운 미술관이나 지역 센터의 몫으로 돌아간다.

어느 현장에서나 내가 추천한 순서대로 진행해야 한다. 교육자는 학생들을 더 폭넓은 예술작품들에 단지 노출시키는 것으로 시작하여, 보고, 듣고, 느낄 기회를 확대시켜주어야 한다. 다음으로 교육자는 도발적인 질문들을 던진다. 무엇을 보거나 듣는가? 이 작품 안에서 그리고 다른 작품들과 비교하여 어떤 차이들을 알아보는가? 그 차이들은 왜 중요한가? 다른 무엇이 너의 주의를 끌었는가? 창작자가 목표한 바는 무엇인가? 이 경험은 너의 삶의 다른 부분들 또는 다른 사람들의 삶과 무슨 관계가 있는가? 이 질문들은 신중한 관심을 자극해야 하고, 또래들이 적극적으로 참여한다는 가정 하에서 예술작품의 현저한 여러 측면들을 드러내야 한다.

주목하기, 의견 주고받기, 주장하기, 반성은 진입점이며 이는 모든 연령대의 사람들에게 해당한다. 그러나 청소년들에 관한 한 후속 단계는 다를 수 있고, 달라야 한다. 어떤 실험 참가자들은 역사적 차원이나 문화적 차원을 탐구하고 싶어 하고, 다른 참가자들은 양식이나 표현 같은 미적 측면에 초점을 맞추고, 또 다른 참가자들은 가치 판단에 초점을 맞춘다. 이런 가치 판단은 금전적 가치에서 개인적 가치관에 이르기까지 폭이 넓을 수 있다.

현재의 목표들은 다른 가치들과 관련하여 추구한 목표들과 매우 다르다는 점에 유의하라. 이 영역에서는 청소년을 특정한 결론으로 유도할 필요가 없다. 다르게 표현하자면, 아이들이 도달하는 결론은 각자에게 중요한 결론이어야 하고, 그 결론들은 시간이 지남에 따라 계속 변하면서 깊어질 수 있고, 또 그래야 한다. 예술에서 우리의 목표는 각 개인의 마음에 개인적 기호의 포트폴리오와 그 이유들을 발생시키는 것, 다시 말해 무엇이 아름답게 여겨지고 그 이유가 무엇인지에 대한 기록을 형성시키는 것이어야 한다.

매스미디어로 들어가 보자. 그 어느 때보다 오늘날 청소년들은 전 세계를 휩쓸고 있는 일시적 변덕들, 유행들, 생활방식들의 잡탕에 더 많이 노출되어 있다. 한 세기 전에 대부분의 청소년들은 의복, 집, 동네의 매스미디어, 또는 어쩌면 국가를 자신의 눈으로 직접 보았고, 그 이상은 보지 못했다. 청소년들의 미적 감수성은 어쩔 수 없이 그 범위로 제한되었고, 일반적으로 편협했다. 오늘날 텔레비전, 영화, 인터넷 덕분에 수십억의 청소년들은 수많은 다른 문화의 미학을 스스로 찾아 자신의 눈으로 본다. 아이들은 MTV를 보거나 유투브를 서핑하면서, 개인들이 자기 자신이나 상대방을 장식하는 방법들, 자기 자신을 선, 색, 이야기, 노래로 표현하는 방식들을 알게 된다. 아이들은 때때로 매 시간마다 "실크로드"와도 같은 세계의 다양한 미학에 노출된다. 실제로 디지털 미디어는 과거 어느 때보다 더 많은 선택사양을 더 빠르고 더 다양한 방식으로 제시한다. 미의 표준 그리고 더 폭넓은 의미에서 예술의 표준은 지속적으로 변할 수밖에 없는 운명이고, 청소년들은 그런 변화를 일으키는 과정에 참여할 수가 있지만, 어느 누구도(어느 생물학자, 경제학자, 심리학자도) 청소년들이 예술적 기준을 어떤 방식으로 변화시킬지를 전혀 예측하지 못한다. 우리도 마찬가지다. 미에 관한 한 또는 더 일반적으로 예술에 관한 한, 수많은 꽃이 제멋대로 피게 하고, 수만 가지 취향이 출현하게 해야 한다.

이 역사적인 순간에 포스트모더니즘의 특징인 판단 유보는 전 세계의 예술적 풍경에 즉시 접근할 수 있는 디지털 미디어의 능력과 잘 맞아떨어진다. 그래서 청소년들의 예술적 지평을 확대하고, 자신들의 보다 개인화된 미적 감각을 발달시키도록 도울 수 있는 반가운 기회가 출현하고 있다.

내가 유망하다고 느끼는 아이디어를 하나 소개하고자 한다. 우리는 청소년들이 예술적 기호의 포트폴리오를 유지하도록 장려해야 한다. 그런 포트폴리오는 마음속에 담아둘 수도 있지만, 실질적인 형식으로, 즉 물리적 인공물들의 묶음을 통해서나 시대적 특징에 따라 디지털 파일의 형태로 존재하는 것이 훨씬 더 유리하다. 우리는 청소년들이 그 포트폴리오 안에, 그들이 보존할 가치가 있다고 느끼는 어떤 예술적 객체나 경험이라도(유명 예술가의 것이든, 무명 예술가의 것이든, 친구의 것이든, 그들 자신의 것이든 상관없이) 자유롭게 담으라고 장려해야 한다. 더 나아가 그들 자신의 생각, 그들이 좋아하는 것과 소중히 여기는 것, 그리고 그 이유를 기록하라고 장려해야 한다. 그리고 청소년들은 시간이 지남에 따라 자연스럽게 찾아오는 마음의 변화에 특히 주목해야 한다. 다시 말해, 무엇을 더 이상 소중하게 여기지 않는지, 새로 무엇을 소중히 여기게 되었는지, 그 이유는 무엇인지에 주의를 기울여야 한다.

예술 포트폴리오는 남들과 공유하는 것이 이상적이다. 그 대상은 가족, 친구, 그리고 가능하다면 예술에 박식한 어른이 될 것이다. 예술 과목 교사들은 훌륭한 공명판이 될 수 있을 뿐 아니라, 청소년들이 명확하게 포착하지 못하는 특징들에 주의를 환기시켜줄 수 있다. 이런 과정을 통해 청소년들은 자기 자신의 예술적 정체성, 그들 자신의 개인화된 미적 감각을 빚기 시작한다. 심리학자들이 공식화한 정체성 개념에서 볼 수 있듯이,[32] 이 정체성도 공동체가 청소년을 어떻게 받아들이는가(또는 받아들이지 않는가)에 의해 어느 정도 결정된다.

아동기와 청소년기의 대조를 염두에 두고서 선으로 넘어가보자. 앞에서 보았듯이 아동들은 주변 사람들과의 관계에서 도덕적 문제들을 처리하는 법을 자연스럽게 습득한다. (온갖 문화적 특징들이 주름처럼 새겨져 있지만) 이 "이웃 간 도덕성"은 인간 조건의 일부로 보인다. 어쨌든 동네의 도덕성에는 변화가 드물게 그리고 매우 천천히 일어난다. 그러나 20년 전에는 결코 예상할 수 없었지만 아주 어린 아이들까지도 인터넷을 통해 규모가 큰 공동체의 일원이 되는데, 그 공동체의 크기, 규모, 존속 시간은 아무도 모를 뿐 아니라 속성상 아무도 알 수가 없다. 자신의 이웃이나 사촌에 대한 명확한 의무에, 이제는 역할 윤리를 더해야 한다. 우리의 세계가 생명력을 유지하려면 책임 있는 노동자와 책임 있는 시민이 채택해야 하는 행동들과 믿음들이 그것이다. 그리고 이는 디지털 미디어에 발을 담그는 사람은 누구라도 불확정수의 장소에서 불확정수의 타인과 반드시 연결되게 되기 때문이다.

청소년들에게 디지털 노동자 또는 디지털 시민의 역할을 준비시킬 때 우리는 참고할 선례가 거의 없는 상황에 마주친다. 이 역할들은 보다 새롭고, 선사시대나 역사시대에 아무도 예측하지 못했으며, 빠르게 변하고 있다. 두 역할 모두 아동이나 청소년기 전 아동의 특징인 지금-여기의 구체적인 사고방식과 충돌을 일으킨다. 10세 아동은 성인이 아니고, 강한 의지력을 발휘해도 나이나 지적 교양이나 성숙함을 마술처럼 두 배로 끌어올릴 순 없다.

삶의 다른 영역들보다 이 영역에서 부모와 박식한 어른들의 개입이 훨씬 더 필수적이라고 나는 생각한다. 그런 어른들은 자녀의 디지털 세계에 관여하여 가능할 때마다 지도를 해주고, 함께 게임을 하고, 같은 소셜네트워크에 참여할 필요가 있고, 혹시라도 이런 방법이 모두 실패한다면 이 미디어의 자의적 사용을 제한하거나 금지할 필요가 있다. 물론 어른이 먼저 자신의 행동을 자제하지 못한다면, 아이가 스스로 자제하기를 기대하기는 어려울 것이다. 그러나 아이를 지도하는 좋은 방법은 한 발 물러서서 명령을 내리거나("아이패드를 사용하지 마라") 솔선수범하지 못하고 혼란스러운 본보기를 보여주기("너는 안 되고 나는 괜찮다.")보다는, 건설적 관여를 실천하는 것이다("함께 심시티 게임을 하자," "오늘 클럽펭귄에서 채팅할 거니?").

그렇다면 아동들의 디지털 미디어 사용에 관한 한, 좋은 행동의 본보기, 해로운 행동의 최소화가 선행되어야 한다. 어릴 때 습득한 건강한 습관은 결정적으로 중요하다. 일단 청소년기에 들어서면, 디지털 미디어의 사용을 통제하려는 노력은 물거품이 되고 역효과를 낳을 가능성이 높기 때문이다.

청소년을 대상으로 한 연구들에서 우리는 디지털 세계의 윤리적 차원을 둘로 나누었다.[33] 먼저 타인들을 대하는 태도에 관한 윤리가 있다. 그들은 대개 멀리 떨어져 있는 낯선 사람들이다. 대부분의 청소년들은 이 멀리 떨어져 있는 행위자들에게 **결과주의적**● 태도를 취한다.

● consequantialism. 행위의 선악을 그 결과에 의해 판단해야 한다는 이론.

디지털 세계는 어쨌든 그리 중요하지 않기 때문에 부정적인 결과만 발생하지 않는다면 이 타인들에게 원하는 대로 해도 된다는 생각이다. 다음으로, 아주 다른 윤리적 관심사와 관습을 가진 집단이나 문화에 부단하진 않아도 수시로 노출된다. 청소년들은 어지러울 정도로 다양한 행동 모델들을 보고, 잠재적으로 전 범위의 사회들에 속한 개인들과 교류할 수 있다. 여기에서 우리는 폭넓은 반응들을 만나게 된다. 이상주의적인 사고틀을 가진 청소년들은 비위에 거슬리는 다른 문화의 관습을 보고 매우 불편해할 수 있다(예를 들어, 여성이나 동성애자에 대한 취급). 그래서 바람직하다고 여겨지는 변화를 일으켜보겠다고 마음먹을 수 있다. 다른 청소년들은 보다 상대주의적이거나 포스트모더니즘적인 신념에 따라, 다른 사회적 관습에 대해 아주 관대하거나 수용적이거나 무관심한 태도를 보일 수 있다.

이상적인 세계라면 젊은이들은 이 윤리적 단층선과 실타래를 스스로 정리할 줄 알아야 한다. 그리고 어른의 간섭에 반발하는 성향을 감안하면 그렇게 접근하는 방법이 더 좋을 수 있다. 그러나 몇몇 종류의 연구에서 확인한 바에 따르면, 그런 상황은 자연발생적으로 일어날 가망이 없다. 특히 (그리고 이 점에서 그들은 다른 연령 집단들과 비슷하다) 젊은이들은 디지털 미디어에서 기본적으로 생각이 맞는 또래들과 교류하는 경향이 있다. 게다가 윤리적으로 미심쩍은 방식으로 참여해도 제재할 방법이 거의 없다. 규제는 일관성이 없고, 종종 구시대적 발상에 머문다.

앞 장에서 언급했듯이, 우리의 굿 워크 프로젝트에는 대략 15세에서 30세에 이르는 미국 젊은이들을 조사한 광범위한 연구가 포함되어 있었다. 많은 경우에 이 젊은이들은 윤리적인 행동 및 행위들과 그렇지 않은 행동 및 행위들을 구분할 줄 알았다. 그러나 놀랍고 실망스럽게도 이 젊은이들은 종종 어처구니가 없을 정도로 희박한 윤리 의식을 드러냈다. 그들은, 언젠가 그들이 부자가 되고 유명해지면 그때 일터에서 윤리적으로 행동할 것이고, 윤리적인 사람들의 고용을 주장하겠노라고 대답했다. 그러나 당장에는 윤리적 잘못을 책임지고 싶어하지 않았다. 또래들도 타협적으로 일하니 자신들의 탈선도 용인할 수 있다고 생각했다.

이 발견에 자극을 받아 한 행동 프로그램이 탄생했다.[34] 청소년들과 젊은이를 대상으로 한 굿 워크 반성 수업의 일부로, 우리는 학교나 직장에서 마주치는 딜레마를 보여주는 진짜 이야기들을 우리 자신의 자료에서 골라 참가자들에게 제시한다. 학교 신문의 한 기자가 교내에서 일어난 강간 사건에 대해 쓰기로 결심하지만 교장으로부터 만일 그런 기사를 쓰면 보복을 하겠다고 협박을 당한다. 어쨌든 새 학년도 신입생 모집이 코앞에 닥친 상황에서 그런 기사를 발표하면 장래성 있는 학생들이 이 학교를 기피할 것이다. 학생들에게 오랫동안 존경을 받고 있는 훌륭한 교수가 있다. 하지만 그녀의 엄격한 성적 관리 때문에 학생들은 경쟁이 치열한 대학원 프로그램에 들어가지 못하고 있다. 열정적이지만 이상주의적인 아시아계 미국인 배우에게 거액의 캐스팅 제안이 들어온다. 그러나 그 배역을 소화하려면 자신의 기본적인 믿음과 가치관에 반하는 전형적인 방식으로 연기를 해야 한다.

그런 딜레마들은 앞에서 개념을 정의한 이웃 간 도덕성과 역할 윤리의 차이를 강하게 노출시킨다. 십계명이나 황금률에서 행동 지침을 얻을 수 있는 뚜렷한 영역은 사례에 포함시키지 않는다. 우리의 사례들은 애매한 회색과 복잡한 층들을 잔뜩 머금고 있다. 사실 학교 신문과 관련된 딜레마는 위에서 말한 것보다 훨씬 더 골치 아프다. 한편으로 기자의 할아버지는 청렴하기로 소문난 유명한 저널리스트였고, 다른 한편으로 기자의 남동생은 다음 년도에 그 학교에 입학하기를 원한다. 이 딜레마들은 "옳음 대 그름"을 단순하게 결정할 수 없다. 딜레마에 대면한 사람들은 종종 옳음 대 옳음, 또는 그름 대 그름에 빠지거나, 두 선 중 더 큰 선을 골라야 하는 경우는 없지만 두 악 중 더 작은 악을 선택해야 한다.

학생들은 종종 공인에 대해 판단 내리기를 거부하지만, 같은 학생들이 이 딜레마들은 매력적으로 느끼고 충고를 해주는 데 거의 주저하지 않는다. 딜레마에 직면한 다른 사람에게 충고해주는 과제는 학생들의 비판 능력을 해방시키는 듯하다. 그러나 학생들을 대상으로 한 우리의 수업이 성공적이라고 선언하기는 너무 이르다. 사실 몇몇 학생들은 이 딜레마들을 접하고 열띤 토론을 경험한 결과로 오히려 자신의 입장을 완강하게 고수하는 것처럼 보이기 때문이다. 책임 있는 행동의 필요성을 납득하기는커녕 오히려 도전적으로 이기적인 노동이나 타협적인 노동을 포함시키거나 수용하거나 심지어 옹호할 수도 있다. 또한 이 외견상의 퇴보를 어떻게라도 피할 수 있는지에 대하여 우리는 확신하지 못하고 있다. 때때로 선을 수용하기 위해 사람들은 명백히 사악한 망토는 아니더라도 타협의 옷을 걸치는 일에 시간과 에너지를 투자해야 한다. 아담과 이브가 에덴동산에서 쫓겨난 이래로 많은 관찰자들이 주장해왔듯이, 사람은 악을 마주 대하지 않고서는 선을 알고 선하게 살 수가 없다.[35] 〈복락원〉은 〈실락원〉 다음이다. 단테의 신곡이 연옥에서 시작하고 마지막에 가서야 천국에 도달하는 것은 결코 놀라운 일이 아니다.

그러나 나는 이 수업에 등록한 대부분의 학생들이 수업의 가치를 인정한다고 보고할 수 있다. 종종 학생들은 지금까지 그런 문제들을 생각해본 적이 없거나 전에는 딜레마의 한 면만 보았다고 보고한다. 이제 학생들은 그 이면에서 작용하는 힘들을 더 잘 이해하게 되었고, 그들 자신도 미래에는 분명 다르게 행동할 거라고 느낀다. 반성과 건설적 관여로는 윤리적 인간을 생산하기에 부족할지 모른다. 그러나 내가 보기에 두 방법은 필수적인 첫걸음에 해당한다. 그에 따라 우리는 (누구라도) 그런 수업을 시작할 수 있는 현장들뿐 아니라 참가자들을 직접 그리고 온라인으로 연결시킬 수 있는 수단들을 열심히 확인하고 있다.

앞에서 지적했듯이, 포스트모더니즘 정서에 의식적으로 의존하는가의 여부에 상관없이 학생들은 때때로 사례 속 주인공들에 대해 판단 내리기를 거부한다. 그러나 교육의 관점에서 볼 때 누군가의 입장이 어느 누군가의 입장과도 똑같이 타당하다는 선언은 받아들일 수 없다. 논거를 제시하고, 추론을 사용하고, 예들을 분석하고, 자신과 남들의 입장을 투명하게 밝히는 것은 모두 필요한 요소들이다. 구체적인 도덕적·윤리적 문제와 관련하여 확고한 옳고 그름이 나오지 않을 수도 있다. 그러나 도덕적·윤리적 딜레마에 직면한 개인들을 평가하고, 그 딜레마들과 공개적으로 맞붙어 싸우고, 올바른 행동 방침에 도달하고, 일어난 일 또는 일어나지 않은 일에 대해 숙고하고, 그 교훈을 미래의 사건에 적용할 수 있도록 우리는 젊은이들을 도와야 한다.

굿 워크 수업은 디지털 활동에 특별히 초점을 맞추지 않았다. 그러나 수업은 디지털 분야에도 적용할 수 있다. 교육자들은 윤리적 문제를 야기하는 웹사이트, 유투브 동영상, 위키피디아 항목 등을 제시할 수 있고, 윤리적 주제를 다루는 논의, 토론, 역할극에 학생들을 유도할 수 있다. 교육자들은 청소년들이 비윤리적 행동을 저지르거나 그 희생자가 되는 온라인 상황에 학생들의 주의를 환기시키거나 그런 상황을 극으로 구성할 수 있다. 자신이 열심히 만든 작품이 저자 표시 없이 유투브에 올라와 있는 것을 볼 때 학생들은 지적 소유권에 대한 무관심을 극복할 것이다. 또는 어린 동생이 사이버 괴롭힘을 당할 때 학생들은 그런 행동을 자제할 것이다.

게다가 디지털 시대에 굿 워크 수업은 지리적 문화적 경계를 뛰어넘을 수 있다. 디지털 미디어는 굿 워크 토론의 편협성을 극복하고 더 나아가 그 내용을 널리 전파할 수 있다. 그 과정에서 학생들은 다른 사회 시민들의 관점을 알게 될 뿐 아니라, 가장 적절한 행동 방침을 예의 바른 방식으로 평가하는 법을 알게 된다. 이 상호 교환은 학생들이 주도해야 하고, 섬세한 조력자가 시기적절하게 개입하면서 맥락을 제공하거나 대안적 관점을 듣게 해줄 수 있다. 가장 현명한 선악 판단은 주제에 대한 견해들을 폭넓게 조사하고, 각 견해의 장점을 숙고하고, 사람들이 안락하게 살 수 있는 철학이나 최소한 경험의 법칙에 도달했을 때 나올 수 있다. 적어도 학생들은 그들 자신의 도덕적 윤리적 나침반을 더 확실히 이해하게 된다. 그리고 잘만 한다면 그들 자신을 위해 그리고 세계를 위해, 다양한 도덕적 윤리적 전통을 가진 개인들이 힘을 합쳐 그 다양한 전통들의 가장 가치 있고 유익한 자질들을 포괄하는 규약을 만들 수 있다.

마지막으로 진리의 영역을 살펴보자. 청소년들의 경우 중요한 과제는 단 하나의 진리가 아니라 여러 개의 진리가 있다는 점, 각각의 진리는 새로운 지식이나 새로운 이해의 견지에서 변할 수 있다는 점, 그럼에도 진리 추구는 중요하고 오랜 시간에 걸쳐 추구할 가치가 있으며 궁극적으로 더 권위 있는 설명으로 이어진다는 점을 깨닫는 것이다. 이 책에 소개한 전문용어로 표현하자면, 청소년기는 단일한 기정의 진리에서 다수의 새로운 진리로 이행하는 시기이어야 한다. 이 통찰과 여기에 내포된 의미들을 이끌어내는 것이 지금까지 교양 교육의 기본 과제였다. 윌리엄 페리를 비롯한 여러 권위자들의 연구 덕분에 이제 주어진 진리 개념에 도전하는 것은 평범하고 대학 과정에서 당연시되는 일이라고 인정하게 되었다. 포스트모더니즘 비평은 확신에 찬 모든 진리 주장을 의문시하면서 그 도전을 격화시켰다.[36]

진리들에 대한 초점은 청소년기의 중요한 특징이 되어야 한다. 현대 세계에서 중등학교, 대학, 직업 및 전문직 과정에 해당하는 시기이기 때문이다. 우선 이 시기에 청소년들은 학습과 거리를 둘 수 있다. 청소년들은 처음으로 자유롭게 다양한 학과들과 방법들 그리고 그것들의 가능한 상관성(그리고 긴장관계)들을 메타인지적 관점에서 볼 수 있다. 그래서 교육자들은 메타인지 자체의 작동 방식을 고려하면서 그 인지 부분을 교육할 수 있고 또 교육해야 한다.[37]

청소년기는 또한 평생의 학습 습관을 다져야 하는 시기다. 물론 규칙적으로 열심히 공부하는 훈련은 훨씬 더 어린 시절에 잘 시작해야 한다. 그러나 진리들에 대한 태도, 그리고 정규 교육이 끝난 뒤 진리들을 계속 확립해나갈 방법이 평생의 습관으로 마음에 새겨지는 시기는 청소년기다.

미에 관한 한 젊은이들은 거의 스스로 자신의 규범을 만들어내야 한다. 선에 관한 한 어른들이 지혜를 전해줄 수도 있지만, 청소년들은 자신의 도덕률을 뒷받침하는 이유들을 철저히 논하고, 그런 뒤 그것을 확장시켜 다른 사람들의 도덕률을 수용하거나 합칠 것인지의 여부를 결정할 필요가 있다. 진리에 관한 한 정규 교육의 역할이 가장 분명하고, 규칙적이고 신중한 개입이 가장 절실하다.

중요한 측면에서, 진리에 접근하는 수단은 연령대를 초월하여 언제까지나 유효하다. 아동들을 가르치는 사람은 지식에 접근하는 자신의 방법 그리고 자료를 이용하는 자신의 방법들을 최대한 두드러지게 남기길 원한다. 이와 마찬가지로 다음 장에서 자세히 설명하겠지만, 검증의 수단, 원천, 방식을 마음에 새길 필요는 평생 동안 항상적으로 유지된다.

그러나 청소년의 경우 두 종류의 지도가 특히 유용하다. 첫째, 원본 자료를 이용하거나 실제 실험을 통해 개별 사례들을 신중하고 자세히 연구할 수 있다. 예를 들어 역사에서 홀로코스트가 시작되기 전에 반제회의●에서 실제로 무슨 일이 있었는지를 보거나, 트로이 발견이나 로마제국의 건립에 관한 상반되는 설명들을 볼 수 있다. 과학에서는

● 1942년 1월 20일 베를린 교외 반제Wannsee에서 나치 독일 정권의 상급 관리들이 모여 유대인 문제를 최종 결정했다.

뇌 기능에 관한 지금까지의 다양한 설명들, 대륙들이 지금처럼 배치된 이유들, 연소의 원인 등을 조사해볼 수 있다. 또는 체계적이고 통제된 방식으로 실험 조건에 변화를 주면서 유명한 실험실 실험을 되풀이할 수 있다. 또한 인터내셔널바칼로레아 학교들●이 개발한 "지식 이론" 과정에서 볼 수 있는 것처럼, 학생들은 각기 다른 학과들이 사용하는 방법들을 직접 보고 그 방법들이 어떻게 서로 보충하거나 보완하는지를 깨달을 수 있다. 그런 조사는 청소년들이 여러 지식 분야들에 어느 정도 정통하고 그 분야들을 현명하게 비교할 수 있을 정도로 충분한 거리를 확보한 청소년 후기에 가능하다.

디지털 시대는 진리 학습에 어떤 영향을 미칠까? 과거와 현재, 과학과 마법에 관한 자료들, 유명인들이 15분의 막간에 세계무대에 서기까지 무명인으로 보냈던 시절과 약간 알려지게 된 시절의 자료들이 이렇게 많이 쏟아져 나오기는 역사상 처음이다. 그리고 위키, 블로그, 트위트 덕분에 다양한 부문의 명제들과 증거들이 하룻밤 사이에 또는 심지어 한 순간에 변할 수 있다. 장 프랑수아 리오타르나 찰리 로티가 쓴 포스트모더니즘 비평에 대해 들어본 적이 없는 사람들도 무엇이 진실이고 무엇이 아닌지를 확증할 가능성을 쉽게 포기하는 것도 놀라운 일이 아니다.

이 시기에 청소년은 디지털 미디어에 대한 지속적 태도를 확립할 가능성이 높다. 더 어린 시절에도 아이들은 폭넓은 샘플들을 조사하지만, 대개 무조건 받아들이는 태도를 취한다(그렇다고 말하면 무조건

● 국제 학력평가 시험인 International Baccalaureate를 인정하는 학교.

믿는다). 이제 청소년은 무엇이 타당하고, 무엇이 더 많은 증거를 필요로 하고, 무엇이 더 이상 주목할 가치가 없는지를 결정할 수 있는 수단을 확립해야 한다. 이와 마찬가지로, 아동들도 인터넷에 어느 정도 콘텐츠를 만들어 올리곤 하지만, 청소년들은 광범위한 소셜네트워크는 말할 것도 없고, 구체적인 취미나 관심사와 관련된 웹사이트, 포토사이트, 비디오사이트에 주요 활동자로 참여한다. 청소년들이 웹 2.0의 열린 기회들에 접근할 때 진실성에 초점을 맞추는지, 진리가치에 완전히 무관심한지, 그 중간인 "사이비 진실"의 어디쯤에 있는지는 본인에게나 그와 접촉하는 모든 사람에게 중요한 결과를 낳는다.

그렇다면 디지털 시대에 어떻게 청소년들을 진리 쪽으로 인도해야 하는가? 요약하자면, 증거를 모으고 결론을 이끌어내는 방법을 명확히 보여주는 것은 학과 전공자들과 전문가들이 할 일이다. 전문가들은(그리고 실은 우리도) 최대한 명확하고 투명해야 한다. 전문가들은 그들이 새로운 주장을 어떤 방식으로 평가하는지 그리고 새로운 주장을 기각하거나, 일시적으로 고려하거나, 진지하게 숙고하거나, 심지어 무엇이 옳은지에 대한 자신의 이해를 변화시킬 때 무엇을 근거로 그렇게 하는지를 명확히 밝혀야 한다. 예를 들어 흥미로운 주제에 관하여 어떤 책을 읽어야 할지를 생각할 때, 전문가는 출판업자의 평판, 저자의 실적, 평자들과 추천인들의 신뢰성, 그리고 책의 초반 중반 후반에서 발췌한 샘플 페이지를 고려한다. 과학자들이 논문을 평가하고, 변호사들이 증인을 평가하고, 저널리스트들이 정보원을 평가할 때에도 비슷한 기준을 적용한다. 진리는 편향이나 직감으로 결정할 문제가 아니라 증거에 대한 냉정하고 일관된 검토에 기초하여 신중하게 도달한 결론들로 이루어져 있음을 명확히 해야 한다.

디지털 미디어의 도래는 진리 확립의 기초를 흔들지 않았다. 학과 전공자들과 종사자들의 통찰, 연구 결과, 방법은 항구적이다. 그러나 시대적 유효성이나 최소한 관련성을 유지하길 원하는 전문가라면 자신의 연구 방법, 즉 무엇을 강조하고, 무엇을 제시하고, 무엇을 건너뛰거나 감출 것인가 등을 디지털 미디어에 비추어 재고해야 한다. 더욱이 청소년들을 가르치는 교육자라면 디지털 미디어를 어떻게 사용하는 것이 가장 좋은지, 진리 확립의 방법들을 어떻게 개조하여 "디지털 원주민들"에게 명확히 이해시킬 것인가 끊임없이 생각해야 한다.

물론 진리 확립은 전문가의 배타적 활동범위가 아니다. 때로는 전문가들도 잠깐씩 또는 꽤 오랫동안 틀리곤 한다. 때로는 지식과 경험이 훨씬 적은 아마추어가 전문가들이 놓친 상황을 발견하곤 한다. 그리고 재기 넘치는 젊은이들을 보면 항상 생각나듯이, 군중에게도 어떤 지혜가 있다. 디지털 미디어는 이 점을 극적으로 입증한다. amazon.com의 서평자 60명의 검토가 〈뉴욕타임스〉의 1면 서평보다 더 풍부하고 유익할 수 있고, 위키피디아는 때때로 〈브리태니커 백과사전〉보다 한 수 앞서곤 한다.[38]

우리는 결정적인 요점에 이르렀다. 이 모든 형태의 전문 지식을 합치고 여기에 관련성이 있는 보조 지식을 더할 때 우리는 실제 사태를 인식할 수 있는 가장 좋은 위치를 차지하게 된다. 그래서 디지털 시대에, 궁극적 진리들은 아닐지라도 중요한 수렴적 진리들이 출현할 가능성이 그 어느 때보다 높다.

과거의 집단들과 비교할 때, 오늘날의 청소년들은 해체된 세대

Fragmented Generation로,[39] 몇 년 사이에 아주 많은 것을 겪고 현실과 가상 세계에서 아주 많은 경험을 접했다. 적어도 어른들이 보기에 오늘날의 젊은이들은 본인들이 알든 모르든, 그리고 남들이 지적해줄 때 본인들이 고민하든 안 하든 간에, 흡수하지 못하고 체계화하지 못한 정보를 산더미처럼 품고 있고, 또 산더미처럼 만들어낸다. "접속"을 하는 순간부터 진리, 미, 도덕적 교훈의 가상 포화가 아이의 정신을 난타한다. 아이에게 타고난 성향이 있더라도 경쟁적으로 밀려오는 규범들에 압도당한다. 바로 여기에 왜 청소년들이 버락 오바마 대통령 같은 사람에게 끌리는지를 말해주는 단서가 있을지 모른다. 오바마 대통령은 출생, 주거, 믿음 체계가 교과서적으로 해체된 (그리고 그들처럼 스마트폰을 끼고 사는) 젊은 사람이지만 온갖 곤란을 무릅쓰고 이 파편들을 하나로 통일시키는 능력이 있음을 입증했다. 그러나 두말할 필요 없이, 우리는 (그리고 젊은 사람들은) 결코 버락 오바마가 아니다!

결국 존재감은 크지만 포스트모더니즘도 디지털 미디어도 세 가치의 적절한 형태로부터 청소년들을 떼어놓거나 막아서지 않음을 알 수 있다. 사실 앞에서 언급했듯이, 오히려 희망적인 징후들을 볼 수 있다. 미적 경험과 객체를 알아보는 멋진 개인화된 감각이 출현할 수 있고, 세계적으로나 국지적으로 타인을 대하는 방법을 이끄는 건전한 관념이 형성될 수 있고, 인내와 끈기를 겸비한 사람들은 강인한 진실감을 향해 꾸준히 그리고 자신 있게 나아갈 수 있다.

정신적으로 더 온건하진 않아도 신체적으로 더 건강한 세계 덕분에 21세기에 태어난 젊은이들은 대부분 성년까지 생존한다. 250년 전에 태어나 20대나 30대가 되었다면, 청소년기 이후의 변화들은 크지 않았을 것이다. 과학과 역사의 진리들은 지금처럼 빠르게 변하지 않았고, 뉴턴이 가장 높은 자리에 군림하고 있었다. 각 문화에 퍼져 있는 미적 감각은 시끄러운 논쟁을 빗겨나 비교적 평온하게 유지되었고, 칸트가 자신의 저작들에 마무리 손질을 가한 것처럼, 복잡한 사회의 필수 부분인 윤리적 긴장은 아직 분출하지 않고 있었다.

그러나 이제는 누구도 그렇게 가정할 수 없고 가정해서도 안 된다. 프랑스 대혁명, 마르크스 혁명, 컴퓨터 혁명 덕분에(좋아하는 것을 골라 보라!) 변화의 속도는 빨라졌고, 안정적인 장소와 시기는 빈도가 줄고 간격이 늘었다. 부모, 교육 기관, 사회가 젊은 세대에게 세 가치를 기존 형태로 강요한다면 이는 몸에 맞지 않는 옷을 억지로 입히는 셈이다. 우리는 젊었을 때 우리의 진선미 도식을 만들어내지만, 10년 뒤 그 도식은 반드시 도전에 부딪힌다. 그러한 트리오 가치가 성인기에는 어떻게 유지되는지에 대해서는 다음 장에서 살펴보고자 한다.

6.

평생 학습

TRUTH
BEAUTY
GOODNESS

나는 아직도 학습하고 있다.

— 미켈란젤로

■

오래 전에 아동기란 범주는 거의 존재하지 않았다. 중세의 초상화들은 아동을 무기력한 유아나 어른의 축소판으로 묘사했다. 1500년 이후 고전 지식의 재발견, 신세계로 들어가는 다양한 통로, (계몽운동은 아니지만) 개화된 교육 개념들과 더불어, 아동기의 기본 윤곽이 모습을 드러내기 시작했다. 코메니우스와 페스탈로치를 비롯한 교육자들, 루소와 비코를 비롯한 철학자들, 워즈워드와 디킨스를 비롯한 작가들은 아동기의 고유한 감수성을 탐구했다. 그러나 이제 아동기의 반대편 끝은 여전히 정체되어 있었다. 아동기의 연령대 및 단계들을 통과한 젊은 성인은 정점을 찍은 뒤 곧바로 긴(또는 길지 않은), 돌이킬 수 없는 쇠락에 접어들었다. 셰익스피어는 이렇게 표현했다.

여섯 번째 막으로 바뀌면
슬리퍼를 신은 수척한 광대노인,
콧잔등에 안경을 걸친 데다 허리에는 돈주머니를 차고
젊었을 때 아껴둔 바지는 줄어든 정강이에 견주어
너무나 볼품없이 통이 크구나. 사내다운 목소리는
가는 애들 목소리로 세 번이나 돌아가서
피리 소리와 휘파람 소리를 닮게 된다오.

이 별스럽고 파란만장한 인생사의 종막은
또 다른 유년기요, 망각일 뿐이라.
이도 다 빠지고, 눈도 안 보이고, 밥맛도 없어지듯
모든 것이 사라져버리지요.[1]

생활사를 단계별로 차등화하는 이 견해는 장 피아제의 도식[2]에도 뚜렷이 나타난다. 이 독창적인 심리학 사상가는 인지 발달을 일련의 단계들로 나누고, 청소년의 "형식적 조작 단계"를 정점으로 보았다. 형식적 조작기에 든 청소년은 한 상황의 모든 가능한 치환과 조합을 상상할 줄 안다. (체스 선수가 다음 수에 장군을 부를 수 있는 방법은 몇 가지인가?) 청소년은 또한 추상적 사고를 할 줄 안다. (충성을 맹세한 국민으로서 내 권리는 무엇이고 의무는 무엇인가?) 형식적 사고자는 세계를 명제로 묘사할 줄 알고, 각 명제들의 진실성을 평가할 줄 알고, 명제들을 짜 맞춰 하나의 통일적인 큰 틀을 만들 줄 아는데, 이는 과학자, 역사학자, 심리학자, 경제학자, 또는 체스 선수의 능력이 있음을 입증하는 셈이다. 이에 못지않게 강력하게, 형식적 사고자는 그런 체계화가 원칙상 또는 지금 당장 왜 가능하지 않은지를 보여줄 줄 안다. 윤리의 영역으로 넘어가서 형식적 사고자는 이웃 간 도덕성의 습관들을 초월하고 형식적 역할들, 즉 노동자, 전문직업인, 시민의 역할에 수반하는 책임들을 고려할 줄 안다.

그러나 피아제의 인지 도식을 처음 검토한지 수십 년이 지난 후에 학자들은 15세에서 18세까지가 인간의 인지적 정점이라는 생각에 이의를 제기해왔다. 심리학자들은 "후기 형식기적 사고post-formal thought"[3]

라 불리는 시기에 해당하는 인지 발달의 후속 단계들이 중요하다고 인정한다. 이 후기 단계들에서 진, 선, 미에 대한 새로운 태도와 이해가 싹틀 수 있고, 진리들이 더 굳게 확립될 수 있고, 미적 경험이 더 효과적으로 개인화될 수 있고, 개인들이 더 윤리적으로 확고하게 자신의 역할을 수행할 수 있다는 것이 나의 주장이다. 게다가 (셰익스피어의 시대는 말할 것도 없고 피아제의 시대보다도 훨씬 더 길어진) 우리의 기대 수명과, 세계에서 해마다 일어나는 수많은 변화들을 감안할 때, 세 가치를 수십 년에 걸쳐 최적의 방식으로 유지하는 것은 대단히 중요하다.

실제로 이 수명 연장은 많은 기회를 불러들인다. 순수한 인지적 차원에서 이제 우리는, 청소년들은 통일적인 사고 체계들에 의거한 생각을 이제 막 시작했다고 믿는다. 예를 들어 정치의 영역에서 사회주의, 파시즘, 대의민주주의에 대한 어느 정도 포괄적인 이해에 의거해 생각하는 것이다. 물론 청소년은 하나 또는 그 이상의 체계의 가르침에 능통해야 한다. 그러나 이와 대조적으로 여러 체계를 생각하는 능력(메타체계적 사고), 또는 체계들을 비교하는 능력(예를 들어, 국가사회주의 대 민주사회주의)은 추가적인 인지 발달을 기다린다. 그런 설비는 만일 갖춰진다 해도 20대에 들어서야 진가를 발휘한다. 수학능력시험에 나오는 사실들로 무장한 고등학교 3학년생과 일반 시험을 준비하는 대학원생의 차이를 생각해보라. 그것은 "정보 격차"가 아니라 조직적 사고의 격차다. 성년이 되어서야 개인은 여러 학과들과 기술들에 포함된 명제적·실용적 진리들을 이해하고 비교할 수 있고, 적절히 종합할 수 있다.[4]

인성과 대인관계의 영역에서도 청소년기 이후에 비슷한 발전이 출현한다. 조숙한 경우라도 청소년의 세계관은 자기중심주의에 물들어 있다. 세계가 (때로는 오로지) 자신의 현재 관심사를 중심으로 돌아가는 것처럼 보인다는 의미에서다. (나만 빼고 모두 그 댄스파티에 가는 건 아닐까? 내가 그 인턴 자리를 위해 모두와 경쟁하고 있는 건 아닐까? 학교 전체, 또는 온 세상이 나를 지켜보고 있는 건 아닐까?) 발달의 후기 단계에 이르면 개인의 탈중심화 능력은 훨씬 더 커진다. 자신의 의제를 한발 물러나 바라보는 능력, 다른 사람들을 이해하고 그들의 목표 달성을 도와주는 능력, 한발 양보하여 다른 사람들의 독립을 더 많이 허락하거나 격려해주고 정당한 공적이 돌아갈 수 있게 해주는 능력이 증가한다. 최상의 시나리오에서 그런 발달은 말년까지 지속되어, 다양한 분야에서 성숙한 판단, 효과적인 리더십, 책임 있는 관리, 더 나아가 지혜로 완성된다.

이제 성인 발달의 "단계 이론"은 이런 추세들을 반영한다. 한때 학자든 문외한이든 사람들은 아동기 이후의 삶을 단지 청소년기, 성인기, 노년기 등 3단계로 구분하고 만족했다. 오늘날에는 부상하는 성인기(또는 연장된 청소년기)라는 단계를 널리 인정하고 있다.[5] (장성한 자녀들이 아직도 집에서 살고 있지 않은가? 그 아이들은 아직도 일주일에 몇 번씩 조언과 도움을 구하지 않는가?) 노년 초기의 단계도 마찬가지다(활동적 은퇴기[65~75세]). 그리고 많은 사람들이 50~75세의 시기인 성인기의 "제3 단계"를 인정하고 있다.[6] 이 단계에서 젊은 시절의 야망을 성취하고 한계를 인정하게 된 성숙한 어른은 새롭고 종종 단호히 친사회적인 방식으로 세계와 적극적으로 관계를 맺으려고 노력한다. 생활사의 다른 어느 시기보다 이 시기에 개인은 몇몇 영역에 걸쳐 다양한 진리들을 이해하고, 자신의 독특한 미적 감각을 세련되게 다듬고, 일터, 투표소, 도심 광장에서 발생하는 골치 아픈 윤리적 문제들을 민감하고 현명하게 처리할 수 있는 잠재력과 시간을 더 많이 갖고 있다.

내가 언급한 흐름들은 최소한 중년기까지, 혹은 대단히 행복한 환경이라면 60세나 70세 또는 그 이후까지 이어지는 지속적인 발달을 가리킨다. 이런 추세들은 인간의 심리만을 반영하는 게 아니다. 갈수록 늘어나는 증거가 보여주듯이, 우리의 몸과 뇌는 청소년기 이후에도 수십 년 동안 계속 성장하고 적응할 수 있다. 그러나 이런 발달은 단지 가능성이고, 결코 필연이나 명령이 아니라는 점을 분명히 해야 한다. 수십 년 동안 계속 발달하는 개인이 수백만 명이라면, 분명 20대 중반에 발달의 정점에 도달해버리는 개인은 헤아릴 수 없이 많다. 그런 개인들은 정체되어 있고, 현재의 (종종 허약한) 이해와 사고방식을 유지하거나 적극적으로 성장을 거부하거나 심지어 더 원초적인 사고 및 행동 양식으로 퇴행하는 것에 만족한다.

성인기(뒤에서는 후반기라 부를 것이다)에도 지속되거나 심지어 확장되는 그런 주체 의식을 전부 개인의 소관으로 돌리는 태도는 솔직하지 못하다. 불운이 희망적인 삶의 흐름을 가로막을 수 있다. 만일 가족을 먹이고 입히기 위해 지루한 한 직장에서(또는 똑같이 고되기만 한 두세 직장에서) 하루에 12시간씩 일해야 한다면, 어떤 측면이든 개인적 발전을 도모할 시간이 부족할 것이다. 만일 절대 복종을 명령하는 종교적 환경이나 사회적 환경에서 살고 있다면, 이런저런 압력들이 쌓여 그 개인을 과거처럼, 이웃들처럼, 또는 이웃들의 겉모습처럼 묶어

둘 것이다. 만일 정신적으로나 육체적으로 허약한 체질을 물려받았다면, 계속 성장하고 변하고 발전하려는 노력을 끌어올리거나 유지하기가 더 어려울 것이다. 그럼에도 우리는 훌륭한 본보기에서 힘을 얻을 수 있다. 시어도어 루스벨트는 신체적 장애를 극복했고, 윈스턴 처칠은 학습 장애를 극복하고 오랫동안 점점 더 활기차게 살았으며, 훨씬 더 극적인 삶의 주인공인 헬렌 켈러는 시력과 청력이 없었음에도 인간의 조건에 대한 깊은 통찰을 획득하고 세상에 나눠주었다. 최근에는 엄격한 이슬람 사회에서 자란 여성들이 가혹한 중매결혼을 피해 죽음과 부상의 위험을 무릅쓰고 탈출하여 새로운 세계에서 혼자 새로운 삶을 시작하는 인상적인 예들을 볼 수 있다.[7]

성장을 제한하는 일부 요인들은 본인이 통제할 수 없다. 인류학자 클로드 레비-스트로스는 빙하의 속도로 변하는 "차가운 사회"와 자주 또는 항상적으로 소란에 빠지는 "뜨거운 사회"를 구분했다.[8] "차가운" 고대 이집트와 20세기의 "뜨거운" 중국을 비교해보라. 이집트에서 의미 있는 정치적 변화는 수백 년에 걸쳐 일어난 반면, 20세기의 중국은 순식간에 제국에서 공화국으로, 전체주의 공산 정권으로, 사회주의와 자본주의의 독특한 혼합체로 변했다. 끊임없이 변하는 환경에서 개인은 분명 변화, 발전, 성공의 더 큰 기회를 만나게 된다.

물론 변화가 항상 쉬운 것은 아니고 반드시 바람직한 것도 아니다. 인간관계에는 대안적 시나리오들이 존재한다. 전통적인 "차가운" 사회는 몇몇 강한 유대가 인간관계를 지배하는 특징이 있다. 개인들은 소규모의 친족, 이웃, 친구를 깊이 알고, 이 확고한 사회망에 장기적으로 의존한다. 이와 정반대로 현대의 "뜨거운" 사회들은 그런 깊은 유대를 무시하거나 낮춰 보는 동시에 그보다 훨씬 약하고 유연한 수많은 유대들을 선호한다.[9] 그런 사회의 거주자들은 훨씬 더 많은 개인을 알지만, 어쩔 수 없이 훨씬 더 피상적으로 안다. 그들은 이 개인들과 수많은 방식으로 접촉할 수 있지만, 단지 산발적으로 접촉할 수밖에 없다. 전통 사회는 몇 장의 가족사진들, 추억거리들, 오래된 가재도구들이 탁자나 책상 위에 수십 년 동안 자리를 지키는 게 특징이다. 반면에 현대 사회는 빠르게 회전하는 커다란 롤로덱스(명함정리기), 개인용 디지털 기기에 저장된 다량의 데이터베이스, 그리고 좋아하는 소셜네트워크 사이트에 저장된, 수백까진 아니어도 수십에 달하는 항목이 특징이다.

의문의 여지없이 급속히 변하는 세계에서 다수의 약한 유대를 이용하는 능력은 결과적으로 유리할 수밖에 없다. 그런 유대는 훨씬 더 많은 정보와 경험을 접하게 할 뿐 아니라, 각기 다른 형태의 진리들을 비교하고, 자신의 고유한 독특한 감각을 발전시키고, 복잡한 윤리적 도덕적 딜레마 앞에서 명확히 생각하고 책임 있게 행동할 기회를 열어준다. 비교적 낮은 온도에 머물러 있는 사회에서 과도한 유연성은 장애 요인이 될 수 있지만, 유연성이 크다는 것은 "뜨거운" 사회에서 분명 생존의 한 특징이 된다.

"뜨거운" 사회에서 태어나 성장한 사람들은 어린 시절부터 변화에 더 익숙해지고, 그래서 끊임없이 이어지는 큰 현실적 변화를 처리하고 예상하고 좋아하게 될 가능성이 더 높다. 이와 동시에 깊고 친밀하고 장기적인 유대의 약화나 상실은 개인적으로 고통스러울 수 있음을 우리는 인식해야 한다. 게다가 행복 지수와 신뢰 지수는 사람들 사이에 그런 강한 연결고리를 유지하고 있는 사회가 더 높은 경향이 있다. 그러나 오늘날의 세계적 흐름을 볼 때, 분명 사람들은 빨리 변하는 비교적 "뜨거운" 환경에서 생존하는 능력, 그리고 세 가치의 생명력 있는 형태에 도달하는 능력을 갖출 필요가 있다.

아주 큰 붓으로 묘사하자면, 역사의 거의 전 기간 동안 대부분의 사회에서 진, 선, 미 개념은 비교적 합의에 기초하고 있었다고 말할 수 있다. 우리의 관점에서, 진리들은 새로 출현하기보다 안정적으로 확립되어 있었고, 미는 개인화되기보다 전통에 의존했고, 개인들 간의 소란스러운 문제는 이웃 간 도덕성으로 판결하거나 그냥 내버려 두었다. 개념의 변화는 서서히, 때로는 감지할 수 없을 정도로 미세하게 일어났다. 수백 년 동안 유럽에서는 그리스도와 성모마리아의 초상화가 시각 예술가들의 일차적 관심사였다. 게다가 세 가치를 합치려는 경향이 종종 고개를 들었다. 진리로 여겨지는 것이 또한 아름답고 선했으며, 그 역순을 함축하는 노력도 유행했다.

우리는 너무 큰 붓놀림에 만족하고 있을 수가 없다. 먼 과거에도 세 가치에 대한 견해들은 불변하지 않았다. 때때로 변화는 히브리 민족의 모세나 진나라의 시황제 같은 강력한 지도자의 머리에서 나왔고, 때로는 대흑사병, 리스본 대지진, 만년설의 융해 같은 대재난의 결과로 발생했다. 그리고 문화적 만남과 충돌, 전쟁무기, 정복자의 약탈, 패자의 적응도 종종 자비로운 변화와 가혹한 변화를 함께 발생시켰다. 물론 모든 변화가 영구적이진 않다. 문명은 앞으로 행진할 뿐 아니라 제자리로 굴러가기도 한다. 헨리 애덤스가 사랑했던 중세(한때 암흑시대로 불렸다)는 앞뒤로 수백 년 동안 존재했던 문명들보다 훨씬 덜 역동적이었다.

역사의 거의 어떤 시대도 변화의 속도와 결정력에 있어 우리 시대와 비교할 수가 없다. 35세 이상의 사람들은 거의 다 베를린 장벽의 붕괴, 시장 자본주의와 짝을 이룬 서구 민주주의의 놀랄 정도로 짧은 헤게모니, 9/11 공격의 충격, 허리케인 카트리나와 남아시아의 쓰나미 같은 자연 재해들, 2008년 가을의 세계 금융위기, 2년 뒤 멕시코만의 기름유출 사고를 생생히 기억한다. 일단 영구적이고 결정적인 것처럼 보였던 상황들, 예를 들어 냉전, 미국 국경의 신성불가침, 금융시장 본연의 자연 치유력 같은 상황들도 가차 없는 사실들과 요인들을 거역하지 못했다. 아프가니스탄, 이란, 이라크, 이스라엘, 폴란드, 루마니아, 베네수엘라 같은 나라들은 물론이고 비교적 조용한 영국과 미국의 주민들도 10년 단위로 완전히 다른 선악 개념에 맞닥뜨렸다. 그리고 이전 시대의 핵심 가치와 관습에 도전하는 예술가 집단들의 경우, 항구적이거나 불변하는 심미안을 유지하려는 노력은 항상 물거품이 될 운명을 피하지 못할 것으로 보였다. 이 변화들은 광속으로 일어났을 뿐 아니라, 이전 시대들과 대비하여 거의 즉시 개인들에게 알려지게 되었다. 1997년 8월 31일 사건이 발생한지 이틀 만에 전 세계 성인의 98퍼센트가 다이애나 왕세자비의 죽음을 알게 되었다.

그렇다면 선악의 변화무쌍한 변신처럼 급속한 변화들이 일어나는 지형은 초기 발달과정과 초기 학습단계들을 일찌감치 통과한 개인들에게 어떤 영향을 미칠까? 한때 사람들은 늙은 개에게 새로운 재주를 가르칠 수 없고 중년의 사람에겐 아예 꿈도 꾸지 말라고 생각했다. 그러나 오늘날 새로 군림한 상투어, 평생 학습은 상투어 이상의 의미가 되어야 한다. 학습은 더 이상 아동기와 청소년기에 편중된 짐이 아니라, 평생의 특권이자 의무가 된다. 과학계의 오랜 믿음과 정반대로 이제 성인의 신경계에도 유연성과 가소성이 있어 새로운 신경 연결망이 형성될 수 있음을 우리는 알고 있다.[10] 뿐만 아니라 새로운 지식, 취향, 가치의 습득을 억제하는 생물학적 요인이 있다고 생각할 이유도 거의 없다.

그러나 평생 학습은 최상의 환경에서도 실천하기 어렵다. 어떤 형태로든 학문에 발을 담그고 있는 사람들에게 지속적인 학습은 더 쉬워 **보인다**. 어쨌든 우리 주변에는 교사, 학생, 커리큘럼, 강좌, 책, 컴퓨터, 도서관, 인터넷 같은 온갖 교육 수단들이 가득하다. 학습은 말 그대로 자신의 손이나 이웃들의 손이 닿는 곳에 있다. 그러나 우리 모두는 학문의 세계에도 정체된 사람들, 견해가 굳어버린 사람들, 바람과 조수와 언어의 변화가 안중에 없는 사람들이 있음을 알고 있다. 그리고 자신의 전문분야에서 성장한다고 해도 다른 영역들에서는 충분히 마비 상태로 남아 있을 수 있다. 때때로 사람들은 익숙하지 않은 분야에서 성장하거나 깊이를 더하려고 노력조차 하지 않는다. 때로는 용기 있게 노력하지만 새로운 분야에서의 성장이 매우 어렵다는 걸 알게 된다. 우리는 노벨상이나 여타 유명한 상의 수상자들을 찬탄하고 존경할 수 있지만, 그들도 새로운 과학, 예술, 기술에서는 좀처럼 돋보이는 성과를 내지 못한다.

평생 학습의 길을 가로막는 또 다른 장애물이 있는데, 심지어 정신적인 삶을 누릴 수 있게 축복받은 사람들에게도 큰 장애물로 다가온다. 대학이나 대학원 과정을 연장하고 강의, 시험, 학위를 하나씩 늘리면 평생 학습은 더 쉬울지 모른다. 그러나 겉으로 잘 다져진 길에도 지그재그 구간을 만나는 경우가 아주 많다. 특정한 학과나 기술의 진리들을 정복한 사람은 대개 한 우물을 계속 파는 것이 간편하다고 느낄 것이다. 그러나 학과들은 쪼개지고, 합쳐지고, 재배열하면서 근본적으로 변할 수 있다. 더구나 결정적으로 오늘날 많은 연구들이 더 이상 학과에 기초하지 않는다. 많은 연구들이 (적당히) 문제 중심적이고, 그래서 학제적 지식을 필요로 하는 동시에, 다른 학과의 사람들뿐 아니라 다른 문화의 사람들과 유창하고 융통성 있게 협력하는 능력을 필요로 한다. 이런 경계 확장은 결코 만만찮은 일이라, 성공한 학제간 연구의 명백한 사례보다는 학제적 연구의 중요성을 주장하는 목소리가 더 많다. 그리고 다학문적 연구가 성공할 때, 그것이 왜 성공했고 다른 사람들이 그 성공을 어떻게 반복하고 따라 할 수 있는지 아주 불투명할 때가 많다.

그렇긴 해도 최대한 폭넓은 관점에서 얘기할 때, 교육제도 안에서나 밖에서 성인들이 자신의 뜻에 따라 학습의 끈을 계속 유지하기가 훨씬 더 쉬워진 것은 사실이다.[11] 구식, 신식, 기계식, 전자식, 디지털을 망라한 유비쿼터스 미디어 덕분에 그런 접촉이 가능해졌다. 인터넷과 웹을 정기적으로 사용하는 사람, 블로그를 유지하거나 읽는 사람은 누구나 새롭고, 주목할 만하고, 변화하는 것들을 마음껏 접할 수 있다.

물론 정보의 범람은 한 점 부끄럼 없이 좋은 것만은 아니다. 많은 사람들이 종종 자신의 한계 이상으로 압도당하는 느낌을 경험한다.[12] 종합이 새로운 명령이 되었다.[13] 다시 말해 온갖 크기, 형태, 형식의 정보를 모으고 잘라내고 체계화하는 능력, 그 과정을 무한히 반복하는 능력이 지상 과제가 되었다. “종합하는 마음”은 방대한 정보를 흡수할 줄 알고, 무엇에 주목하고 무엇을 무시해야 하는지를 결정할 때 믿을 만한 기준을 적용할 줄 알고, 부분들을 계속 유지할 수 있도록 잘 결합할 수 있는 능력을 보이고, 그런 다음 속세와 연을 끊은 은자가 아니라면 그 종합의 골자를 효과적이고 기억할 만한 형식으로 다른 사람들에게 전달할 줄 안다. 사실 우리는 방금 유효한 종합이란 도전 과제를 이해하기 시작했을 뿐 아니라, 대부분의 사람들에게 그것을 현실로 만들어줄 수 있는 디지털 교육 수단을 개발하기 시작했다. 그 혜택은 나이에 상관없이 이 과정을 먼저 시작한 사람들에게 돌아갈 것이다. 이상적이라면 새로운 정보를 흡수하고 저장하는 젊은 능력과 어른들의 잘 연마된 판단 및 평가 능력이 결합하는 것이다.

불가피하게 어떤 사람들은 정보, 지식, 양질의 종합에 다른 사람들보다 더 쉽게 접근한다. 그러나 세계의 진행 상황을 따라잡을 것인지 말 것인지를 결정하는 것은 결국 개인의 몫이다. 개인의 지속적인 발전은 주로 그가 하루하루 자신의 시간을 어떤 종류의 환경에서 보내기로 결정하느냐에 달려 있다. 개인은 동일한 친구 집단에 머물거나 새로운 친구들을 찾아 나설 수 있고, 같은 사람들과 게임을 하거나 새로운 파트너와 기회를 찾을 수 있고, 같은 예술작품을 계속 찾아가거나 새로운 예술작품을 찾아낼 수 있고, 같은 대화를 계속 되풀이하거나 그런 틀에 박힌 언어와 대인관계를 의도적으로 우회할 수 있다. 특히 디지털 시대에 개인은 자신의 견해와 취향과 도덕률에 일치하는 사이트들을 주로 방문하거나, 새로운 사이트들, 특히 새로운 틀을 반영하고 새로운 문제를 제기하는 사이트들을 선택할 수 있다. 민주적인 사회라면 어느 누구도 개인에게 이런 식단을 강요하지 않는다. 모든 책임은 당사자의 몫이다.

자신의 낮과 밤을 어떻게 쓸 것인지에 대한 개인의 선택은 여러 요소들에 의해 결정된다.[14] 예를 들어, 현재의 일자리를 유지할 (또는 더 매력적인 자리로 갈아탈) 필요성, 건강을 유지하거나 재정 상태를 끌어올리고자 하는 욕구도 중요한 요소지만, 책임 있는 시민이 된다는 목표, 친구관계를 유지하거나 새로운 친구관계를 찾고, 가까운 친구들에게 나의 가치들을 알리고, 나보다 나이가 많든 적든 더 현명하든 현명함이 부족하든 존경하는 사람들과의 대화에서 나 자신의 호기심을 풀거나 유지하려는 탐구심도 중요한 요소들이다. 진, 선, 미를 추구하는 것이 자신의 목표라고 드러내놓고 말하는 사람은 거의 없을 것이다. 그러나 평생 학습은 이 중요한 차원들을 우회하려야 할 수가 없다.

먼저 진리를 살펴보자. 일과 삶의 영역 안에는 틀림없이 더 많은 실용적 진리들이 있을 것이다. 내 경우를 말하자면 논문이나 책을 쓰고 출판하는 데 필요한 것들이 지난 수십 년 동안 여러 번 변했다. 그래서 만일 1970년대 초에 했던 것처럼 계속했다면 나는 성공에 거의 다가가지 못했을 것이다. 나는 "발표하고 나서 서평을 기다리곤" 했지만, 이제는 내가 마음먹고 사전 행동에 나서지 않으면 아무에게도 주목받지 못하고 영원히 기다리게 될 것이다. 변화의 속도가 비교적 느린 교육 분야에서도 뚜렷한 변화들을 느낄 수 있다. 나는 가끔 슬라이드를 곁들이고 가끔 농담을 곁들이면서 한 시간짜리 강의를 하곤 했다. 이제 나의 강의는 대부분 세미나 형식이고, 강의를 온라인에서 볼 수 있고, 중간에 토론과 파워포인트 프레젠테이션이 충분히 들어가고, 학생들이나 내가 필요할 때마다 웹에 접속한다. 또한 생산 과정뿐 아니라 일터의 정치학도 끊임없이 변하고 있으며, 현재 널리 공유하고 있는 믿음들은 과거의 믿음과 다르고, 동결되어 수십 년 뒤까지 남지도 않을 것이다. 이는 과거의 모든 지식이 덧없이 사라진다는 말이 아니다. 어떤 실용적 명제적 진리들은 시대를 초월하여 저술과 출판, 청소년 교육, 간호, 영업, 고객 관리에 계속 통용된다. 그 영구적 진리들을 소중히 간직하는 것은 새로운 진리에 열린 마음을 유지하는 것만큼이나 중요하다.

그러나 직업 분야가 진리들이 변하는 유일한 분야도 아니고 심지어 가장 눈에 띄는 분야도 아니다. 세계의 진행 상황에 관심이 있는 사람이라면 누구나 (물론 우리의 지속적인 혼란과 함께) 우리의 증가하는 집단 이해를 따라잡을 필요가 있다. 몇몇 과학에서 새로운 연구 결과가 봇물처럼 쏟아져 나오고, 역사 개정은 시대적 요구가 되었다. (경제학, 심리학, 문학평론도 변화의 흐름을 빗겨가지 않고 있으며, 또한 빗겨가지 않아야 한다!) 우리는 남북전쟁이나 1차 세계대전(당시에는 대전Great War이라 불렀다)이나 냉전을 조부모 세대만큼 이해하지 못한다. 과거와 우리 시대 중간에 존재하는 이해의 심연이 훨씬 더 넓고 깊은 분야가 있다. 우주의 탄생, 나이, 크기에 관한 우리의 초보적인 지식에서부터, 유전물질의 성질과 유연성, 그리고 초기 사람과科의 진화 과정에 이르는 과학의 분야들이다. 심지어 과학을 수행하는 방법도 엄청나게 변하여, 요즘 연구 프로젝트는 수십 명이나 심지어 수백 명의 연구원, 절대

영도에 가까운 온도나 음속보다 훨씬 빠른 속도를 재는 실험, 나노 차원의 기술, 컴퓨터 이전에는 상상할 수 없었던 방대한 시뮬레이션 등을 포함한다. (과학의 표준화 검사 항목들이 거의 변하지 않았다면, 그것은 과학 자체의 안정성보다 검사 고안자들과 더 깊은 관계가 있다.) 새로운 진리들의 화려한 행진을 따라잡기는 쉽지 않지만, 그런 시도를 통해 개인은 세계를 여러 측면에서 더 잘 이해할 수 있는 가능성을 만난다.

두말 할 필요 없이(적어도 이 책에서!), 우리는 진리들에 다가가는 노력을 계속해야 한다. 한 명의 성인이 이 목표에 성공할 수 있는지의 여부는 어떤 요인들이 결정할까? 우선 어느 곳에서든 그리고 기존의 소중한 믿음과 충돌할 때에도, 진리 추구에 전념하는 자세가 필요하다. 이를 위해 지식을 유지하고, 새로운 연구 결과를 지켜보고, 그 결과들을 냉소적이 아니라 비판적으로 평가하는 것이 극히 중요하다. 어떤 분야에서는 이 "따라잡기"가 간헐적으로 중단될 수 있다. 그러나 수십 년에 걸쳐 생물학 분야들을 따라잡기 위해 노력해온 사람으로서, 나는 "따라잡을" 수 있는 희망이 조금이라도 있다면 지속적으로 경계심을 유지해야 한다고 증언할 수 있다.

실용적 진리에 대해서도 마찬가지로 경계심을 유지해야 한다. 실용적 진리는 글로 표현될 가능성이 더 낮지만, 실험실, 일터, 작업실에서의 변화들은 매우 빠를 수 있고, 특히 고도의 테크놀로지 시대에는 대단히 극적인 변화가 일어날 수 있다. 종종 실습생이 몇몇 측면에서 스승보다 더 "현재적"일 수 있다.

바로 여기에 우리 시대 성인발달의 중요한 차원이 놓여 있다. 이전 시대라면 어른들이 정치적 카드뿐 아니라 지적 카드를 거의 독점하고 있었다. 그러나 이제 더 이상 그렇지 않다! 오늘날 여러 면에서 젊은이들은 지적인 활력과, 세 가치에 걸친 귀중한 전문 기술을 함께 갖추고 있다. 나이가 많고 더 현명하다고 여겨지는 사람이라도 (자식이든, 손자든, 학생이든, 실습생이든) 젊은이들과의 접촉에서 귀를 기울이고, 지켜보고, 배우는 게 좋다. 그러나 그 관계는 호혜적이고 보완적일 필요가 있다. 진리 추구에 전념하는 자세 그리고 사소한 것과 중요한 것을 구분하는 능력에 관해서는 어른들이 젊은이들에게 많은 것을 줄 수 있고, 그것이 어른들의 의무가 된다.

미의 영역에서도 변화는 거스를 수 없는 흐름이다.[15] 그러나 여기에서 변화는 훨씬 덜 단선적이다. 예술 양식들이 더 복잡하고 난해한 쪽으로 거침없이 돌진하는 시대가 지나면, 단순한 것, 정직한 것, 뚜렷이 통속적인 것을 선호하는 반응이 거의 필연적으로 고개를 든다. 그러나 그 반응의 형식은 예측하기 불가능하다. 시각예술에서 미니멀리즘, 팝아트, 전통적 리얼리즘은 모두 추상적 표현주의의 난해함에 대한 (가능하고 실질적인) 반응이었다. 음악에서도 미니멀리즘, 극단적 규칙성, 퓨전 음악, 제3의 조류,• 노골적인 낭만주의는 모두 음렬음악(12음 기법)의 복잡함에 대한 (가능하고 실질적인) 반응이었다.

성인발달은 우리의 개인성, 즉 우리가 모든 개인들 또는 어떤 개인들과 닮은 측면들뿐 아니라 그와 마찬가지로 그리고 더 중요하게, 우리가 다른 모든 개인들과 어떻게 다른지를 알아보게 해준다. 이 통찰은 폭넓은 개인들과의 경험 그리고 그 경험의 성격에 대한 지속적이

• third stream. 클래식과 재즈의 융합.

고 주의 깊은 성찰을 통해 증가한다. 특히 미의 영역과 마주치는 경험이 대표적이다. 예술과 관련하여 우리는 음악, 문학, 영화, 시각 분야를 막론하고 다른 사람들이 좋게 생각하고 심지어 사랑하는 작품들을 인정할 수 있다. 그러나 그와 동시에 우리 자신의 특수하고 심지어 독특한 취향, 우리의 개인화된 미적 감각을 이해하고 소중히 여기게 될 수 있다. 나는 이 성장을, 예술작품에 관한 모든 소중한 경험(그리고 이 문제라면, 자연과의 만남)을 갈무리하고 풍부하게 주석을 단 개인적인 포트폴리오의 꾸준한 확대 과정으로 보고자 한다.

40대에 들어서면 인간의 마음은 완전히 새로운 미적 기준을 흡수하기가 극히 어렵다는 흥미로운 주장들이 있다. 성향은 뼈처럼 경화한다. 구체적으로 설명하자면, 만일 당신이 50대 서양인이고 아시아 예술을 접한 적이 없다면 인도의 레게음악, 중국의 수묵화, 발리의 춤을 진정으로 이해할 수 없다는 것이다.

엄밀한 의미에서 이 주장은 결코 사실이 아니다. 라디오 시대에 대중의 사랑을 누렸던 코미디언 잭 베니의 농담과는 달리 서른아홉이라는 나이는 신성할 이유가 전혀 없다.[16] 게다가 아주 많은 것이 개인의 이전 경험(경험의 폭, 경험의 지속성)과 변화에 대한 개방성에 달려 있기 때문에, 이 개인적 차이들이 발달적(발달 단계에 따른) 차이나 코호트 차이(출생 장소나 년도에 따른 차이)를 무마시킨다.•

그러나 나이 많은 과학자들이 점점 더 새 패러다임을 받아들이기 어려운 것처럼(심지어 막강한 앨버트 아인슈타인도 겉으로 보기엔 괴상하

• cohort. 통계 인자를 공유하는 집단을 뜻하는 사회학 용어.

지만 설득력이 높은 양자역학의 진리들을 수용하지 못했다), 나이 든 눈과 귀는 눈에 뜨일 정도로 새로운 예술 장르를 쉽게 받아들이지 못한다. 나는 그렇지 않다. 세련된 눈과 귀는 새로운 형식을 충분히 흡수할 수 있고, 더 나아가 그 새로운 형식이 왜 훌륭한지, 왜 젊은 비평가들과 젊은 관객들을 홀리는지를 말로 표현할 수도 있다. 그러나 직관 차원에서, 느낌 차원에서, "설렘" 경험의 깊이 차원에서, 40대, 50대, 또는 70대의 사람이 지금까지 알고 사랑했던 표현방식에서 크게 벗어난 음악, 영화, 문학, 춤, 그림, 조각을 쉽게 수용하거나 즐겁게 감상하기는 사실 어려울 수 있다. 예를 들어 컴퓨터로 생성한 그림이나 전자 음악처럼 완전히 새로운 예술 영역은 특히 어려울 것이다. 그 무렵이면 미적 감각의 기본 경향이 이미 고정되어 개조하기가 갈수록 어려울 수 있다. 바로 이 때문에 라디오 방송의 "추억의 노래"와 오래된 클래식 필름은 젊었을 때 거기에 빠졌던 사람들에게 최면과도 같은 힘을 발휘한다.

취향 변화를 가로막는 한계들은 선천적인 성향과는 거의 관계가 없다. 개인이 좋아하게 되는(또는 싫어하게 되는) 장르는 특수한 역사적 시기에 한두 문화에서 획득하는 본인의 경험에 거의 전적으로 달려 있다. 그 기준은 주어지는 것이 아니라 떠오른다. 그러나 주로 나이와 반복에 의해 일단 자리를 잡으면 이 기준은 갈수록 개조하기가 어렵다. 우리의 인지 체계뿐 아니라 감정 체계에도 싸움을 걸어오기 때문이다.

이는 수긍할 만한 뉴스지만, 최종 선고는 아니다. "새로운 것"에 대한 반감의 증가가 반드시 치명적일 필요는 없다. 앞에서 주장했듯이,

예술의 세계에서 넘어야 할 중요한 과제는 차이를 알아보는 능력이다. 만일 내가 새로운 예술 형식, 매체, 장르의 차이를 알아보지 못한다면 나는 분명 그에 대해 유의미한 말을 하지 못한다. 그러나 만일 내가 중요한 차이들을 식별할 줄 알게 된다면(사람이든 전자 기기든 어떤 원천, 어떤 종류의 도움도 환영한다), 나는 중요한 선을 넘은 셈이다. 그리고 어쩌면 그 결정적 차이에 주목하는 단계에서 그것을 즐기고 갈망하는 단계로 넘어갈 수도 있다. 앞에서 나는 화가 안젤름 키퍼와 작곡가 엘리엇 카터의 작품들과 관련하여 경험했던 "설렘의 변화"들을 더듬어 설명했다.

예술적 감수성의 변화는 관객뿐 아니라 예술가에게도 영향을 준다. 작곡가 이고르 스트라빈스키는 수십 년 동안 동시대 작곡가 아르놀트 쇤베르크가 개척한 12음 기법을 대놓고 경멸했다. 그러나 스트라빈스키보다 훨씬 젊은 당대의 지휘자 로버트 크래프트는 계속해서 스트라빈스키에게 새로운 12음 기법을 접하게 했다. 그리고 쇤베르크가 사망하자마자 놀랍게도 스트라빈스키는 이 힘든 장르의 음악을 작곡하기 시작했고, 세상에 나와 다시금 활발한 작곡 활동에 돌입했다. 이는 미의 영역에서 노소가 힘을 합쳐 강력한 결과를 만들어낸 예이다. 이 글을 쓰는 지금 엘리엇 카터는 100세를 넘겼지만 여전히 힘차고 아름다운 곡들을 만들고 있다. 그는 지난 수십 년 동안 수많은 음악적 경로를 열었고, 이제 자신의 두 번째 세기에서 그 경로들을 확장하고, 종합하고, 심지어 의미심장하게 변화시키는 능력을 발휘하고 있다. (위대한 진화생물학자 언스트 메이어는 90대에 5권의 저서를 발표했다.) 소설가 필립 로스, 시인 W. B. 예이츠, 화가 게르하르트 리히터, 안무가 머스

커닝엄도 후기 작품들로 당대의 관객을 감동시킨 예술가들이다. 세계를 향해 열린 마음을 유지하고 자신의 창조 수단을 잘 관리한다면, 미학적 성장을 가로막는 결정적인 장벽은 나타나지 않을 것이다.

성인발달에 관한 고찰에서 도덕과 윤리는 논쟁의 단골 주제로 등장해왔다. 근래에 도덕성 발달의 대표하는 학자 로렌스 콜버그는 도덕적 판단의 정점을 생애 3번째 10년으로 보았다.[17] "인습 이후" 단계에서 젊은 성인은 스스로 도덕적 문제를 해결하고, 지배적인 규칙과 규제가 부당하다고 여겨지면 그에 반대할 줄 알고 기꺼이 반대하며, 자신의 입장에서도 기꺼이 결과를 수용하고 마하트마 간디, 마틴 루터 킹 2세, 아웅 산 수 치, 류 샤오보, 넬슨 만델라 같은 도덕적 전형들이 보여준 시민 불복종 운동에 참여한다.

그러나 우리의 연구들이 입증하는 바에 따르면, "선의 영역"과 관련된 태도는 훨씬 더 점진적으로 발달하고, 일생 동안 계속 성장하고 심화할 수 있다. 이 영역에서도 이웃 간 도덕성과 역할 윤리의 차이를 존중할 때 명확성이 증가한다.

이웃 간 도덕성과 관련하여 우리는 중요한 새 명령들을 발견할 수 없고, 발견을 기대해서도 안 된다. 이웃들에 대하여 규정되고 금지된 행위들은 수천 년에 걸쳐 서서히 발전해왔으며 기본적인 측면들은 변하지 않는 경향이 있다. 사기, 거짓말, 절도, 상해, 살인은 모두 여전히 금기로 남아있다. 그러나 이웃 간 도덕성의 수단과 범위는 끊임없는 협상을 거치고 있음이 분명하다. 나는 지금까지 살아오면서 나의 충성심이 인종 집단의 경계(아동기에 펜실베이니아 주 북동부에 거주하는 독일-유대인계 가족들)를 넘어 훨씬 더 넓은 영역으로 확장되는 것을 보았다. 그리고 그 변화와 확장은 현재까지 계속되고 있으며 내가 살아 있는 한 계속될 거라고 믿는다. 한때 자신과 다른 민족적, 인종적 배경이나 다른 성적 지향성을 가진 사람들을 멀리 했던 사람들이 나이가 들어 더 이상 그러지 않는 경우를 많이 볼 수 있다. 세계 많은 지역에서 의사종분화pseudospeciation의 경향,[18] 즉 어떤 집단들은 실제로 사람과에 속하지 않고 그래서 동일종으로 취급할 가치가 없다는 믿음은 급격히 쇠퇴하고 있다. 그러나 이 수용적 추세가 돌이킬 수 없는 흐름이라고 본다면 순진한 생각이다. 유형화와 낙인화는 여전히 사건이나 선동으로 불타오를 수 있는 강력한 인간 성향이다.

"역할 윤리"는 상황이 매우 다르다. 변화가 시대의 유행이고, 많은 사람을 지속적으로 뒤흔든다. 전문직들이 생겨났다 사라지고, 신문 저널리즘처럼 한때 안정적이었던 전문 분야가 몇 년 또는 몇 달 사이에 크게 변한다. (1993년 〈뉴욕타임스〉는 〈보스턴글로브〉를 인수하기 위해 10억 달러 이상을 지불했지만, 2011년 이 신문사의 가치는 몇 분의 1로 하락했다.) 새로운 전문직들이 출현하고, 여러 전문직이나 학과로 구성된 팀이 거의 일반적 표준이 된다. 이 변화된 전문 환경에서 어떻게 행동해야 하는지 그리고 무엇을 믿어야 하는지는 지속적인 변화의 한 원천이 되어야 하지만, 많은 경우에 지속적인 혼란의 원천이 되고 있다. 예를 들어, 24/7로 돌아가는 뉴스 사이클 속에서 저널리스트는 정보원을 확인할 시간을 어떻게 낼 수 있을까? 유명한 웹사이트에서 어느 치료법이 효과가 없다고 선언했다면 의사는 습관적으로 추천하던 그 치료법을 거부해야 할까? 인터넷으로 어느 콘텐츠라도 쉽게 전송할 수 있는 시대에 변호사들과 대리인들은 지적 소유권을 어떻게 다뤄야 할까? 심지어 올바르게 행동하길 열렬히 바라는 전문가들도 당황과 혼란에 빠질 수 있다. 만일 우리 연구 팀이 그들을 도우려 한다면 각각의 전문분야에 맞는 끊임없이 변하는 "툴키트"가 이상적인 도구일 것이다.[19]

내 분야인 심리학에서 일어난 빠른 변화들을 생각해보자. 40년 전 내가 선생님들에게 뇌 손상이 인지에 미치는 영향을 연구하는 것이 대단히 중요할 것 같다고 말했을 때 선생님들은(난 아직도 그 분들을 존경한다) 내가 시간만 낭비할 거라고 말했다. 뇌 연구나 신경계 손상을 연구해봤자 인간 마음에 관한 중요한 사실을 밝혀내기는 거의 불가능하다는 것이었다. 30년 전 내가 연구지원 단체에 인지신경과학이라는 새로운 분야를 지원하라고 제안하자 그 단체는 내 말을 즉석에서 무시했다. 오늘날 어떤 사람도 그렇게 어리석은 태도를 취하지 못한다. 명백히 잘못된 태도이다. 심리학은 이미 인지과학에 자리를 내줬고, 인지과학은 인지신경과학은 물론이고 인지사회신경과학을 비롯한 여러 하위 학과들에게 밀려나고 있다.

거의 어떤 사람도 이 부상하는 학과들에서 발생하는 윤리적 문제를 예상하지 못한다.[20] 신경계가 발달 중에 있는 어느 개인(심지어 태아나 신생아)에게 학습 장애가 발생할 위험이 있음을 암시하는 정보가 뜻하지 않게 새어나온다면 어떻게 해야 할까? 특히 그것이 효과적인 치료법이 전혀 알려져 있지 않은 장애라면? 대학 입학시험을 준비하고 있는 부유한 학생의 주의력이나 기억력을 크게 향상시킬 수 있는 값비싼 약을 개발하고 판매하는 것을 우리는 어떻게 생각해야 할까? 아동의 운동 적성을 향상시킬 수 있는 유전공학 기술을 권하는 것은 적절할까? 남을 돕거나 평가하거나 가르치는 전문직에 종사하는 사람은 누구라도 이런 딜레마에 부딪힐 수 있고 곧 부딪힐 것이다. 그러나 내가 아는 한 이런 난제에 대면하도록 도와주는 길잡이(대학원의 강좌, 신경윤리학이나 생명윤리학)는 거의 전무하다.

이상적인 조건이라면 역할 윤리는 생활사의 전 과정에 걸쳐 발전한다. 일터에서 젊은 성인은 일차적으로 상사와 가족에 대한 책임을 생각하고, 중년의 성인은 조직에 대한 책임과 자신이 몸담고 있는 전문분야의 핵심 가치들을 더 폭넓게 생각하고, 우리가 "수탁자"라 부르는 중년의 성인은 해당 전문분야의 전체적인 건전성 그리고 그 분야와 더 큰 지역사회와의 관계에 부분적인 책임을 진다. 이와 동일한 발전 과정이 시민성 영역에서도 진행될 수 있다. 젊은 성인은 일차적으로 자신의 동네나 도시의 관점에서 생각하고, 나이가 들어감에 따라 자기 자신을 더 큰 집단의 시민으로 생각하고, 최고조에 이르면 자기 자신을 지구 전체의 시민으로 생각할 수 있다. 이를 위해 도덕과 윤리의 영역에서 경험의 포트폴리오를 짜 맞추고 여기에 주석을 달아가며 끊임없이 확대하고 심화할 수 있다면 매우 유용할 것이다.

'선'과 관련하여 우리는 또 다시 노소가 생산적으로 힘을 합칠 수 있는 가능성을 만난다. 새로운 연구 분야는 거의 항상 젊은 학자들과 종사자들의 몫이다. 그들은 새로운 영역의 기술적인 속사정을 잘 안다. 그러나 그들의 경험이나 이전의 역할 모델에서는 새 분야에서 발생하는 "선의 딜레마들"에 대처할 도움을 얻기가 어렵다. 반면에 나이 든 사람들은 새로운 전문직이나 학과의 기술적 지식이 없거나 부족할 수 있다. 그러나 충분히 만족스러운 경우라면 이 장년들은 윤리적 수

령에 대한 경계심을 늦추지 않고, 다른 오래된 영역들에서 필요한 사례들을 끌어와 이용할 줄 아는 동시에 겉으로 비슷해 보이지만 더 이상 비교할 수 없거나 관련이 없는 예들을 가려낼 줄 안다. 예를 들어 히포크라테스 시대의 의학윤리에서 찾은 방법과 본보기로 유전학 상담이나 신경교육학처럼 새로 부상하는 분야에서 발생하는 문제의 해결 방침에 유용한 단서를 제공할 수 있다. 이와 마찬가지로 고대 아테네의 아고라에서 형성된 언행의 양식들이 오늘날 민사소송과 관련된 문제에도 적용될 수 있다.

현재 우리는 (인지, 사회성, 감정의) 발달이 일생 동안 지속될 수 있음을 알고 있지만, 그런 발달이 확실하거나 쉽지 않다는 점을 인정해야 한다. 관심 분야들에서 벌어지는 상황을 따라잡고, 그 사건들의 의미를 숙고하고, 자신의 이해를 갱신하고자 꾸준히 노력하는 것은 대단히 중요한 조치들이다. 진리의 영역에서든 미 또는 선의 영역에서든 우리는 아무리 편하다 해도 낡은 사고방식과 행동방식을 경계해야 하고, 처음엔 아무리 불편하고 위협적이더라도 새로운 사고방식과 행동방식에 열린 자세를 유지해야 한다. 구세대와 신세대의 태도와 전문성은 다른 방식으로 서로를 보완할 것이다.

포스트모더니즘이란 말을 입 밖에 내지 않거나 새로운 디지털 미디어에 의존하지 않고 계속 달려간다 해도, 일생 동안 생산적 학습을 계속한다는 건 만만치 않은 도전이고, 또한 "물 잔에 물이 절반 찬" 집단의 사람에겐 매력적인 기회일 수 있다. 모든 사람이 평생 학습을 위해 노력하진 않는다. 많은 사람들이 자신의 참호에 틀어박혀 있거나 안락의자에 누워 만족한다. 또 노력하는 사람이 모두 성공하는 것도 아니다. 독학으로 공부하거나 자력으로 연구하는 어느 전문가가 새로운 높이에 도달했다고 자평하지만 사실은 바닥으로 추락해 있을 때 우리는 실소를 금하지 못한다! 그리고 (어쩌면 기특하게도) 신경계는 자신이 무엇이 잘못되었는지 모르기 때문에, 우리는 지식과 유행에서 남보다 앞서려는 자신의 노력이 실패했다는 깨달음을 면제받는다.

디지털 원주민이 아닌 사람들 그리고 새로운 미디어로 오고가는 정보의 속도, 유형, 전달의 변화들을 따라잡지 못하는 사람들에게 지속적인 학습은 훨씬 더 큰 도전으로 다가온다. 우리는 새로운 미디어를 정복한 사람들, 최신의 요령들을 알고 가장 유행하는 "어플들"을 사용할 줄 아는 사람들, 훨씬 더 빠른 속도로 지식을 결합하고 종합할 줄 아는 사람들보다 갈수록 뒤쳐질 위험이 있다. 이는 마태효과("빈익빈 부익부")가 극명하게 드러나는 분야들 중 하나다.[21] 디지털 지능을 가진 사람들에겐 많은 것이 주어져 있는데, 더 많은 것이 있는 자일수록 더 많은 이익을 거머쥐게 된다. 임마누엘 칸트는 250년 전 쾨니히스베르크를 걸어 다니면서 역사상 최고의 수수께끼들을 사유했지만, 정보의 흡수와 체계화에 있어서는 오늘날 성능 좋은 휴대용 기기로 무장한 조숙한 청소년과 어깨를 견줄 것이다.

나이든 사람들은 디지털 미디어를 외면하는 쪽을 선택할 수도 있다. 물론 기술적인 면에서나 실질적인 면에서 세계에서 벌어지고 있는 상황의, 대부분은 아니어도 많은 부분을 놓칠 위험이 있다. 나이든 사람들이 새로운 디지털 미디어에 뛰어들면 자신의 세계관이 큰 도전에 직면하는 것을 느낀다. 인터넷에서 우리는 진리를 자처하는 진술의 과잉, 온갖 종류의 도덕적·윤리적 규약과 관습, 미적 경험을 끌어내거나 끌어내지 못하는 끊임없이 변하는 미적 표현의 홍수를 만난다. 확고한 진리, 보편적 윤리, 미적 합의를 추구하는 노력은 물거품이 될 운명에 있거나 적어도 끝없이 퇴락하고 있는 것처럼 보인다.

그러나 새로운 미디어를 조사하거나 서핑하는 노력에서 성인은 이익을 얻기도 한다. 지식과 기준을 갖춘다면 성인은 새로운 미디어를 통해 방대한 지식을 소화할 수 있다. 주장들과 반론들의 성격, 전문지식의 다양한 형태들, 그리고 이해 자체의 본질 변화를 이해한다면, 나이든 사람들은 절대적 진리나 궁극적 진리의 측면에서가 아니라 그보다는 진리를 향해 수렴하는 데이터나 정보의 측면에서, 진실성을 판단할 수 있는 유리한 위치를 점할 수 있다. 그리고 이때, 청소년기 이후에 출현하는 능력들, 즉 체계적인 사고 능력, 자기 자신의 의제를 뒤로 미루는 능력은 나이든 사람에게 큰 이익을 안겨준다.

미적 경험 그리고 윤리적 선택에도 동일한 추론이 대체로 적용된다. 새로운 디지털 미디어는 이해하고 평가해야 하는 사물들과 사건들을 끝도 없이 들이민다. 처음에는 사람이 압도될 수 있다. 그러나 생애 초기의 준비가 결국 막대한 이익을 낳을 수 있다. 그 준비에는 이전의 경험들을 잘 다듬어 비축한 (유형이든, 가상이든, 기억이든) 모종의 포트폴리오가 포함되어야 한다. 미의 경우 그 포트폴리오는 아름답다고 느낀(또는 교훈 차원에서, 아름답지 않다고 느낀) 경험들로 구성된다. 선의 경우 그 포트폴리오는 (성공적으로 헤쳐 나갔거나 그렇지 못한) 윤리적 딜레마들에 대한 경험으로 구성된다. 깊은 사색에 기초한 판단은 개인의 향상된 미적 감각으로 이어질 수 있고, 일터와 여러 시민 영역들에서 보다 신중하고 견실한 행동으로 이어질 수 있다.

이 글을 쓰는 지금, 존경하는 스승인 존 가드너(나와 혈연이 아니다)의 훌륭한 지적이 생각난다. 가드너는 "혼란스럽지 않은 마음"을 가진 한 동료에게 찬사를 보냈다. 오늘날 최신 미디어와 기술에 접근하면 빠르게 받아들이고 흡수하는 능력에 도움이 될 수 있다. 그러나 그런 능력은 시각, 목적, 방법의 명료함을 대신하지 못한다. 가능한 한 모든 정보를 흡수하고, 그 정보를 최선의 방법으로 체계화하되, 정말로 중요하고 가치 있는 것이 무엇인지 그리고 그 지식을 '선'을 위해 어떻게 쓸 수 있는지를 시야에서 놓치지 말라. 여기에서도 또 다시, 나이든 사람들, 특히 이전 경험의 포트폴리오를 관리하고 주기적으로 성찰하는 성인들은 다음 세대에게 가치 있는 관점을 제공할 수 있다.

디지털 미디어의 출현은 특히 디지털 이민자라 불리는 사람들에게 갑작스럽고 극적으로 보일 수 있는 반면에, 포스트모던의 관점은 수십 년 전부터 공기 중에 떠돌아다니고 있었다. 그 결과 대부분의 성인들에게 포스트모더니즘은 덜 놀랍고 덜 음험하다. 아동기에는 포스트모던의 관점이 위협적으로 다가오지 않는다고 나는 주장해왔다. 아이가 진리에 대한 회의주의에 자주 접한다 해도(예를 들어, 포스트모던한 가정에서 산다 해도!) 그 회의주의는 대체로 큰 힘을 발휘하지 못한다. 어쨌든 용어와 개념을 충분히 이해하지 못하고서 진이나 미나 선을 거부하는 것이 무슨 의미가 있겠는가? 그리고 더 나아가, 연구자들이 이해한 것처럼 아동기 중반의 인지적 과제는 진, 선, 미와 관련하여 사회의 견해들과 일반적 통념들(진선미의 세부 측면들, 그 구체적 형태들, 그 적들)을 있는 그대로 학습하는 것이다.

트리오 가치에 대한 어떤 합의라도 청소년기에는 도전에 시달리기 마련이다. 물론 전체주의 사회나 근본주의 사회가 그런 도전을 금지하지 않는 상황에서다. 10대들은 세계를 있는 그대로가 아닌 다른 방식으로 생각할 줄 아는데, 이 인지적 진보는 사회적 통념이 자동적으로 "통과"되지 않음을 의미한다. 이 때문에 항의성 가두행진은 15세 청소년들에게 흔하고, 5세 아동이나 50세 성인에겐 매우 드물다. 나이가 들어감에 따라 생계를 유지하고, 가족을 부양하고, 노화 및 질병의 침입과 싸워야 하는 현실이 전면에 부상한다. 현 상태에 도전하는 사치는 선택받은 소수의 몫이 된다. 물론 그 소수에게 표현의 자유가 허락되어 있다는 조건에서다. **문제아**enfant terrible가 되는 구성원들이 있다면, 지루한 노인네 대열에 진입하는 구성원들도 똑같이 존재한다. 윈스턴 처칠의 유명한 경구처럼, "젊은이가 20세에 사회주의자가 아니라면 심장이 없는 것이고…… 40세에 보수주의자가 아니라면 머리가 없는 것이다."

(오늘날 진리 결정이 얼마나 어려운지에 주목하라. 내가 인터넷에서 이 인용문을 찾을 때 조르주 클레망소, 벤자민 디즈라엘리, 데이비드 로이드 조지, 조지 버나드 쇼, 우드로 윌슨도 같은 취지의 말을 한 것으로 나왔다. 분명 그것은 민주주의 사회에서 사는, 정치의식을 가진 중년 서양 남성에게서 나왔다고 쉽게 짐작할 수 있는 말이다. [특히 조지(조르주)라는 이름을 가진 사람들!] 그러나 내가 옳다면, 우리는 결국 이 말의 취지가 아니라 이 말의 저자를 찾아낼 줄 알아야 한다.)

구세대와 신세대 모두에게 "포스트모더니즘"은 삶의 일부가 되었다. 포스트모더니즘은 관련 저작을 읽은 사람이든 관련 단어를 들어본 적도 없는 사람이든 모든 연령의 사람들에게 영향을 미치고 있다. 바닥에 내동댕이쳐도 다시 고무의 원상태를 회복하는 보보 인형처럼 포스트모더니즘 속에 담긴 유보조항들과 반전들은 영구적으로 억압하기가 불가능하다. 오히려 디지털 미디어 덕분에 포스트모더니즘의 회의적 견해들은 과거보다 더 집요해졌다. 성인들이 누릴 수 있는 장점 하나는 그런 비판에 익숙하고 그래서 그것을 큰 관점에서 볼 수 있다는 것이다. 진리의 가능성 자체에 대한 도전은 한동안 10대를 사로잡지만, "거기 있었던" 사람들은 큰 걸음으로 수월하게 뛰어넘을 수 있다.

포스트모더니즘 비평이 미와 선이라는 가치들과 교차할 때 성인들에겐 무슨 일이 일어날까? 미과 관련하여 "취향의 문제에 있어서는 논쟁이 없다"고 선언하기가 너무 쉬워진다. 그러나 그럴 때 사람은 저마다 어떤 이유로든 아무 것이나 좋아할 수 있고, 적법성은 물론이고 개인들 간에 합의가 생겨날 가능성조차 전무하다는 씁쓸한 결론만 남는다. 예술과 오락에 관한 한 사람들은 항상 제 손으로 투표할 수 있다. 다시 말해 어느 행사에 참석할지, 어느 객체를 살지, 언제 무대 위에 향기로운 꽃다발을 던지거나 썩은 토마토를 던질지를 스스로 결정한다. 그러나 특히 나이가 들면 가치가 있을 수도 있는 새로운 객체와 경험을 무시하고, 단지 습관의 동물이 되어 같은 예술가, 같은 작품, 같은 극장, 심지어 같은 좌석만 계속 좋아할 위험이 존재한다.

바로 여기에서 새로운 디지털 미디어가 도움이 될 수 있다. 오늘날 사람들은 무엇이 아름다운가에 대한 수백, 수천 또는 수만 건의 비평에 쉽게 접근할 수 있다(그리고 당신이 좋아하는 어떤 평가 서술어로도 그것을 대체할 수 있다). 사실 우리는 개인들이 무엇을 높이 평가하고 그 이유는 무엇인지에 대한 그들의 생각을 하나하나 만날 수 있고 때로는 남김없이 접할 수 있을 것처럼 여겨진다. 게다가 개인의 미적 사고방식에 대한 다른 사람들의 영향 그리고 개인의 기호에 관여하는 내장된 신경망은 개인이 좋아하게 될 객체와 경험의 식단을 꾸준히 제공한다. 개인의 현재 만족지수는 올라갈 수 있다. 그러나 우리는 이 인간 또는 컴퓨터 "불평가들"이 자신의 기호를 조금 확장할 수 있도록 신중하게 교육시켜야 한다. 다시 말해, 좋아할 가능성이 90퍼센트인 품목들을 제시해줄 뿐 아니라, 평균 타율은 낮지만 의식을 넓혀주고 세로토닌 분비를 끌어올리고 몰입 가능성을 높여주는 보상 요인들이 딸려 있는 품목들도 제시해야 한다. 그럴 때 개인들은 저마다 새로운 미적 가능성에 대해 얼마나 개방적이거나 폐쇄적인 태도를 취할지를 선택할 수 있다.

미적 감각의 지속적 발달은 예술적 가치 개념의 지속적 확장에 의존한다. 앞에서 주장했듯이, 고전적인 의미에서든 어떤 의미에서든 미는 예술작품의 결정적 요소가 아닐 수 있다. 흥미, 형식의 기억성, 경외를 유발하는 잠재성 같은 자질들도 똑같이 유효한 동인들이다. 개인의 쾌감 지대는 개인이 보다 관용주의적인 자세를 취할 때 만족스럽게 확장될 수 있다. 물론 모든 기준을 포기하는 비굴함, 즉 "뭐라도 좋다"는 결론, 모든 미적 판단이나 가치 판단을 거부하는 상태에 빠질 위험이 상존한다. 다행히 수사적 태도는 한없이 강력할 수 있지만, 현실에서 그런 입장은 불가능하다. 인간으로서 우리는 선택을 하고, 기호를 정립하고, 때때로 기호를 바꾼다. 그러므로 최대한 현명하고 개방적인 자세로 나아가는 편이 좋다.

새로운 미적 경험에 마음이 열려 있는 한 성인들은 미의 영역에서 만족스러운 결과를 기대할 수 있다. 만일 성인들이 새로운 미디어를 이용해 낯선 예술작품을 탐구하고, 칭찬과 비판을 폭넓게 조사하고, 그런 뒤 한 걸음 물러나 자신의 판단을 형성할 열의가 있다면, 진정한 형태의 개인화된 미적 감각이 형성될 가망은 높아진다. 여기엔 어떤 새로운 인지 능력도 필요치 않으며, 새로운 경험에 자발적으로 다가가는 행위는 어린 나이에 시작되고 제약이 없으면 무한히 계속될 수 있다. 다만, 온전한 자아를 (남들이 봐주기를 바라는 모습이 아니라 개인의 실제 모습을) 분명히 보고 타인들과의 유사점과 차이점을 **함께** 식별하는 능력이 개인의 미적 감각의 토대를 이룬다. 그리고 열린 마음을 유지하는 한 미적 감각은 지속적으로 변하고 향상될 수 있다.

다음으로, "도덕과 윤리, 포스트모더니즘의 도전에 직면하다"라는 표제를 고찰해보자. 대부분의 관찰자들에게 포스트모더니즘의 도전은 넓은 의미의 도덕 영역과 관련하여 가장 두드러지게 보인다. 가장 어리석은 사람들을 제외하고 누구나 알겠지만, 어떻게 살아야 하는가, 어떤 경계들을 존중해야 하는가, 종교, 혼전 섹스나 혼외 섹스, 성적 기호, 일부다처, 피임, 사형, 안락사, 집단 책임, 그밖의 여러 "뜨거운 쟁점들"과 관련하여 무엇이 적절한지에 대하여 사람들, 집단들, 문화들은 매우 다른 견해를 갖고 있다. 심지어 구체적인 공동체나 국가 (논의를 위해 예를 들자면, 두바이나 폴란드나 코스타리카) 안에 합의나 거의 합의된 것처럼 보이는 견해가 있어도, 단지 국경을 넘거나 바다를 건너기만 하면 무엇이 옳은지, 무엇이 용인할 수 있는지, 무엇이 금기

인지에 대해 근본적으로 다른 견해를 가진 문화나 하위문화와 똑바로 마주치게 된다.

이 현저한 차이들을 처리하는 방법은 개인과 사회마다 극명하게 다르다. 그 범위는 탈레반 같은 근본주의 집단이 보여주는 반항적인 편협성에서부터 스칸디나비아 사람들의 매우 관용적인 태도에 이르기까지 (적어도 여러 문화에서 흘러든 이민자들 때문에 거짓말 같은 스칸디나비아의 관용이 사상초유의 시험에 직면하기 전까지) 매우 넓다. 어느 무슬림 가족의 가장은 미혼의 딸이 의도적이었든 강제적이었든 스칸디나비아 남자와 성 관계를 맺었다는 이유로 그 딸을 죽인다.[22] 자신을 변호하는 자리에서 그 아버지는 이 살인 행위가 자신의 깊은 종교적 믿음에 기초했고 실제로 종교적 명령에 따른 것이며 그래서 북유럽의 사회적 관행에 도전하게 되었다고 설명한다. 또한 이웃 간 도덕성의 관습은 시민성에 대한 가장 보편적인 견해와 정면으로 충돌한다. 그리고 물론 주류 사회 안에서 개인들의 반응은 심지어 한 가족 안에서도 다르다.

다른 영역들에서처럼 윤리와 도덕의 영역에서도 개인들은 생애 후반에 자신의 생각을 바꿀 수 있고 또 실제로 바꾼다. 개인적인 예를 들자면, 나는 언론의 자유가 최고로 중요하고 언론은 원하는 대로 발표할 수 있고 또 발표해야 한다고 믿었다. 2005년 어느 네덜란드 신문에 이슬람을 조롱하는 일련의 만화가 실렸다. 반응은 신속했다. 몇몇 이슬람 도시에서 폭동이 일어났고, 사람들이 목숨을 잃었으며, 그 불미스런 만화가와 그 출판을 허락한 편집자는 심각한 위협에 시달렸다. 이 맹렬한 결과를 보고 나는 생각을 바꾸게 되었다. 나는 이제 언론은 불필요하게 선동적인 자료를 발표해서는 안 된다고 믿는다. (위의 경우에 종교 지도자와 종교적 도상을 조롱하는 만화가 그에 해당한다.) 언론은 자신의 견해를 자유롭고 정직하게 표현할 줄 알아야 하지만, 선동적인 시각 이미지와 희화화된 그림이 아니라 모호하지 않고 분명한 언어를 사용해야 한다. 앞에서 언급했지만, 언론의 자유는 지금도 중요한 가치이며, 저널리즘이란 전문분야의 핵심 가치다. 그러나 공리주의적 또는 결과주의적 관점에서 나는 또한 어떤 경우에 언론은 자기검열을 실천해야 한다고 믿는다. 이 문제에서 보편적인 윤리 원칙은 도덕성의 보다 전통적이거나 편협한 형태에 자리를 내준다.

(물론 인터넷이 지배하는 이 시대에는 모든 이미지가 유통될 수 있고 그것을 막을 방도는 없다. 그래서 책임 있는 언론과 그밖의 "무책임한" 언론의 구분을 도입할 필요가 있다. 내가 수정한 윤리에 따르면, 책임 있는 언론은 모든 견해를 계속 발표할 수 있지만, 불필요하게 선동적이지 않은 방식을 유지하려는 특별한 노력을 기울여야 한다.)

세 가치와 관련하여 생각을 바꿀 가능성은 생활사 전체에 걸쳐 계속 중요하게 남는다. 생각이 깊은 성인으로서 우리는 자신의 생각을 쉽게 바꿔서는 안 되고, 특히 지식이 넓은 개인들 사이에 폭넓은 합의가 자리 잡고 있거나 자신이 오랫동안 특정한 견해를 유지해온 문제들에 대해서는 더욱 그렇다. 그와 동시에 우리는 근본주의적 태도도 피해야 한다. (앞에서 지적했듯이, 이 책에서 근본주의라는 단어는 엄격한 종교적 믿음을 가리키는 것이 아니라, 어떤 주제에 대하여 또는 모든 주제에 대하여 자신의 생각을 바꾸지 않기로 작정한 것을 가리킨다.) 근본주의적 사고를 바꾸려고 노력하는 것은 시간낭비에 불과하다. 완전히 다른

가정에 전념하기로 공언한 사람이기 때문이다.[23]

개인이 마음을 굳게 닫는 경우는 세 조건이 충족될 때이다. (1) 특정한 견해를 오랫동안 고수해왔다. (2) 그 견해에 강한 감정적 또는 정서적 요소가 포함되어 있다. (3) 그 견해에 대해 공식적 입장을 취해왔다. 반면에 어떤 관점이 비교적 새롭고, 뿌리 깊은 감정이 수반하지 않고, 그것을 개인적으로 유지해온 것이라면, 생각의 변화는 더 쉽게 일어난다.[24]

개인들, 집단들, 문화들은 어느 분야에서 생각의 변화가 쉽고 어느 분야에서 생각이 보다 완고해지는지가 제각기 다르다. 진리 판단은 대체로 당면한 분야에 달려있다. 진리 판단은 본인이 잘 모르는 지식 분야일수록 생각을 바꾸기가 쉽고(예를 들어 초끈 이론에서 끈의 개수는 몇 개인가, 중국의 어느 현악기에서 특별한 소리를 어떻게 내는가), 개인이 더 잘 알고 그 주제들이 자신의 삶에 큰 영향을 준 분야에서는 상대적으로 어려울 것이다. 일반적으로 미적 판단과 경험이 가장 쉽게 변한다. 개인이 널리 알려진 예술가나 비평가가 아닌 한, 타인과의 관계가 보다 적게 걸려 있기 때문이다.

반면에 도덕과 윤리 영역은 침범하고 변화시키기가 가장 어려울 것이다. 그 견해들은 고집스럽게 존속하고, 강한 감정적 색깔을 띠고, 특히 개인이 다른 사람들을 책임지게 될 때 공식적으로 견해를 밝혀야 하는 경향이 있다. 도덕적 가치는 개인이 오랫동안 강한 감정적 유대를 맺고 있는 종교적 입장의 중요한 부분일 때가 많다. 도덕의 울타리 안에서 생각의 변화를 촉발하거나 조장하기 위해서는 매우 극적인 사건이 필요하다(예를 들어, 호모포비아가 자신의 자녀 중 누군가가 동성애자라는 사실을 알게 되는 경우).

그러나 때때로 윤리적 문제에 관한 생각의 변화는 그보다 작은 개입으로도 가능하다. 때때로 우리는 신분이 아주 다른 사람을 만나고 좋아하게 된다. 함께 시간을 보내는 과정에서 우리는 점차 그 사람이 나와 아주 다른 견해를 갖고 있음을 깨닫는다. 그럴 때 상대방의 생각이나 심지어 양자의 생각을 변화시키기 위해 대화를 나누기도 한다. 로버트 라이트는 그런 만남을 "도덕적 상상력"의 실행으로 묘사한다.[25] 다시 말해, 남의 입장이 되어 생각하는 능력을 발휘하는 것이다. 전쟁이 휩쓸고 간 사회에서 평화와 화해 위원회는 인간적 교류의 이 가능성에 기초한다. 그런 공감의 가능성은 나이가 들면서 쇠퇴할 필요가 없고, 바람직한 경우에는 오히려 세월과 함께 꽃을 피울 수 있으며, 특히 개인이 타인의 경험에 계속 경계심을 유지한다면 그럴 가능성은 더욱 높아진다. 두 전직 대통령 존 애덤스와 토머스 제퍼슨이 바로 그런 경우였다. 두 사람은 오랜 적이었지만 수십 년이 지나는 동안 서로 화해하고 갈수록 자주 의견을 일치시켰다.

생각의 변화에 마음을 열어야 할 이유가 하나 더 있다. 거의 모든 사람이 때때로 틀린 생각에 빠진다. 금융시장은 반드시 제자리를 찾는다는 합의된 생각은 겉으로 확고해 보이지만, 1백 년이 채 안 되는 동안 금융시장은 몇 번의 대혼란을 겪었다. 냉전의 종말이 민주적 자본주의의 승리를 의미한다는 믿음과 달리 오늘날의 세계는 국가 자본주의가 지배하고 있다. 나는 유명한 언어학자 노엄 촘스키에게서 들은 말을 잊지 못할 것이다. "나는 어떤 것에 대한 다른 누구의 말도 함부로 받아들이지 않는다."[26] 자신이 틀렸거나 남들이 틀렸던 경험들이 쌓이면 진실에 대한 대안적 설명들을 더 쉽게 고려할 수 있다. 겸손과 유연성은 나이와 특별한 상관성이 없다. 겸손과 유연성은 본인이 훼손하거나 계발할 수 있는 자질들로 이루어진다.

오늘날 대부분의 사람들은 이전 시대보다 더 긴 수명을 누린다. 그리고 다양한 명제, 경험, 가치에 노출되는 폭도 그 어느 때보다 넓어졌다. 유연한 마음, 개방된 마음을 가진 사람들은 전반적으로 뚜렷한 혜택을 누리는 반면, 성모나 하나님 아버지의 말은 아니어도 부모가 일러준 말 하나하나에 집착하는 사람들은 불리한 위치에서 벗어나지 못한다. 자신의 마음이 어떻게 작동하는지를 알고 탐구 방법이 명확하지 않은 경우에 메타인지적 지식을 구성할 줄 아는 사람들 역시 뚜렷한 혜택을 누린다. 마지막으로 보다 객관적인 거리를 유지하는 사람들은 역설적으로 자신에게 특별히 적합한 방식들을 더 잘 이해할 수 있다. 그들은 또한 젊은 세대에게서 무엇을 배울 수 있고 젊은 세대에게 무엇을 전달해줄 수 있는지를 더 좋은 위치에서 결정할 수 있다.

지금까지 주장한 것처럼, 우리 시대는 젊은 세대와 기성세대가 서로 존경하고 보완하는 위치에 설 수 있는 마당을 펼쳐놓았다. 청소년들과 젊은 성인들은 일반적으로 새로운 미디어에 정통하다. 그들은 또한 다양성, 상대주의, 회의주의 같은 포스트모더니즘 개념들이 지적 환경에 스며든 세계에서 성장했다. 이에 비해 성인들은 전문 분야, 미의 영역, 노동과 공공 영역에서 판단을 내린 경험이 훨씬 풍부하다. 게다가 특히 자신의 학습을 축적하고 계속 유지해온 성인이라면 트리오 가치에 대한 판단의 안정성으로 젊은이들의 더 큰 열정과 학습 능력을 보완해줄 수 있다. 함께 노력할 때 두 세대는 서로를 압도하기보다 미디어와 다양한 종류의 현대적 사고를 정복하는 방향으로 나아갈 것이다.

그런 보완성과 상승작용은 고무적인 열정을 의미한다. 그러나 조만간 모든 인간은 자신의 죽음을 이해해야 한다. "정말로 진지한 철학적 문제는 단 하나, 바로 자살이다"라는 작가 알베르 카뮈의 말은 과장일지 모른다.[27] 그러나 자신이 어느 순간에라도 죽을 수 있고 기이한 상황에 부딪히면 후손들보다 먼저 죽을 수 있다는 진실을 무시한다면 참으로 어리석은 사람일 것이다. 초기 성향들은 일찌감치 지나가고, 그 후로 오랫동안 사회적 규범들이 스며든다. 인지적 쇠퇴와 무관하게 점진적으로 또는 공격적으로 생물학적 분해를 촉진하는 돌이킬 수 없는 힘들이 전면에 나선다. 개인의 성장이 막바지에 도달하면 개인의 초점은 젊은이들이 노인들의 말과 본보기에서 배울 수 있는 것들을 향해 이동한다.

나의 스승인 에릭 에릭슨이 말한 것처럼 생애 말년은 성실의 감정과 절망의 감정이 투쟁하는 시기다.[28] 개인은 그 자신과 남들이 납득할 수 있는 지난 삶의 측면들, 자신이 기여한 측면들, 더 나아가 신체적으로나 심리적으로, 단기적으로나 장기적으로, 의도적으로나 무심코 남들에게 줬을지 모르는 상처들을 깊이 생각한다. 개인은 또한 자신이 열망했던 것들과 자신에게 주어진 사명들, 자신의 성취한 것들과 자신이나 상대방(또는 남들)의 기대에 못 미친 것들을 깊이 생각한다. 그리고 그가 서로 지지해주거나 최소한 관심을 기울여주는 공동체에서 산다면, 타인들은 그가 무엇을 소중히 여겼고, 그 이유는 무엇이고, 그가 미래 세대에게 어떤 교훈을 전해줄 수 있는지를 알고 싶어 할 것이다. 물론 이 "수요"는 오늘날 대부분의 사회들처럼 빠르게 움직이고 과거를 거의 기억에 담지 않고, 모범적이든 터무니없든 간에 젊음, 신속함, 용이함, 새로움에 이끌리는 사회보다는, 느리게 움직이고 노인들이 지혜로 존경받는 사회에서 더 클 것이다. 그러나 특히 힘겨운 시대에 경험의 교훈은 무한한 가치는 아니어도 분명한 가치를 지닌다.

그래서 만일 오래 또는 깊이 있게 살아온 사람들에 주목할 때, 우리는 트리오 가치의 어떤 배합을 가장 소중히 간직하고 전달해야 할까? 나는 두 종류의 배합을 선택하고자 한다. 잘 살아온 삶의 실용적 진리들 그리고 남에게 봉사한 삶의 도덕과 윤리가 그것이다. 이 가치들과 좋은 측면들은 어느 정도 말로 나타낼 수 있고, 그런 이유로 우리는 종종 임종을 앞둔 사람들의 말을 가슴 깊이 새긴다. 그러나 그보다 훨씬 더 강하게 우리를 설득하는 것은, 우리의 주의를 끌고 우리의 도덕적 상상력에 불을 지피는 것은 이 노인들의 말보다 그들의 삶이라는 점이다.

오늘날 아주 많은 젊은이들이 존경할 만한 사람을 찾지 못하거나 단지 그들과 주변 그룹에게만 알려진 사람들에게 존경을 국한시키는 것이 나에겐 항상 유감스럽다. 나는 존 가드너, 일리노어 루스벨트, 마하트마 간디 같은 20세기의 존경할 만한 인물들을 생각할 때마다 기쁨에 차오른다. 우리 시대에도 미얀마의 운동가 아웅 산 수 치, 첼리스트 요요마, 사회사업가 윌리엄 드레이튼, 과학자이자 자연연구자 제인 구달, 자선사업가 조지 소로스, 소액금융 개척자 무하마드 유누스가 있다. 나는 그들이 발견하거나 확증한 진리들, 그들이 경탄하거나 창조한 아름다움들, 그들이 실현하고 젊은이들에게 전해준 가치들을 존경한다. 그들이 제공한 본보기가 없었다면 우리 세계의 세대들은 훨씬 초라해졌을 것이다. 또한 이 존경할 만한 인물들이 지속적으로 한창 때의 활기찬 젊은이들을 찾고 그들로부터 배웠다는 사실도 강조할 가치가 있다. 이와 같이 그들은 젊음과 노년의 상호보완성을 완벽한 예로 보여주었고, 그 상호보완성은 포스트모더니즘과 디지털 매체가 지배하는 우리 시대에 특별한 가치를 지닐 것이다.

7.

우리는 어떤 삶을 살아야 하는가?

TRUTH BEAUTY GOODNESS

문명사회는 진실, 아름다움, 모험, 예술, 평화라는

다섯 가지 특징을 보여준다.

— A. N. 화이트헤드

■

이 책 첫머리에서 나는 역사가 헨리 애덤스가 묘사한 중세의 엄격한 화려함과 통일성을, 우리 시대의 작가 데이비드 쉴즈가 직접 모은 인용문들, 바꿔 쓴 말들, 그가 쓴 것으로 추정되는 모방 작품들과 대조했다. 이 책들에 나온 것보다 더 다른 세계관을 찾아보긴 힘들 듯하다. 애덤스는 적어도 이상적으로는 진실하고 아름답고 선한 세계가 존재할 수 있고, 실제로 역사의 한 순간에 존재했다고 가정했다. 쉴즈가 모은 글들은 정반대 관점, 즉 오늘날 세 가치는 말도 안 된다는 극단적인 회의주의를 드러낸다.

혹시 애덤스와 쉴즈가 한 자리에 모인다면 과연 서로에게 할 말이나 있을지 나는 궁금하다. 애덤스는 한 세기 전의 미국에 넌더리를 냈다. 반면에 쉴즈는 현대 세계의 예술적 가능성을 충분히 수용한 듯하다. 문학적·시각적 창작물의 모든 재료를 결합하고 재결합하는 디지털 매체의 놀라운 가능성을 보여주기 때문이다. 그는 또한 포스트모더니즘의 주요 교리를 받아들이고 있는 것으로 보인다. 따라서 나는 인터넷을 검색하던 중 헨리 애덤스의 자서전 〈헨리 애덤스의 교육The Education of Henry Adams〉이 데이비드 쉴스가 가장 존경하는 책에 포함되어 있는 사실을 발견하고서 적이 놀랐다. 애덤스가 쉴즈의 개념을 이용했든 하지 않았든 간에, 그는 적어도 이전 시대의 위대한 문호를 존경했을 것이라고 가정할 수 있다.

이 책에서 나의 과제는 한편으로 향수에 젖은 애덤스의 유토피아적 이념과 다른 한편으로 쉴즈의 포스트모더니즘적 회의주의와 문학적 자유주의를 오가며 그 중간지대를 항해하는 것이었다. 어쩌면 둘 다 나의 노력이 불쾌했을지 모른다. 애덤스는 내가 진, 선, 미에 도전하는 최근 경향을 너무 많이 수용하고 있다고 여길 수 있다. 그는 새로운 디지털 미디어와 관련된 인식론적 혼돈을 싫어할 것이다. (그가 휴대폰을 들고 있거나 퍼스널컴퓨터 앞에 앉아 있는 모습을 상상하긴 어렵다.) 반면에 쉴즈는 내가 나 자신의 진선미 형태를 제시하고 옹호하기 위해 과거로 퇴행하고 있으며, 〈진실 기아〉 같은 "조립서"의 문학적 성과를 안타깝게도 알아보지 못한다고 볼 수 있다.

애덤스나 쉴즈가 어떻게 판정하든 나는 나의 기획이 충분히 정당하다고 믿는다. 현 시대에 세 가치는 우리의 당면 과제에 가장 적절한 분석적·학문적 도구들을 이용해 재정립할 필요가 있다. 나는 전통적인 관점에 특별히 도전하는 것처럼 보이는 두 요인에 초점을 맞췄다. 하나는 인식론적 요인이고 다른 하나는 기술적 요인이다. 그러나 나는 현재 눈앞에 드러난 추세들이 단지 포스트모더니즘이나 디지털 매체가 배타적으로 만들어낸 산물이 아님을 강조해야 한다. 진, 선, 미의 본질에 대한 의심은 고대 이래로 항상 제기되어왔다(사실, 소크라테스의 대화와 플라톤의 책에서 이미 중요한 기초를 이루고 있다). 역사의 전 기간에서 우리는 신중한 스승들, 철학자들, 예술가들이 이 책에 제기된 많은 문제들과 씨름한 것을 발견할 수 있다. 인간의 사상사는 진, 선, 미의 항상적 측면들과 가변적 측면들에 의거해 공식화할 수 있다. 인

문학에서 적절한 표현을 빌리자면, 세 존재의 거대한 사슬인 셈이다.[1]

그러나 단지 새 포도주를 낡은 부대에 담으려 했다면 나는 이 책을 쓰지 않았을 것이다. 한때 일부 철학자들과 예술가들만 이해할 수 있었던 논거와 관점들이 적어도 선진 세계에서는 이제 공동의 담론에 들어와 있다. 어떤 사람들은 그 차이의 특징이 양적인지(진리에 대한 회의주의가 증가하고, 미에 관한 이야기를 더욱 꺼리고, 서로 다른 선 관념들을 더 많이 의식하는 것), 질적인지, 또는 획기적인 비약인지에 대해 자질구레한 말을 늘어놓을 수 있다. 나는 그 차이가 중요하고, 집중적으로 다룰 가치가 있고, 큰 가능성과 상당한 위험을 동시에 지니고 있다고 규정하는 것에 만족한다.

오랜 세월 동안 나는 포스트모더니즘과 디지털 미디어의 생산적 측면과 파괴적 측면에 대해 두 번 이상 생각을 바꿨다. 반성할 줄 아는 모든 개인은 포스트모더니즘 비평을 접하고 그 가르침과 그 속에 함축된 의미들을 살펴볼 필요가 있다고 나는 생각한다. 그런 의미에서 포스트모더니즘 비평은 유익하다. 그러나 이 개념들에 대한 회의주의 때문에 진, 선, 미에 대한 오랜 견해들 속에 담겨 있을지 모르는 가치 있는 것들을 고려하지 못하게 된다면, 포스트모더니즘 비평은 파괴적일 수 있다. 앞에서 제안했듯이 젊은이들의 불손하지만 풍부한 에너지와 어른들의 축적된 경험 사이에서 생산적인 상승작용이 나올 수 있다.

모든 점을 고려할 때 나는 새로운 디지털 미디어의 잠재력을 낙관적으로 생각한다. 처음에 그 잠재력은 세 가치를 압도하고, 영구적이

진 않지만 항상적인 위험에 빠뜨릴 것처럼 보일 수 있다. 그런 결국 세 가치 모두 디지털 미디어의 영역 안에 자리를 잡은 덕으로 강화될 수 있다. 더 확고한 기반을 가진 진리의 출현 가능성이 증가하고, 유의미한 개인적인 미적 감각을 위한 가능성이 풍부해지고, 전 범위의 인류와 접촉하면서 궁극적으로 선 관념을 공유하게 될 것이다.

그러나 나는 이런 결과들을 당연시하지 않는다. 노골적으로 말하자면 우리는 사태를 엉망으로 만들 충분한 잠재력을 갖고 있다. 이 시대에 이런 방식으로 이 책을 쓰는 한 동기는 새로운 미디어의 보다 긍정적인 잠재력을 제시하고 그 잠재력을 어떻게 우리의 학생들, 우리의 젊은이들, 우리 자신과 함께 실현할 수 있는지를 제안하는 것이다.

포스트모더니즘과 디지털의 도전은 각각의 가치에 각기 다른 무게를 가한다. 다시 말해, 두 흐름이 야기하는 위험 및 기회가 영역마다 다르고, 이 도전에 대한 우리의 대응도 그에 따라 달라야 한다. 많은 사람들에게 진리(들) 추구는 충분히 분명해 보인다. 우리는 하나의 진리가 존재하는지 둘 이상의 진리가 존재하는지, 진리들이 얼마나 견고하게 확립될 수 있는지에 대해 다양한 주장을 펼 수 있다. 그러나 세계가 존재하는(또는 존재하지 않는) 방식(들)과 세계를 묘사할 수 있는 방식(들)대로 진실을 믿지 않는 것이 아니라면, 진리(들) 추구는 온당해 보인다. 학문으로서 과학들은 분명 진리들을 확립해왔고, 이와 마찬가지로 한동안 존재했던 직종의 종사자라면 누구라도 세월의 시험을 견디고 존재해온 실용적 진리들을 연대순으로 기록할 수 있다. 이 과정들은 계속되어야 하고 또 계속될 것이다.

이와 마찬가지로 모든 사회 그리고 사실상 모든 개인은 선하다는 것이 무슨 뜻인지 그리고 그 선을 어떻게 획득할지에 대한 생각들을 어느 정도 이해한다. 여러 종교, 믿음 체계, 문화적 관습에 대해 알면 알수록 우리는 우리의 선 관념이 다른 장소와 다른 시대에 살았던 다른 사람들이나 다른 집단들의 선 관념과 같지 않을 수 있음을 이해하게 된다. 그리고 사회가 점점 더 복잡해짐에 따라 구체적인 전문직 및 시민성과 관련하여 선의 윤곽을 설명하는 개념들이 필요해진다. 그래서 우리는 선에 대한 일치된 견해에 성공적으로 도달하거나 도달하지 못할 수 있다. 그러나 선에 대한 추구, 각기 다른 선 개념들을 극복하려는 충동, 그리고 모종의 실행 가능한 합의가 출현할 수 있다는 희망은 여전히 중요하다. 이 충동들은 거의 문자 기록이 출현하던 시기로 거슬러 올라간다. 그리고 생각과 감정을 가진 인간들이 하나의 작은 행성에 거주하려고 하는 한 그 충동들은 분명 우리 곁에 있을 것이다.

미는 다른 가치들에 비해 불확실해 보이는 수많은 문제들을 제기한다. 이 책에서 어느 정도 논의했지만, 무엇보다 우리의 미적 감각이 생물학적 기초에서 나오는지 아니면 전적으로 문화적 환경에 의해 결정되는지의 문제가 있다. 어쩌면 이 문제의 진실은 중간 어디쯤에 있을지 모르지만, 이는 단지 더 많은 문제를 불러일으킨다. 특별한 물체들과 경험들의 아름다움에 대한 초기의 판단에 생물학적 기초가 있다 해도, 그 판단들이 어느 정도까지 변하지 않고 지속될까?

다음으로 미의 영역에 관한 문제가 있다. 이 책에서 나는 거의 전적으로 예술작품에 초점을 맞췄지만, 분명 (산이나 호수나 숲 같은) 자연물도 인간에게 아름답게 느껴지고, 예술이 아닌 인간의 발명품들(과학 이론, 수학적 증명)도 종종 아름답다고 간주된다. 우리는 이 영역들을 별도의 미적 대상으로 취급해야 하는지 물어야 한다.

예술에 초점을 맞추었다면 미의 생산이 예술의 목적인지 또는 목적이 되어야 하는지의 문제가 부상한다. 과거 모든 문화에는 예술(또는 예술이란 단어가 존재하지 않았다면 그에 상응하는 것)이란 미적 경험의 창조에 전념하는 분야라는 광범위한 합의와, 무엇이 미를 구성하는가에 대한 상당한 합의가 존재했다. 미적 생산이 예술가에게 우선적인 문제인가에 상관없이, 미적 경험은 분명 대부분의 관객에게 주요한 동기였다. 그러나 오늘날 새로운 기술(컴퓨터)과 새롭지 않은 기술(카메라, 레코드)에 힘입어, 예술에서 미 자체는 훨씬 덜 현저해졌다. 아이디어와 개념의 흥미유발 요소, 그것을 표현한 형식의 기억성 같은 자질들이 상대적으로 더 중요해졌다.

그러므로 예술 영역에서 미적 경험은 진리 영역에서의 명제 축적이나 선 영역에서의 인간관계 상태와 완전히 평행하지 않는다. 다른 가치들에 비해 미의 경로는 훨씬 더 예측 불가능하고, 개인화된 경험의 기회가 훨씬 더 크다. 사실 미의 정의는 움직이는 표적이다. 혹은 딱 부러지게 얘기하자면, 미는 다른 가치들보다 생사의 문제에서 더 멀리 떨어져 있다. 선에 동의하고 악을 막는 것은 생존에 중요하다. 진리와 허위를 구별할 줄 아는 것도 마찬가지로 필수적이다.

그러나 미적 경험은 여전히 살아있고, 살아있기를 바라고, 삶의 기쁨을 남들과 공유하려는 주된 이유들 중 하나로 남는다. 물론 진화론의 관점에서 볼 때 지구상에서 우리가 할 일은 많이 번식하고 그런 다음 깨끗이 물러나는 것이다. 그러나 일단 생존의 선을 넘어서면(대부분의 사람들은 운 좋게 그 선을 넘는다), 삶의 질이 가장 중요해진다. 그리고 미를 빼앗긴 삶, 또는 여러분이 다른 표현을 원한다면, 미적 경험의 가능성이 없는 삶은 공허하다.

따라서 세 가치를 아우르는 동일한 "이야기"는 결코 존재하지 않는다. 진리의 이야기는 수렴적이고 확증이 가능하다. 미의 이야기는 분산적이고, 예측 불가능한 부단한 변주를 반영하고, 다양한 개인적 경험의 가능성을 포함한다. 선의 이야기는 두 차원에서 진행되고, 첫 번째 차원(이웃 간 도덕성)이 두 번째 차원(역할 윤리)보다 훨씬 더 뿌리가 깊다. 이 문제를 이 책의 어휘로 표현하자면, 우리는 문화적 인습과 현지 관습에 있어 여전히 분산적이지만, 이웃 간 도덕성을 유지하고 윤리적 관심사 및 판단과 관련하여 한 곳으로 수렴하는 것은 피할 수 없는 명령이다.

그렇다면 미래는 우리의 트리오 가치에게 어떤 길을 마련해줄까? 진리와 관련하여 나는 지속적인 논쟁을 예상한다. 우리는 단일한 진리 또는 진리의 묶음에 수렴하고 있는가, 아니면 각기 다른 학과에서 서로 맞지 않는 진리들이 나옴에 따라 그 복수성이 계속 증가할까? 포스트모더니즘의 분위기 속에서 헤게모니와 투쟁이 우선이라고 주장하는 목소리들은 계속 존재할 것이다. 이 계산에 따르면 다음과 같은 해답이 나온다. 개인적인 운명을 걸고서라도 사심 없이 진리를 추구하기보다는, 여러 대안적인 정치적, 경제적, 사회적, 문화적 입장들이 서로 경쟁하게 놔두고, 수사적으로 가장 설득력 있는 경쟁자가 지배하도록 하는 것이 가장 좋다!

내가 인식하는 위험을 함축적으로 보여주는 예가 위키피디아다. 이 인터넷 사전은 그 안에 나열된 항목들의 진위를 평가할 명시적 의무가 누구에게도 없다. 그 진술이 어떤 다른 출판물에 있었는가가 수용의 기준이다. 위키피디아는 단지 어떤 주제에 관한 현재의 합의된 견해를 표현하고, 전문성이나 진리 자체는 그 방정식에 들어가지 않는다. 그래서 비록 의도의 결과는 아니겠지만, 이 주목할 만한 창조물은 포스트모더니즘의 옷을 입은 디지털 미디어의 승리를 보여준다.

사실 많은 젊은이들에게(그리고 더 이상 젊지 않은 어떤 사람들에게) 진술의 실질적인 진리가치는 더 이상 특별한 권리가 없다. 그 사람들은 일차적으로 신빙성(화자가 진실하고, 헌신적이고, 성실한 것 같은가?)과 투명성(화자가 자신의 근거를 드러내는가, 아니면 꾸미거나 숨기는가?)에 관심을 기울인다. 행여 이런 추세가 계속된다면 진실성은 갈수록 중요성을 잃을 것이다. 그러나 투명성이란 개념은 기본적인 진리가 존재하고 사람들은 그 진리를 전면에 내세우거나 보호한다는 가정에 의존한다. 투명성은 진실성에 대한 시험에 의존하고 더 나아가 그것을 전제로 한다. 결국 진리를 외면하는 입장은 자가당착이나 자기 파괴에 이른다.

우리의 두 번째 가치로 넘어가자. 우리는 '미'가 "예술 담화"의 사전에서 효과적으로 추방된 시대를 견디고 살아남았다. (물론 미술관, 국립공원, 유명 관광지를 찾은 방문객들의 말을 엿들어본 적이 있다면 누구나 엄숙히 증언하겠지만, 개인적 경험으로서 미는 결코 추방된 적이 없다.) 거의 모든 집단의 거의 모든 사람에게 어떤 객체와 경험(가족 초상화, 저녁의 여흥, 운동 시합, 고급 예술)은 여전히 특별한 위치, 즉 흥미유발, 형식의 기억성, 즐거운 느낌이 결합하여 추가적인 탐구를 유발하는 특수한 위치에 있을 것이다. 그러나 개인이나 집단이 아름답다고 판단하는 경험의 종류는 종종 예측할 수 없는 방향으로 변할 것이다. 역사, 문화, 과학기술, 예술의 변덕은 예측할 수 없기 때문이고, 이 사실에 대해 나는 개인적으로 운명의 세 여신•에게 감사한다. 사전에 어느 누가 파블로 피카소의 그림, T. S. 엘리엇의 시, 이고르 스트라빈스키의 곡, 마사 그레이엄의 무용의 혁명적인 효과를, 그리고 이 효과들이 규범에 흡수되는 속도를 예측할 수 있었을까? 간단히 말해 나는 미의 과학에 돈을 투자하기 전에 미의 생존에 돈을 투자하겠다. 이와 동시에 미 자체는 위대한 예술의 판테온에서 결정을 내리는 높은 판관의 지위를 영원히 상실한 듯하다.

개인적인 도덕관념 안에서 우리의 선 개념들은 미의 개념들보다 훨씬 더 확고히 정착되어 있다. 우리가 친구들과 이웃들에게 기대하는 것 그리고 그들이 우리에게 기대하는 것은 수백 년이 흘러도 기본적으로 변하지 않았다. 물론 어떤 면에서 타인에게 더 관대해지고 또 어떤 면에서 더 편협해지긴 했다. 개인들이 약한 유대를 많이 맺고 이동성의 제약이 거의 사라진 시대에 우리는 물론 과거보다 책임이 줄어들었지만, 황금률과 십계명 같은 기본 원칙들은 눈금을 재조정할 필요가 없다.

그러나 근래에 들어 윤리적 삶은 훨씬 더 복잡해졌고, 이는 개인이 복잡하고 고도로 분화한 사회에서 담당하는 전문직업인과 시민으로서의 역할이 다양하고 자주 변하기 때문이다. 생물학, 인류학, 또는 역

• 그리스·로마 신화의 여신, 클로토, 라케시스, 아트로포스.

사의 통찰에서는 이 역할들을 어떻게 책임 있게 수행해야 하는가에 대한 믿을 만한 지침이 나오지 않는다. 이 전문직과 시민성 영역, 그리고 그로부터 발생하는 문제들과 퍼즐들은 새롭고 복잡하다. 따라서 그 해답은 과거에 어떻게 했고 그것을 어떻게 명시했는가에서 쉽게 추론할 수가 없다. 수십 년에 걸쳐 임시변통의 규범이 발전할 수 있다. 예를 들어 저널리즘이나 건축 같은 전문분야에서, 그리고 민주주의 국가나 유럽연합 같은 초국가적 실체에서의 시민 자격과 관련하여 그런 규범이 형성되었다. 그러나 그런 사례들은 대부분 흑백 논리의 예가 아니기 때문에, 두 개의 "옳음" 중 하나에 가중치를 주거나 두 개의 악 중 작은 것을 선택하는 경우가 너무 많다.

이 영역에서는 원심력이 크게 작용하고, 때때로 당사자들은 "견해 차이를 인정하고 다투지 않기로 동의하자"고 마무리한다. 그러나 합의를 요구하는 압력이 증가하는 경우가 있다면, 바로 역할 윤리의 경우다. 지역사회는 물론이고 나라마다 전문직들이나 상업분야들이 저마다 제 갈 길로 간다면 지구란 사회는 생존할 수 없다. 그리고 질병 확산, 테러 위협, 기후 변화, 국가별 또는 지역별 회계 책임 및 투명성 같은 문제들을 해결할 수 없다. 벤자민 프랭클린이 독립선언문에 서명할 때 던진 재담처럼, "우리는 모두 함께 묶여야 한다. 그렇지 않으면 분명, 모두 따로따로 매달릴 것이다."[2]

'선'의 영역은 대척하는 두 힘, 무분별한 절대주의와 경솔한 문화 상대주의의 위협에 직면해 있다. 우리는 하늘에서 뚝 떨어진 기준으로 선을 규정할 수 없지만 또한 모든 것을 체념하고 "무엇이든 좋다"고 선언해서도 안 된다. 포스트모더니즘 비평은 상당히 신중하고 이

따금 파괴적이지만, 결정적이 되게 해선 안 된다. 디지털 미디어는 '선'에 대한 다양한 견해들을 논쟁거리로 제공하거나 국경 너머에 있어 우리가 의식하지 못하는 효과적인 관습들의 예를 보여줌으로써 광범위한 대안을 접하게 할 때 긍정적 역할을 할 수 있다. 그러나 미디어가 "가장 좋은 관습들"을 풍부하게 공급하는 것은 필요할 수 있지만 충분하진 않다.

궁극적으로 우리는 시민과 (전문직업인이기를 바라는) 미디어 종사자의 깊고 지속적인 대화를 요구할 필요가 있다. 시민들이 다양하고 균형 잡힌 대안들의 제시를 요구하는 한에서 이 요구는 미디어에게 공정하고 포괄적인 입장을 취하도록 압력을 가하거나 자유를 부여한다. 그러나 시민들이 자신의 역할을 책임 있게 수행하지 않고, 무관심하거나 유명인사에게 집착하거나 자신의 견해와 편견을 뒷받침하는 근거를 찾는 데에만 관심을 기울인다면, 미디어는 단지 무지와 편견의 안개를 계속 퍼뜨릴 것이다. 나 자신의 믿음, 더 적절한 단어로 나 자신의 희망은, 세계화의 돌이킬 수 없는 사실들이 궁극적으로 개인, 집단, 제도를 자극해 개인적 경계 또는 물려받은 단일한 도덕적 절대원리를 초월하는 '선'을 찾게 하는 것이다. 이 새로운 '선'은 특수하고 다양한 현지 관습을 지불하고 구입하지 않아도 된다. 다만 현지의 관습을 따라도 그것이 당대의 가장 긴급한 문제들에 관한 초월적 합의를 찾아야 하는 명령을 약화시키지 않는 한에서다. 요약하자면, 편의와 관습의 문제에 있어서는 범위나 다양성의 최대치를 허용하고, 윤리적 기준에 있어서는 점진적 수렴을 모색할 필요가 있다.

포스트모더니즘과 디지털 미디어의 동시 발생은 아이러니컬하게도 제2의 계몽운동이 도래할 가능성을 연다. 18세기 말 유럽과 아메리카 신흥국가들의 사상가들은 회의주의가 빚어내는 이성의 작용, 편견의 감소와 관용의 증가, 과학적 이해의 추구, 기술 진보의 명백한 모습들, 잘 설계된 사회제도의 출현에 고무되었다.[3] 이런 요인들은 희망적인 인간 조건을 전체적 규모로 실현시킨 사회, 즉 모든 사람이 삶, 자유, 행복 추구의 권리를 누리는 사회를 만들 수도 있겠다는 견해를 낳았다. 19세기와 20세기의 왜곡과 변형에도 이 개념은 여전히 살아있고, 유엔 같은 기관들 그리고 세계인권선언 같은 훌륭한 문서들을 뒷받침하고 있다.

의심의 여지없이 계몽운동을 찬양하는 두 번의 축포가 터졌지만, 세 번째는 터지지 않았다. 사상은 훌륭하지만 계몽운동은 아직 너무 서양적인 개념에 머물러 있다. 계몽사상은 말 그대로 보편적이지 않다. 대체로 서양 유럽에서, 논리정연하고 영향력 있는 철학자들과 철학자인 체하는 사람들, 모두 남성이고 거의 모두 기독교를 믿는 사람들에 의해 형성되었다. 만일 우리가 진정으로 보편적 윤리의 틀을 원한다면, 유교에서 이슬람, 불교에서 세속적 휴머니즘에 이르는 다른 중요한 철학 및 종교 전통들의 유력한 사상과 개념을 고려하고, 기초로 삼고, 통합할 필요가 있다. 그리고 몇몇 대륙의 토착 주민들이 보여주는 주요 가르침들과 관습들도 포함시켜야 한다. 근본적인 지혜는 여러 문화 전통들의 성격을 포괄한다. 이 과제는 다양한 장소에서 다양한 모습으로 시작되었지만, 만일 광범위한 승인을 끌어내고 획득하려면 지속적인 대화, 상호 학습, 관대한 인류애를 통해 그 과제를 성취해야 한다.

역사에 밝은 사람이라면 누구도 세 가치의 운명을 자신 있게 예측하지 못한다. 진리와 관련하여 어느 누가 양자역학의 불확정성이나 비유클리드 기하학의 법칙들을 예상할 수 있었을까? 미와 관련하여 우리는 마르셀 뒤샹의 소변기로 시작하여 데미언 허스트의 상어로 끝난 한 세계를 어떻게 이해하는가? 그리고 선과 관련하여 우리는 아버지가 딸에게 명예 살인을 저지르는 동안 과학 팀이 인간 복제를 시도하는 (우리 자신의) 시대를 어떻게 이해하는가? 작가 버지니아 울프는 "1910년 12월 무렵 인간의 성격은 변했다."라고 선언했다.[4] 시적 파격을 감안하더라도 이 진술은 우리 생물종이 지난 세기에 보여준 예기치 못한 형식들과 구성방식들을 잘 표현하고 있다.

그러나 미래학이 모험적인 분야라면 역사는 필수적인 분야다. 역사에 무지한 사람들은 역사를 되풀이하는 운명에 직면한다. 똑같이 중요한 명령은 철학이다. 모든 사람은 인생과 지식에 관한 기본적인 철학을 갖고 있다. 차이가 있다면 그것을 인식하느냐 못 하느냐 뿐이다. 과학의 통찰과 기술의 성과가 없다면 우리는 지금도 말 그대로나 비유적으로나 암흑시대에 살고 있을 것이다. 이 책에서 나는 고대의 세 개념에 현대의 렌즈들을 적용했다. 나는 개별로든 집단으로든 그 개념들이 미래에 맞이할 운명을 안다고 주장할 수 없다. 그러나 그 개념들이 미래에도 계속 중요하고, 포스트모더니즘과 디지털 미디어 같은 새로 부상하는 실체들을 흡수해야 하고, 우리가 이 책에서 사용한 분석 수단들이 앞으로도 계속 유효할 것이라고 선언할 수 있다. 다만 그 개념들이 어떤 방향으로 발전할지 그리고 어떤 결론이 나올지를 얘기할 수 없다는 것이다.

나는 이 책의 첫머리에서 우리의 탐구는 본질적으로 다학문적이라고 말했다. 나는 그 말을 지켰다! 나는 다양한 시점에 다양한 지점에서 역사와 선사에 의존했고(예를 들어, 문자의 기원과 철학의 기원에 대하여), 생물학과 진화심리학에 의존했고(왜 어떤 장면들은 전 세계 사람에게 매력적으로 느껴지는지, 그러나 또한 왜 이 진리는 개별 예술작품의 힘을 애초부터 설명하지 못하는지를 설명하기 위해), 사회학과 인류학에 의존했고(예를 들어 미의 규범과 관련하여 각기 다른 집단의 취향과 선호 성향), 철학의 세 분야인 인식론(우리의 지식을 반영하는 진술의 성격), 미학(미와 여타 가치 성질들에 대한 판단), 윤리학(인간이 추구해야 하는 믿음들과 행위들)에 의존했다. 이 화살통에 너무 많은 화살이 담겨 있을지 모르지만, 나는 개별적으로든 집합적으로든 이 중요한 학문적 관점들을 고려하지 않으면 세 주제를 바르게 설명하는 것이 불가능하다고 생각한다.

그러나 나는 최근에 학술적 담론에 지배적으로 등장한 두 관점에 대해 비판적 태도를 취했다.[5] 먼저 생물학과 심리학 영역에서 많은 학자들이 인간의 생각과 행동을 진화심리학(몇 십 년 전에는 사회생물학이라 불렸다)의 렌즈를 통해 설명하고자 노력해왔다. 의심의 여지없이 우리의 진화적 과거와 생물학적 현재는 우리의 생각과 행동의 가능성에 어떤 한계들을 부여한다. 다윈론의 개념들은 그 한계들을 밝히고 설명하는 데 반드시 필요하다. 그러나 나는 시종일관, 우리의 과제에 가장 중요한 주제들은 진화론의 렌즈로는 거의 해답을 드러내지 못한다고 주장했다.

우리의 진리 탐구 그리고 진리 평가 능력은 처음에는 우리의 감각기관에 의존한다. 그러나 결국 진리 탐구는 비공식적인 실천 그리고 과학이나 학문의 체계적인 조사를 통해 검증되는 진술에 훨씬 더 많이 의존한다. 잠정적이거나 보다 잘 확립된 진리들은 세계를 이해하려는 사람들의 공동 연구에서 출현한다. 이와 마찬가지로 우리의 미적 경험들도 처음에는 우리의 사람과科 조상들에게 친숙했던 환경의 특징들에 이끌린다. 그러나 그 기준들은 곧 우리와 선조들이 살아온 특정 집단의 역사, 관습, 경험, 사건들에 압도된다. 이웃에 대한 우리의 도덕적 태도는 진화의 제약에 의존하는 반면, 우리의 윤리적 태도는 훨씬 더 최근에, 일차적으로 몇몇 전문직에 종사하는 생각이 깊은 노동자들의 상호작용을 통해, 그리고 다양한 정치적 관할구역에 속한 책임 있는 지도자들과 시민들의 상호작용을 통해 출현했다.

많은 현대적 담론의 배경에 또 다른 강력한 학과가 웅크리고 있다. 바로 주류 경제학이다. 지난 몇 십 년 동안 경제학적 합의는 두 가지 광범위한 가정, 즉 시장의 지혜 혹은 심지어 완벽성이라고 하는 개념과 "호모 에코노미쿠스Homo economicus"의 합리성이란 개념에 의존해왔다. 그러나 심리학자들이 때때로 경제학자들과 공동으로 진행한 실험 연구들은 인간이 기본적으로 합리적 동물이라는 견해를 거의 완벽하게 무너뜨렸다.[6] 우리 인간은 통계적 계산이 아니라 발견적 학습을 통해 움직이고, 그래서 종종 매우 비합리적이다. 그리고 물론, 종종 예측 불가능한 위기들이(가장 최근에 2008년 9월의 금융위기가)[7] 시장 본연의 지혜라는 개념은 거짓임을 보여준다. "혼돈," "급등락," "비이성적 과열"이 더 정확한 서술어 같다.

인간의 특징이 무엇이냐는 질문에 나는 합리성이나 비합리성을 내놓지 않는다. 합리성은 힘들게 얻은 전리품이지만, 인간은 특히 비합리성과 자기기만의 함정을 알고 부단히 경계한다면 이성의 힘을 향상시키고 그 힘을 현명하게 전개할 능력이 있다고 나는 믿는다. 내가 오랫동안 감탄해온 프로이트의 말을 빌리자면, "지성의 목소리는 조용하지만 남들이 듣기 전에는 잠잠해지지 않는다."[8] 인간은 본질적으로 이성적이 아니지만 이성의 근육을 만들 순 있다. 선과 관련하여 시장은 본질적으로 현명하지 않지만, 인간은 시장을 현명하게 규제할 수 있다. 결국 시장 규제를 확고하게 정착시킨 호주, 캐나다, 칠레, 싱가포르 같은 나라들은 최근에 일어난 금융위기들의 여파에도 지금까지 최고의 상태를 유지하고 있다.

나는 이 "시장 관점"이(특히 부락 시장의 범위를 벗어나면) 세 가치의 성취에 유해하다고 본다.[9] 진리는 무엇이 옳다고 "느껴지는가"에 대한 공식적 표결이나 비공식적 합의의 산물이 아니다. 진리는 시험과 재시험을 거친 명제들의 창조적 산물이어야 한다. 미는 대부분의 사람들이 감탄하거나 돈을 지불하고 구입하는 것이 아니라, 객체와 사건 앞에서 개인(또는 부부나 군중)이 얻는 경이적인 경험의 표현이다.

마지막으로 시장은 우수함, 매력, 윤리의 효용을 결정하는 탁월한 메커니즘이 아니다. 시장은 기껏해야 이성에서부터 종교에 이르는 수많은 고려 대상들과 함께 계산에 넣는 한 요인이다. 토머스 홉스의 표현을 빌리자면, 오로지 시장의 힘에 지배되는 세계는 "더럽고, 야만적이고, 짧다." 우리를 최상의 의미에서의 인간으로 만드는 것은 자기이익을 초월하고 그 대신 일반 복지, 공익의 관점에서 무엇이 타당한지를 생각하는 우리의 잠재력이다. 고삐 풀린 시장을 찬성하면서 애덤 스미스를 인용하는 자들은 스미스가 "도덕 감정"을 체현한 시민 계급을 전제로 삼았음을 망각한다. 그리고 인류학자 마거릿 미드의 말도 우리를 고무시킨다. "헌신적인 소규모 집단이 세상을 바꿀 수 있음을 절대 의심하지 말라. 실제로 그런 집단 외에는 누구도 세상을 변화시킨 적이 없다."

오늘날의 학계에서(그리고 수다스러운 강의실에서) 어떤 인기를 누리든 간에, 진화심리학과 주류 경제학은 이 책에서 조사하고 있는 두 현대의 힘과 관련하여 할 말이 많지 않을 것이다. 포스트모더니즘은 어쩌면 해체주의라는 분야를 제외하고 다른 모든 학과의 주장에 그랬듯이, 진화생물학이나 경제학의 주장들에 대해서도 인내심을 발휘하지 못한다. 그리고 새로운 디지털 미디어의 속도와 복잡성을 찰스 다윈과 애덤 스미스가 봤다면 우리 시대의 논평자들처럼 크게 당황했을 것이다. 우리는 미지의 영토에 들어와 있다. 하나의 학문적 렌즈에 배팅하기보다 여러 학과를 신중하고 적정하게 배합한 관점이 이 영토를 더 잘 설명할 것이다.[10]

미래를 내다볼 때 우리의 세계를 이해하려면 현존하는 학과들의 설비세트 그리고 앞으로 출현할 신형 세트들이 계속 필요하다고 믿을 이유가 충분하다. 이 학과들은 진화론과 경제학이 행사하고 있는 작금의 지배력을 완화시킬 수 있다고 나는 믿는다. 더 많은 인간 집단들이 모습을 드러내고 목소리를 냄에 따라 인류학과 사회학의 렌즈들이 중요하게 부각될 것이다. 더 이상 베일에 싸인 집단은 없고, 더 이상 단일한 성, 단일한 민족 또는 인종 집단이 지배하는 사회는 없을 것이다. 다양성이 대권을 장악하고, 넓은 스펙트럼에서 여러 목소리가 들릴 것이다.

한때 역사는 주로 정치적이고 군사적이었다. 역사는 승자와 승리에 관한 이야기였고, 병사들을 지휘한 자들이 주인공이었다. 물론 오늘날 우리는 경제사와 사회사에서부터 아프리카계 미국인, 히스패닉계 미국인, 여성 같은 집단들의 역사에 이르는 온갖 종류의 하위 분야들을 목격한다. 앞으로도 그런 역사는 계속 기록되고 수정될 것이다. 사람들이 앞으로도 계속 신문을 펼쳐 들고 읽을지 알 수 없지만 저널리스트들은 계속해서 역사의 초안을 만들어나갈 것이다. 이 시대의 풍경을 기록하는 이 역사가들은 무슨 일이 일어나고 있는지를 계속 알려주고 그 중요성을 설명하고자 노력할 것이다. 이 저널리스트 대열에 블로거들과 즉석 연대기 저자들이 합류할 것이다. 역사와 저널리즘의 영역에 이 회원들이 새로 진입하면 그들을 평가할 기준을 고안하는 일이 매우 중요해질 것이다. 그렇지 않으면 "무엇이나 통용되는" 상황이 발생해 포스트모더니즘 신봉자들과 무비판적인 디제라티(디지털 엘리트)들에게 즐거움을 주는 동시에 그밖의 사람들에겐 필연적으로 좌절을 안겨줄 것이다.

앞서 언급한 학과의 전문가들과 협력하고 있는 사람들이 있다. 바로 인문학자들이다. 인문학자들은 (자연 또는 역사적) 사건들의 전후관계와 가능한 인과관계에 초점을 맞추기보다 구체적인 사건과 작품에 주목하고 분석 기술을 적용한다. 다시 말해, 그것이 어떻게 이루어졌는지, 어떻게 종종 다양한 의미를 지니게 되는지(그리고 그 의미가 무엇인지), 어떻게 당대의 풍경에 들어맞는지 등을 연구한다. 때때로 인문학자들은 〈게르니카〉나 〈모비딕〉 같은 구체적인 작품을 조명하고, 때로는 고전주의 시대나 낭만주의 시대 같은 시대를 해명하고, 때로는 전시회 〈디자인과 탄력적인 마음〉의 기록자들처럼 우리의 인습적인 분류 체계에 도전한다. 인공물에 한해서 인문학자들은 그 해석에 꼭 필요한 시녀들이다.

자연과학에서든(진화론) 사회과학에서든(경제학적 분석) 환원주의의 가장 놀라운 양상 중 하나는 인문학 연구가 머지않아 소모품이 될 것이라는 암시다. (이는 근거 없는 위협이 아니다. 오늘날 대학생들 중 인문학 분야를 전공하는 비율은 5퍼센트 미만이다.)[11]

물론 과학자들, 특히 생물학의 영역들과 인간의 영역들을 취급하는 과학자들은 우리의 가치 논의에서 앞으로도 크게 부각될 것이다. 이미 E. O. 윌슨의 〈통섭Consilience〉을 비롯한 유력한 책들의 영향으로 과학자들은 이 책에서 다룬 영역의 많은 부분이 그들 소유라고 주장해왔다.[12] 이를 위해 그들은 인간의 행동과 그 이유에 대한 근본적인 설명을 제시하고, 저차원의 원자나 분자에서부터 사회집단이나 초유기체(이 용어를 개미 집단과 자기 조직화를 보이는 모든 인간 조직에 똑같이 적용한다) 수준에 이르는 전 범위의 과학들을 잇는 연결고리들을 제시한다.

나는 인간적인 모든 것을 과학자들이 제시하는 데이터, 모형, 이론에 위임할 수 있거나 위임해야 한다는 견해를 회의적으로 생각한다고 밝혔다. 이와 마찬가지로 나는 생명이라 불리는 거대한 경기장을 하나의 "거대한 존재의 사슬"로 꿸 수 있다는 견해도 회의적으로 생각한다. 그러나 지적인 러다이트가 아니라면 우리는 과학자들의 연구 결과와 설명적 모델을 무시해서는 안 된다. 또한 밀접한 관련성이 보이는데도 타당한 주장들과 연구 결과들을 통합하지 못하고 흘려버린다면 어리석은 연금술사로 전락할 것이다. 그리고 예를 들어 행동경제학이나 문화 발전의 연구에서 나오고 있는 것들처럼 보다 풍부한 뉘앙스를 담고 있는 학제적 모델들이 나온다면 이 책과 같은 연구들이 더 풍부해질 수 있다.

마지막, 아니 어쩌면 마지막이자 처음은 철학의 도구와 관심사들이다. 나는 공식적인 철학 교육을 받지 않았지만, 항상 두 종류의 서평을 먼저 읽는 것은 아마 우연이 아닐 것이다. 생물학 분야의 서평과 철학 분야의 서평이 그것이다. 만일 지식의 본질과 그것을 생각하는 방법에 관심이 있다면, 철학자들은 가장 기본적인 개념들을 확실하게 보여준다. 이 전통은 최초의 아테네 철학자들로 거슬러 올라가고 오늘날 마음에 관심을 기울이는 철학자들에 이르기까지 끊임없이 이어지고 있다.

따라서 나는 나의 탐구가 철학에 뿌리를 내리고 있다고 생각하는 것이 필요하고 적절하다고 생각한다. 우리는 철학을 통해서만 비로소 진, 선, 미라는 용어에 의존하는 진술들과 주장들, 그리고 그 진술들이 (종종 고압적으로) 통용되는 분야들의 성격을 고찰하기 시작할 수 있다. 그리고 일단 진술의 범위를 벗어나면 철학의 하위 분야들을 침범하게 된다. 진리의 경우 인식론, 미의 경우 미학, 선의 경우 윤리학이 그것이다. 나는 지금까지 이 지형들을 탐험한 과정에서 나의 아마추어적인 철학 사랑이 누가 되지 않았기를 바란다.

그러나 철학 또한 다른 분야들과의 접촉을 통해 이득을 얻는다. 심리학자로서 나는 심리학 실험의 장점과 철학적 분석의 개념적 힘을 결합하려는 노력에 특별한 관심을 갖고 있다. 나의 스승인 넬슨 굿맨은 심리학자는 연구 보조금을 받는 철학자라고 재치 있게 말했다. 또한 인지심리학은 철학의 가장 흥미로운 갈래라고 말했다. 현대 철학자 앤터니 애피아는 두 분야의 부분적 합병을 묘사하기 위해 **실험 철학**experimental philosophy이란 말을 지어내기도 했다(더 이상 모순 어법이 아니다).[13]

이 모든 것의 의미는 다음과 같다. 인간이 진, 선, 미라는 주제에 관심이 있는 한, 우리는 앞으로도 계속 철학과 그밖의 인문학적 지향성을 가진 분야들에 의존할 것이다. 1929년 스위스의 다보스에서 계몽 철학자 에른스트 카시러와 비합리성의 사제 마르틴 하이데거가 벌인 유명한 토론은 지금도 똑같이 유효하다.[14] 신경과학이나 유전학 같은 몇몇 분야는 더 시끄러워질 테고, 심리학이나 사회학 같은 몇몇 분야는 더 조용해질 것이다. 그러나 나는 예견할 수 있는 미래에 주요 학과들의 성격과 그 참가자들의 교류가 시들 거라고 예상하지 않는다.

이 탐구가 끝나는 곳에서 나는 두 의견을 제시하고자 한다. 두 의견은 방향성이 다르지만 똑같이 중요하다. 첫째, 기회, 운명, 변덕의 역할이 중요하고 어쩌면 결정적일 수도 있다. 인간과 관련된 모든 문제는 주사위 흔들기가 중요하고, 종종 근본적인 중요성을 띤다. 25세의 앨버트 아인슈타인이 특허청에서 일하지 않았다면 또는 25세의 찰스 다윈이 〈비글〉호를 타고 여행하지 않았다면 우리가 물질계와 생물계를 지금처럼 이해하리라고는 거의 상상할 수 없다. 그러나 아인슈타인의 물리학과 다윈의 생물학이 아무리 강력해도 두 학과가 우리의 탐구에 미치는 힘은 역사의 힘들, 수많은 역사들의 영향력에 못 미친다. 그런데 역사는 우연한 사건들로 가득하다. 인공지능, 나노기술, 유전자 조작, 지구온난화, 그리고 인간 신경망과 컴퓨터 "신경망"을 사상 초유의 특이성 모델Singularity로 수렴하는 기술의 영향을 어떻게 예상할 수 있을까?

나의 두 번째 의견은 다음과 같다. 인간사에 우발성이 큰 역할을 담당하지만, 정작 중요한 것은 개인들, 즉 지도자들 그리고 공동의 열망을 성취하기 위해 그들과 협력하는 사람들, 용감하게 또는 파멸적으로 지도자의 사명을 무너뜨리는 사람들이다. 개인들의 노력과 선택은 인류의 운명에 결정적 역할을 할 수 있다. 갈릴레오 갈릴레이 덕분에 우리는 우리의 물리적 환경을 지배하는 진리들을 새로 이해하게 되었다. 제임스 왓슨과 프랜시스 크릭 덕분에 우리는 자연계에 대한 이해를 높였다. 화가이자 조각가 미켈란젤로 부오나라티 덕분에 우리는 더 풍부한 미 개념을 갖게 되었다. 무용가 마사 그레이엄 덕분에 우리는 아름다움의 개념을 확장했다. 모한다스(마하트마) 간디 그리고 주요 종교 및 철학 전통의 창립자들 덕분에 우리는 좋은 사람, 좋은 행위, 좋은 삶의 더 충만한 개념을 갖게 되었다.

우리는 이 모든 봉우리를 정복할 순 없지만, 얌전히 어둠 속으로 물러날 필요는 없다. 우리의 선택을 우리의 유전자나 수요공급의 비인격적 요인들에 내맡길 필요는 없다. 누구라도 모닥불 주위에, 원탁 주위에, 또는 웹사이트에 모여 세 가치에 관한 활기찬 대화에 참여할 수 있다. 그리고 더 멀리 나아갈 수 있다. 수백 년 동안 쌓인 학문적·실용적 지식을 이용해 우리는 정보의 늪에서 불필요한 것들을 걸러내고 진리 확립을 향해 꾸준히 나아갈 수 있다. 이른 시기부터 폭넓은 예술적 자연적 창조물들을 관찰하고 숙고하면, 아름다운 객체와 경험의 포트폴리오를 만들 수 있고, 더 나아가 자신의 미적 객체들을 직접 만들고 개인화된 미적 감수성에 도달할 수 있다. 도덕과 윤리로 말하자면, 우리는 이웃 간 도덕성을 지키고 다양한 문화의 인습들을 존중해야 한다. 그와 동시에 자신의 사회에서 뿐 아니라 세계 공동체에서도 좋은 노동자와 좋은 시민이 되도록 노력해야 한다. 우리의 행위들은 자기이익을 초월해야 한다. 그럴 때 우리는 다른 사람들도 책임 있게, 그리고 갈수록 더 책임 있게 행동하도록 고무시킬 수 있는 강력한 모델을 제공할 수 있다.

■ 감사의 말

이 책은 2008년 가을 뉴욕 현대미술관에서 한 세 강의 시리즈에서 출발했다. 집필에 꼭 필요한 지원에 대하여 엠마 엔더비, 파블로 엘게라, 글렌 로우리, 제니퍼 러셀, 웬디 운에게 감사드린다. 강의의 토론자로서 진리에 대한 강의에 피터 갤리슨, 미에 관한 강의에 파올라 안토넬리, 선에 관한 강의에 안토니오 다마지오가 참석한 것은 내가 누린 특권이었다.

나의 아내 엘렌 위너는 원고를 주의 깊게 읽고, 여러 좋은 아이디어를 제시하고, 제목을 붙여주었다. 또한 원고의 여러 부분에서 유용한 논평을 해준 에릭 블러멘슨, 마이클 코넬, 조지 클라인, 타냐 루어만, 새러 라이머, 잭 스타인, 마르셀로 수아레스 오로스코, 샌디 새처, 스티븐 와인버그에게 감사드린다. 주디와 제이미 디먼 그리고 맥아더 재단의 관대한 지원 덕분에 나는 디지털 미디어를 탐구할 수 있었고,

존 실리 브라운, 조나단 팬턴, 밥 갈루치, 줄라이 스태시, 코니 요웰에게 특별히 감사드린다. 나의 조교 커스틴 애덤은 이 책의 원고뿐 아니라 강의의 여러 측면을 준비하면서 훌륭한 파트너로 일했다. 그녀의 도움이 없었다면 나는 아직도 원고에 매달려 있을 것이다. 우리의 연구실 직원인 제시카 크레이튼에게 감사드린다. 그녀는 항상 즐겁게 자리를 지키며 필요할 때마다 우릴 도와주었다.

편집 기술이 사라져가는 시대에 라라 하이머트는 원고를 몇 번이나 깊고 자세히 읽고, 많은 점에 대해 가치 있는 충고를 해주었다. 그녀에게 힘입은 바가 크다. 또한 이 책의 완성에 전문적인 도움을 제공한 베이직북스의 크리스틴 아덴, 산드라 베리스, 애덤 이글린에게 감사드린다. 그리고 여러 해 동안 거짓말 같은 도움을 제공해준 나의 소중한 문학 에이전트이자 친구인 아이크 윌리엄스와 호프 데니캠프에게 특별히 감사드린다.

하워드 가드너

매사추세츠 주 캠브리지에서

■ 저자 주

서문

1 H. Adams, Mont-St. *Michel and Charetres*(Boston: Houghton Mifflin, 1933). 이 책은 1904년에 개인적으로 유통되었고, 1913년에 처음 발표되었다. 나는 이 글을 CreateSpace가 발행한 2009년 판, 104쪽에서 인용했다.

2 D. Shields, *Reality hunger: A manifest*(New York: Knopf, 2010). pp. 21, 52, 136, 160.

1. 되살려야 할 인간의 가치

1 모더니즘과 포스트모더니즘이란 주제를 고찰할 때 많은 책들이 도움이 된다. C. Belsey, *Poststructuralism: A very short introduction*(New York: Oxford University Press, 2002); C Butler, *Postmodernism: A very short introduction*(New York: Oxford, 2003); P. Gay, *Modernism: The lure of heresy from Baudelaire to Beckett and beyond*(New York: Norton, 2007); F. Jameson and S. Fish, Postmodernism (Durham: Duke University Press, 1991); G. Josipovici, *Whatever happened to modernism?*(New Haven: Yale University Press, 2010); G. Kitching, *The trouble with theory: The educational costs of postmodernism*(State College: Pennsylvania State University Press, 2008); C. Lemert, *Postmodernism is not what you think*(Malden, MA: Blackwell Publishers, 1997); S. Lukes, *Moral relativism*(New York: Picador, 2008); and J-F. Lyotard, *The postmodern condition*(Minneapolis: University of Minnesota Press, 1984).

2 새로운 디지털 미디어. N. Carr, *The shallows: What the Internet is doing to our brains*(New York: Norton, 2010); M. Ito et al., *Hanging out, messing around,*

geeking out(Cambridge, MA: MIT Press, 2009); H. Jenkins, *Convergence culture: Where old and new media collide*(New York: NYU Press, 2008); J. Lanier, *You are not a gadget: A manifesto*(New York: Knopf, 2010); M. Levinson, *From fear to Facebook: One school's journey*(International Society for Technology in Education, 2010); N. Negroponte, *Being digital*(New York: Vintage, 1996); J. Palfrey and U. Gasser, *Born digital*(New York: Basic Books, 2010); C. Shirky, *Here comes everybody: The power of organizing without organizations*(New York: Penguin Press, 2008); and C. Shirky, *Cognitive surplus*(New York: Penguin Press, 2010).

3 A. N. Whitehead, *Process and reality*(New York: Free Press, 1979), p. 37. Originally published in 1928.

4 G. Orwell, 1984(New York: Signet Classic, 1981). Originally published in 1949.

5 Albert Camus의 말은 다음 책에서 인용했다. R. Riemen, *Nobility of spirit*(New Haven: Yale University Press, 2008), p. 75.

6 핀터는 이 구절을 1958년에 썼고, 다음 글에 그것을 인용했다. Anne-Marie Cusac, "Harold Pinter interview," *The Progressive*, March 2001.

7 미에 관한 책들. E. Eco, *On beauty: History of a Western idea*(London: Secker and Warburg, 2004); E. Scarry, *On beauty and being just*(Princeton: Princeton University Press, 2001); and R. Scruton, *Beauty*(New York: Oxford University Press, 2009).

8 사이비 진실truthiness이란 단어는 일반적으로 미국 코미디언 Stephen Colbert가 맨 처음 썼다고 알고 있다. 이 단어는 진리임이 입증된 명제가 아니라, 진리이면 좋겠다고 바라는 명제, 또는 Colbert의 표현에 따르면, 책을 통해서가 아니라 자신의 직감을 통해 동의하게 된 진술을 가리킨다.

9 S. Sontag, *On photography*(New York: Picador, 1973), p. 174.

10 B. Schlink, *Homecoming*(New York: Pantheon, 2008), p. 127.

11 M. Atwood, *Payback debt and the shadow side of wealth*(Toronto: House of Anansi, 2008). This passage is quoted by John Gray in his review "The way of all debt," *New York Review of Books*, April 9, 2009.

12 미에서 진리를 거치고 선에 이르는 궤적. H. Gardner, "A blessing of influences," in

J. Schaler, ed., *Howard Gardner under fire*(Chicago: Open Court Publishing, 2006).

13 나의 지능 연구들. H. Gardner, *Frames of mind: The theory of multiple intelligences*(New York: Basic Books, 1983/2011) and *Multiple intelligences: New horizons*(New York: Basic Books, 2006).

14 나의 교육철학. H. Gardner, *The disciplined mind*(New York: Somon and Schuster, 1999). Reprinted by Penguin in 2000.

15 바나Barna 그룹이 실시한 최근 조사. *Christianity Today*, October 24, 2007.

16 D. Kehlmann, *Fame: A novel in nine episodes*(New York: Pantheon, 2010).

17 이와 비슷한 비평. A. Wolfe, *The future of liberalism*(New York: Knopf, 2009).

18 생물학적 렌즈. D. Buss, *Evolutionary psychology*(Boston: Allyn and Bacon, 2007); D. Dutton, *The art instinct*(New York: Bloomsbury, 2009); M. Konner, *The tangled wing: Biological constraints on the human spirit*(New York: Holt, 2003); S. Pinker, *The blank slate: The modern denial of human nature*(New York: Penguin, 2003); J. Tooby and L. Cosmides, "The psychological foundations of culture," in J. Barkow, L. Cosmides, and J. Tooby, eds., *The adapted mind*(New York: Oxford University Press, 1991); and E. O. Wilson, *Sociobiology*(Cambridge, MA: Harvard University Press, 1975).

19 경제학적 렌즈. J. Bhagwati, *In defense of globalization*(New York: Oxford University Press, 2007); R. Epstein, *Principles for a free society*(New York: Basic Books, 2002); M. Freidman, *Capitalism and freedom: Fortieth anniversary edition*(Chicago: University of Chicago Press, 2002); G. Gilder, *The spirit of enterprise*(New York: Touchstone Books, 1985); N. G Mankiw, *Principles of economics*(Cincinnati: South-Western College Publishing, 2008); and S. Patterson, *The quants: How a new breed of math whizzes conquered Wall Street and almost destroyed it*(New York: Crown, 2010).

20 시장 렌즈에 대한 비판들. P. Krugman, "How did economist get it so wrong?" *New York Times Magazine*, September 6, 2009; R. Reich, *Aftershock*(New York: Knopf, 2010); G. Soros, *The crash of 2008 and what it means*(New York: Public Affairs, 2009); and J. Stiglitz, *Freefall: America, free markets, and* *the sinking of the world economy*(New York; Norton, 2010).

21 Malcolm Gladwell의 유명한 책들. M. Gladwell, *The tipping point: How little things can make a big difference*(New York: Back Bay Books, 2002); *Blink*(New York: Back Bay Books, 2007); and *Outliers: The story of success*(New York: Little Brown, 2008).

2. 진

1 진리를 다루는 철학적 방법들. S. Blackurn, *Truth: A guide*(New York: Oxford University Press, 2007).

2 가짜에 대한 유아의 좌절. T. Bower, *Development in infancy*(San Francisco: W. H. Freeman, 1974).

3 우리의 감각이 우리를 속이는 경우. S. Asch, *Social psychology*(New York: Oxford University Press, 1987); R. Burton, *On being certain: Believing you are right even when you're not*(New York: St. Martin's Press, 2009); B. M. Hood, *SuperSense: Why we believe in the unbelievable*(New York: Harper One, 2009); A. Newberg and M. R. Waldman, Why we believe what we believe(New York: Free Press, 2006); and S. Wang and S. Aamodt, "Your brain lies to you," New York Times, June 27, 2008.

4 각기 다른 학과들의 성격. H. Gardner, *The disciplined mind*(New York: Simon and Schuster, 1999) and *Five minds for the future*(Boston: Harvard Business School Press, 2007).

5 아인슈타인 이론의 발단. P. Galison, *Einstein's clocks, Poincaré's maps: Empires of time*(New York: Norton, 2004).

6 과학적 패러다임의 변화. T. S. Kuhn, *The structure of scientific revolutions*(Chicago: University of Chicago Press, 1970/2009).

7 B. Morris, "Politics by other means," *The New Republic*, March 22, 2004.

8 저널리즘의 위기. J. Fallows, *Breaking the news: How the me야 undermine american democracy*(New York: Vintage, 197); H. Gardner, M. Csikszentmihalyi, and W. Damon, *Good work: When excellence and ethics meet*(New York: Basic Books, 2001); H. Gardner, *Responsibility at work*(San Francisco: Jossey-

Bass, 2008); and A. Jones, *Losing the news*(New York: Oxford University Press, 2009).

9 토머스 제퍼슨의 이 말은 Edward Carrington에게 보낸 1787년 1월 10일자 편지에 담겨 있다.

10 회의론을 다루는 철학적 방법. E. Blumenson, "Mapping the limits of skepticism in law and morals," *Texas Law Review* 74, no. 3(Februry 1996): 523-576.

11 부시의 상임고문의 이 말은 다음 책에서 인용했다. Jones, Losing the news, pp. 219-220.

12 David Rosenbaum의 추모사는 다음에서 인용했다. T. Purdum, "Robin Toner, 54, Times Political Reporter"(사망기사), *New York Times*, December 13, 2008, p. B9.

13 P. Picasso, "Picasso speaks," *The Arts*, May 1923.

14 William F. Buckley의 조롱. "나는 미합중국의 정치를 하버드 대학교의 교수진보다는 보스턴 전화번호부에 등록된 처음 400명에게 맡기겠다."

3. 미

1 예술작품에 선호되는 기하학적 자질들. G. Birkhoff, *Aesthetic measure*(Cambridge, MA: Harvard University Press, 1933); and S.. Smee, "Is beauty a matter of mathematics?" *Boston Globe*, February 22, 2009.

2 두 사람의 예술적 기호 조사. Wypijewski, ed., *Komar and Melamid's guide to art*(Berkeley and Los Angeles: University of California Press, 1999).

3 미적 기호에 대한 진화론적 접근법들. E. Dissanayake, *Homo aestheticus: Where art comes from and why*(Seattle: University of Washington Press, 1995); D. Dutton, *The art instinct*(New York: Bloomsbury, 2009); N. Etcoff, *Survival of the prettiest: The science of beauty*(New York: Anchor, 2000); S. Pinker, *The blank slate: The modern denial of human nature*(New York: Penguin, 2003); and "Why music? Biologists are addressing one of humanity's strangest attributes, its all singing, all dancing culture," *Economist*, December 20, 2008.

4 예술작품에 대한 생물학적 반응. I. Biederman and E. Vessel, "Perceptual pleasure and the brain," *American Scientist*(May-June 2006): 249-255.

5 문화에 따라 각기 다른 객체와 인공물을 드높이는(valorizing) 현상. G. Robb, *The*

discovery of France(New York: Norton, 2007); and O. Pamuk, *Istanbul: Memories and the city*(New York: Vintage, 2007).

6 그밖의 생물학적 설명들. D. Dutton, *The art instinct*(New York: Bloomsbury, 2009); and J. Tooby and L. Cosmides, "Does beauty build adapted minds? Toward and evolutionary theory of aesthetics, fiction, and the arts," *SubStance* (University of Wisconsin Press), no. 1/2 (issue 94/95): 6-27.

7 양식 대 악상. A. Schoenberg, *Style and idea: Selected writings*(Berkeley: University of California Press, 1984).

8 거울 뉴런. A. S. Byatt, "Observe the neurons: Between, above, below John Donne," *Times*(London), September 22, 2006.

9 Byatt의 주장에 대한 Tallis의 비판. R. Tallis, "License my roving hands: Does neuroscience really have anything to teach us about the pleasures of reading John Donne?" *Times Literary Supplement*(London), April 11, 2008. 또한 다음을 보라. R. Tallis, *The kingdom of infinite space*(New York: Yale University Press, 2009). 세 가치에 대한 신경과학적 연구 결과들의 적절성을 회의적으로 보는 또 다른 견해에 관하여 다음을 보라. S. Berker, "Can normative conclusions be wrung from neural bases?" Unpublished paper, November 20, 2008, Harvard University.

10 L. Fendrich, *Chronicle Review*, July 11, 2008, p. 22.

11 열린 개념. M Weitz, "The role of theory in aesthetics," *British Journal of Aesthetics* (September 1956).

12 예술미의 자질. N. Goodman, *Languages of art*(Indianapolis: Hackett, 1976) and *Ways of worldmaking*(Indianapolis: Hackett, 1978).

13 실험 미학. D. Berlyne, *Aesthetics and psychobiology*(New York: Appleton-Century Crofts, 1971); C. Martindale, *The clockwork muse: The predictability of artistic change*(New York: Basic Books, 1990); P. Silva, *Exploring the psychology of interest*(New York: Oxford University Press, 2006); and E. Winner, *Invented worlds: The psychology of the arts*(Cambridge, MA: Harvard University Press, 1982).

14 J. Adams, *Halelujah junction*(New York: Farrar, Straus and Giroux, 2008), p. 313.

15 개념 예술. A. Alberro and J. Stimson, *Conceptual art: A critical anthology* (Cambridge, MA: MIT Press, 2000).

16 발데사리의 이 작품은 원래 짧은 필름의 일부였다. 또한 다음을 보라. *John Baldessari—Pure Beauty*, Exhibition, New York Metropolitan Museum of rt, Fall 2010.

17 Arthur Danto의 이 말은 다음 책에서 인용했다. "Sitting with Marina," *New York Times*, May 23, 2010.

18 엘리엇 카터Elliott Carter. C. Rosen, "Happy birthday, Elliott Carter," *New York Review of Books*, March 12, 2009.

19 Mattew Barney. "His body, himself: Mattew Barney's strange and passionate exploration of gender," in C. Tomkins, *Lives of the artists*(New York: Holt, 2008).

20 1927년에 Miro는 "나는 그림을 암살하고 싶다."고 선언했다. 이 말은 2008년 뉴욕 현대미술관에서 열린 전시회 *Joan Miro: Painting and Anti-Painting, 1927-1937*의 주제가 되었다.

21 예술적 가치에 대한 경제학적 접근법. D. Galenson, *Painting outside the lines* (Cambridge, MA: Harvard University Press, 2002) and Artistic capital(London: Routledge, 2006).

22 새로운 미디어 형식으로 표현된 낡은 미디어의 친숙한 내용. M. McLuhan, *Understanding media: The extensions of man*(New York: McGraw-Hill, 1964).

23 구분에 대한 도전. P. Antonelli, *Design and the elastic mind*(New York: Museum of Modern Art, 2008).

24 흐릿해지는 경계. P. Galison, Comments on Howard Gardner's lecture on "Truth," Museum of Modern Art, November 25, 2008: W. T. Gowers, "Bridging the cultural divide: Art and mathematics review of conversations across art and science," *Science* 320(May 16, 2008); R. Kennedy, "Art made at the speed of the Internet: Don't say 'geek,' say 'collaborator,'" *New York Times*, April 19, 2010; M. Leslie, "An artist develops a new image—with aid of bacteria," *Science* 322(December 19, 2008); and D. Overbye, "Art and science: Virtual and real, under one big roof," *New York Times*, September 23, 2008.

25 학과, 예술, 기술의 구분. Gowers, "Bridging the cultural divide"; Leslie, "An artist develops a new image"; and Overbye, "Art and science."

26 벽 없는 미술관. A. Malraux, *The voices of silence*(Princeton: Princeton University Press, 1978).

27 Carla Peterson의 이 말은 다음 글에서 인용했다. C. La Rocco, "Say, just whose choreography is this?" *New York Times*, August 24, 2008, p. 25.

4. 선

1 우리의 도덕관념. M. Hauser, *Moral minds: The nature of right and wrong*(New York: Harvest, 2007); and R. Wright, *The moral animal*(New York: Vintage, 1995).

2 집단 크기. R. Dunbar, *How many friends does one person need? Dunbar's number and other evolutionary quirks*(London: Faber and Faber, 2010).

3 유아기의 선악 관념. P. Bloom, "The moral life of babies," *New York Times magazine*, May 9, 2010; and J. Kagan, The second year(Cambridge, MA: Harvard University Press, 1981).

4 역할 윤리. H. Gardner, ed., *GoodWork: Theory and practice*(Cambridge, MA, 2010). 인터넷에서도 볼 수 있다: http://www.goodworkproject.org/publications/books.htm.

5 J. Rawls, *A theory of justice*(Cambridge, MA: Harvard University Press, 1970/2005).

6 "굿 워크" 연구. L. Barendsen and W. Fischman, "The Good Work Toolkit: From theory to practice," in H.. Gardner, ed., *Responsibility at work*(San Francisco: Jossey-Bass, 2007); H. Gardner, *GoodWork: Theory and practice*; and H Gardner, M. Csikszentmihalyi, and W. Damon, *GoodWork: When excellence and ethics meet*(New York: Basic Books, 2001).

7 이 인터뷰에 관하여 다음의 사이트와 거기에 인용한 10권의 책을 보라. http://www.goodworkproject.org.

8 밈. S. Balckmore, *The meme machine*(New York: Oxford University Press, 2000).

9 굿 워크 장려. W. Fischman, B. Solomon, D. Greenspan, and H. Gardner, *Making good: How young people cope with moral dilemmas at work*(Cambridge, MA: Harvard University Press, 2004).

10 종교와 윤리적 행동. R. Wright, *The evolution of God*(Back Bay Books, 2010).

11 종교에 대한 공격. R. Dawkins, *The God Delusion*(Mariner Books, 2008); D. Dennett, *Breaking the spell*(New York: Penguin, 2007); S. Harris, *The end of faith*(New York: Norton, 2005); and C. Hitchens, *God is not great*(New York: Twelve Publishers, 2010).

12 범죄율과 세속주의의 관계. G. S. Paul, "Cross-national correlations of quantifiable societal health with popular religiosity and secularism in the prosperous democracies," *Journal of Religion and Society* 7(2005).

13 도덕적 자유. A. Wolfe, *Moral freedom: The search for virtue in a world of choice* (New York: Norton, 2002).

14 종교적 관점들의 중도 성향. Wolfe, Moral freedom; M. Mellman, "Another country," op-ed in *New York Times*, September 17, 2008; and R. Putnam and D. Campbell, *American grace: How religion divides and unites us*(New York: Simon and Schuster, 2010).

15 미국 젊은이들의 굿 워크 의식에 대한 연구. Fischman, Solomon, Greenspan, and Gardner, *Making good.*

16 희박한 윤리 의식. D. Callahan, *The cheating culture: Why more Americans are doing wrong to get ahead*(New York: Harvest Books, 2004).

17 "반성" 수업. W. Fischman and H. Gardner, "Implementing GoodWork Programs: Helping students to become ethical workers," Paper No. 59(2008). 온라인 goodworkproject.org.에서 볼 수 있다.

18 포스트모더니즘 주장들. C. Belsey, *Poststructuralism: A very short introduction* (New York: Oxford University Press, 2002); C. Butler, *Postmodernism: A very short introduction*(New York: Oxford, 2003); P. Gay, *Modernism: The lure of heresy from Baudelaire to Beckett and beyond*(New York: Norton, 2007); F. Jameson and S. Fish, *Postmodernism*(Durham: Duke University Press, 1991); G. Josipovici, *Whatever happened to modernism?*(New Haven: Yale University Press, 2010); G. Kitching, *The trouble with theory: The educational costs of postmodernism*(State College: Pennsylvania State University Press, 2008); and J.-F. Lyotard, *The postmodern condition*(Minneapolis: University of Minnesota Press, 1984).

19 학생의 부정행위. E. Rmiraz, "Cheating on the rise among high school students," *US News and World Report*, December 2, 2008.

20 청소년기의 도덕적 사고. L. Kohlberg, "Development of moral character and moral ideology," in M. L. Hoffman and L. Hoffman, eds., Review of child development research, Vol. 1(New York: Russell Sage Foundation, 1964).

21 굿 플레이 프로젝트. C. James et al., *Young people, ethics, and the new digital media: a synthesis from the Good Play Project*(Cambridge, MA: MIT Press, 2009).

22 Lori Drew와 Megan Meier. J. Steinhauer, "Arguments in case involving net and suicide," *New York Times*, November 19, 2008. 온라인에서 볼 수 있다. http://www.nytimes,com/2008/11/20/us/20myspace.html.

23 비극적인 이야기들. "Suicide of Rutgers freshman tied to webcast," *Los Angeles Times*, October 1, 2010.

24 "애퍼라트apparat." G. Shteyngart, *Super Sad True Love Story*(New York: Random House, 2010).

25 T. Hobbes, *Leviathan*, Part VI.

5. 희망의 첫 발

1 Alison Gopnik의 책들. A. Gopnik, *The philosophical baby*(New York: Farrar Straus and Giroux, 2009); and A. Gopnik, A. Meltzoff, and P. Kuhl, *The scientist in the crib*(New York: Harper, 2000).

2 전 세계 아동들의 일반적인 발달 과정. H. Gardner, *Developmental psychology* (Boston: Little, Brown, 1982) and *The unschooled mind*(New York: Harper, 2000).

3 태아에게 영향을 미치는 요인들. A. Paul, *Origins: How the nine months before birth shape the rest of our lives*(New York: Free Press, 2010).

4 원숭이와 아이들이 찾는 안락한 것들. H. Harlow, *Learning to love*(New York: J. Aronson, 1978).

5 욕구의 위계에 관한 Maslow의 논의를 보라. A. Maslow, *Toward a psychology of being*(New York: Wiley [1961] 1998).

6 고전적인 자기중심성 이론. J. Piaget, "Piaget's theory," in P. Mussen, ed., *Handbook* *of child psychology*, Vol. 1(New York: Wiley, 1970).

7 마음 이론. J. Astington, *The child's discovery of the mind*(Cambridge, MA: Harvard University Press, 1994); A. Leslie, "Pretense and representation: The origins of 'theory of mind,'" *Psychological Review* 94, no. 4(1987): 412-426; and J. Perner, *Understanding the representational mind*(Cambridge, MA: MIT Press, 1991).

8 증언 수용. P. Harris, "Trust," *Developmental Science* 10, no. 1(2007): 135-138.

9 대화의 규칙들. H. P. Grice, *Studies in the way of words*(Cambridge, MA: Harvard University Press, 1991); and J. Searle, *Speech acts: And essay in the philosophy of language*(Cambridge, UK: Cambridge University Press, 1970).

10 도움이 되는 어른에게 이끌림. J. Hamlin, K. Wunn, and P. Bloom, "Social evaluation by preverbal infants," *Nature* 450(November 22, 2007), pp. 557-559. 또한 다음을 보라. P. Bloom, "The moral life of babies," *New York Times* Magazine, May 9, 2010.

11 도덕성의 탄생. J. Kagan, *The second year*(New York: Basic Books, 1981).

12 인습과 도덕의 구분. E. Turiel, *The development of social knowledge*(New York: Cambridge University Press, 2008).

13 Lionel Bart의 Fagin 노래. Bart는 뮤지컬 *Oliver!*의 작곡가 겸 작사가다.

14 Melamid와 Kolmar. 이 책 3장의 논의를 보라. 또한 다음을 보라. E. Dissanayake, *Homo aestheticus: Where are comes from and why*(Seattle: University of Washington Press, 1995); D. Dutton, *The art instinct*(New York: Bloomsbury, 2009); N Etcoff, *Survival of the prettiest: The science of beauty*(New York: Anchor, 2000); S. Pinker, *The blank slate: The modern denial of human nature*(New York: Penguin, 2003); and "Why music? Biologists are addressing one of humanity's strangest attributes, its all singing, all dancing culture," *Economist*, December 20, 2008.

15 아이들(그리고 어른들)에게 즐거운 경험들. P. Bloom, *How pleasure works: The new science of why we like what we like*(New York: Norton, 2010).

16 본질주의자. Bloom, *How pleasure works; and S. Gelman, The essential child* (New York: Oxford University Press, 2005).

17 Bloom, *How pleasure works.*

18 반증 가능성. K. Popper, *The logic of scientific discovery*(London: Routledge [1959] 2002).

19 아이들이 믿는 틀린 생각. Gardner, *The unschooled mind.*

20 이해를 위한 교육 및 학습. H. Gardner, *The disciplined mind*(New York: Simon and Schuster, 1999); and S. Wiske, ed., *Teaching for understanding*(San Francisco: Jossey-Bass, 1997).

21 STEM 교양교육. C. P. Snow, *The two cultures and the scientific revolution* (Cambridge, UK: Cambridge University Press, 1960). 1959년 Reith Lectures에서 강의함.

22 건설적 관여. W. Damon, *Greater expectations*(New York: Free Press, 1996). 또한 다음을 보라. D. Meier, *The power of their ideas*(Boston: Beacon Press, 1995).

23 "명제 태도"로의 이동. D. Olson, *The world on paper*(New York: Cambridge University Press, 1996).

24 도덕성 발달과 교육. W. Damon, *The Moral child*(New York: Free Press, 1988) and *Greater expectations*(New York: Free Press, 1996).

25 아동의 예술적 발달. N. Freeman, *Strategies of representation in young children* (New York: Academic Press, 1980); A. Housen, *A review of studies on aesthetic education*(Minneapolis: American Association of Museums, 1996); M Parsons, *How we understand art*(New York: Cambridge University Press, 1989); and E. Winner, *Invented worlds: A psychology of the arts*(Cambridge, MA: Harvard University Press, 1982).

26 청소년기의 예술적 발달. H. Gardner, *Artful scribbles: The significance of Children's drawings*(New York: Basic Books, 1980).

27 정규 교육과 비정규 교육. Gardner, *The unschooled mind.*

28 가치를 인정받은 작품을 볼 기회. P. Antonelli, *Design and the elastic mind*(New York: Museum of Modern Art, 2008), 또한 이 책 3장에서 이 전시회에 대해 논의한 부분을 보라.

29 콜버그의 이론. L. Kohlberg, *Essays on moral development: The psychology of moral development*(San Francisco: Harper and Row, 1984). 또한 다음 책에 있는

관련 연구의 요약을 보라. E. Turiel, "The development of morality," in W. Damon, ed., *Handbook of child psychology*, Vol. 3(New York: Wiley, 1998).

30 H. Gardner, *The unschooled mind*(New York: Basic Books, 1999) and The arts and human development(New York: Basic Books, 1994).

31 H. Gardner, *Changing minds*(Boston: Harvard Business School Press, 2004).

32 정체성. E. Erikson, "Identity and the life cycle," *Psychological Issues* 1. no 1(1959).

33 청소년들의 새로운 디지털 미디어 사용. C. James, K. Davis, A. Flores et al., *Young people, ethics, and the new digital media: A synthesis from the GoodPlay project*(Cambridge, MA: MIT Press, 2009).

34 굿 워크 수업. H. Gardner, ed., *GoodWork: Theory and practice*(Cambridge, MA, 2010). 온라인에도 볼 수 있다. http://www.goodworkproject.org/publications/books.htm.

35 D. Keltner, *Born to be good: The science of a meaningful life*(New York: Norton, 2009); and S. Seider, "Social justice in the suburbs," *Educational Leadership* 66, no. 1(2008): 54-58.

36 확신에 찬 모든 진리 주장을 의문시함. W. Perry, *Forms of ethical and intellectual development in the college years: A scheme*(San Francisco: Jossey-Bass, 1998).

37 메타 인지. J. Dunlovsky and J. Metcalfe, *Metacognition*(Thousand Oaks, CA: Sage, 2008); and D. Kuhn, *Education for thinking*(Cambridge, MA: Harvard University Press, 2008).

38 위키피디아Wikipedia. J. Giles, "Special report: Internet encyclopedias go head to head," *Nature* 438(December 15, 2005), pp. 990-991.

39 해체된 세대. S. Seider and H. Gardner, "The Fragmented Generation," *Journal of College and Character* 10, no. 4(2009): 1-4.

6. 평생 학습

1 W. Shakespeare, *As you like it*, act II, scene vii, verses 157-166.

2 J. Piaget, "Piaget's theory," in P. Mussen, ed., *Handbook of child psychology*, Vol. 1(New York: Wiley, 1970).

3 후기 형식기적 사고. C. Alexander and E. Lander, eds., *Higher stages of human development*(New York: Oxford University Press, 1990); P Baltes, U. Lindenberger, and U. Staudinger, "Life span theory in developmental psychology," in R. M. Lerner, ed., *Handbook of child psychology*, Vol. 1(New York: Wiley, 2006); and M. L. Commons, F. A. Richards, and C. Armon, *Beyond formal operations: Late adolescent and adult cognitive development*(New York: Praeger, 1984).

4 청소년기 이후의 구조적 사고. K. Fishcer and T. Bidell, "Dynamic development of action and thought," in W. Damon, ed., *Handbook of child psychology*, Vol. 1 (New York: Wiley, 2006).

5 부상하는 성인기. J. Arnett, Emergent adulthood(New York: Oxford University Press, 2006); and R. Henig, "What is it about 20-somethings?" *New York Times Magazine*, August 18, 2010.

6 성인기의 "제3 단계." S. Lawrence-Lightfoot, *The third chapter*(New York: Farrar, Straus and Giroux, 2009).

7 이슬람 사회의 여성: Ayaan Hirsi Ali, *Nomad: From Islam to America. A personal journey through the clash of civilization*(New York: Free Press, 2010): and Z. Salbi, *Beyond two worlds: Escape from tyranny. Growing up in the shadow Saddam*(New York: Gotham Books, 2010).

8 "뜨거운" 사회와 "차가운" 사회. C. Lévi-Strauss, *Myth and meaning*(London: Routledge, 1999).

9 약한 유대와 강한 유대. M. Granovetter, *Getting a job: A study of contacts and careers*(Chicago: University of Chicago Press, 1995).

10 신경계의 가소성. S. Barry, *Fixing my gaze*(New York: Basic Books, 2010); N. Doidge, *The brain that changes itself*(New York: Viking, 2007); and J. Ledoux, *Synaptic self: How our brains become who we are*(New York: Penguin, 2003).

11 성공적으로 나이들기. R. Butler, *The longevity revolution*(New York: Public Affairs, 2008); and G. AcKhann and M. Albert, *Keeping your brain young*(New York: Wiley, 2002).

12 압도당하는 느낌. R. Kegan and L. Lahey, *Immunity to change*(Boston: Harvard

Business School Press, 2007), ch. 3.

13 종합을 위한 명령. H. Gardner의 *Five minds for the future* (Harvard Business School Press. 한국어판 제목; 미래마인드) 3장을 보라.

14 현대 세계에서 개인의 주체적 역할이 증가함. J. Hagel, J. S. Brown, and L. Davison, *The power of pull: How small moves, smartly made, can set big things in motion* (New York: Basic Books, 2010).

15 장기적인 예술적 흐름들. C. Martindale, *The clockwork muse: The predictability of artistic change*(New York: Basic Books, 1990).

16 취향과 39세. 다음에 묘사된 Robert Sapolsky의 저서를 보라. "Investigations, Open Season," *New Yorker*, March 30, 1998, p. 57.

17 청소년기 이후의 도덕성 발달. L. Kohlberg, *Essays on moral development: The psychology of moral development*(San Francisco: Harper and Row, 1984).

18 의사종분화 개념의 출처는 생물학자 Julian Huxley와 심리학자 Erik Erikson 등 여러 사람으로 추정되어왔다.

19 L. Barendsen and W. Fischman, "The GoodWork Toolkit: From theory to practice," in H. Gardner, ed., *Responsibility at work*(San Francisco: Jossey-Bass, 2007).

20 신경과학 분야의 윤리적 문제들. K. Sheridan, E. Zinchenko, and H. Gardner, "Neuroethics in education," in J Illes, ed., *Neuroethics: Defining the issues in research, practice, and politics*(New York: Oxford University Press, 2005); and H. Gardner, "Quandaries for neuroeducators," *Mind, Brain, and Education* 2. no. 4(2008): 165-169.

21 마태효과. 이 용어는 사회학자 Robert K. Merton이 만들었다. 다음을 보라. "The Matthew Effect in Science," *Science* 159(1968): 56-63.

22 무슬림 가장. U. Wikan, *Honor and agony: Honor killings in modern-day Europe*(Chicago: University of Chicago Press, 2008).

23 근본주의적 사고. H. Gardner, *Changing minds: The art and science of changing out own and other people's mind*(Boston: Harvard Business School Press, 2004).

24 생각 변화의 쉬움과 어려움. Gardner, *Changing Minds.*

25 "도덕적 상상력." R. Wright, *Nonzero*(New York: Vintage, 2001); and *the evolution of God*(New York: Little, Brown, 2009)

26 촘스키의 경계심. N. Chomsky, 2007년 12월 Harvard Graduate School of Education에서 Howard Gardner가 진행한 인터뷰.

27 A. Camus, *The myth of Sisyphus and other essays*(New York: Vintage, 1991).

28 생애 말년. E. H. Erikson, *Childhood and society*(New York: Norton, 1963).

7. 우리는 어떤 삶을 살아야 하는가?

1 세 존재의 거대한 사슬. A. O. Lovejoy, *The great chain of being: A study of the origin of an idea*(New York: Harper Torchbooks, 1936).

2 Franklin의 것으로 추정되는 이 인용문은 1908년 출간된 P. M. Zall의 *Ben Franklin, laughing*에 있다.

3 계몽운동 사상. E. Cassirer and P. Gay, *The philosophy of the Enlightenment* (Princeton: Princeton University Press, 2009); R. Nisbet, *History of the idea of progress*(Piscataway, NJ: Transaction Press, 1994); and R. R Palmer, J. Colton, and L. Kramer, *A history of the modern world*(New York: McGraw Hill, 2006).

4 Virginia Woolf는 1924년 에세이 "Mr. Bennett and Mrs. Brown."에서 이 말을 했다.

5 생물학적 접근법과 경제학적 접근법에 대한 참고문헌을 보려면 1장 미주에서 "생물학의 렌즈"와 "경제학의 렌즈" 항목을 보라.

6 우리의 의심스러운 합리성. D. Ariely, *Predictably irrational*(New York: Harper Perennial, 2010); R. Burton, *On being certain: Believing you are right even when you're not*(New York: St Martin's Press, 2009); B. M. Hood, *SuperSense: Why we believe in the unbelievable*(New York: Harper One, 2009); D. Kahneman and A. Tversky, eds., *Choices, values, and frames*(New York: Cambridge University Press, 2000); A. Newberg and M. R. Waldman, *Why we believe what we believe*(New York: Free Press, 2006); and S. Wang and S. Aamodt, "Your brain lies to you," *New York Times*, June 27, 2008.

7 2008년 금융위기. M. Lewis, *The big short: Inside the doomsday machine*(New York: Norton, 2010); R. Lowenstein, The end of Wall Street(New York: Penguin, 2010); S. Patterson, *The quants: How a new breed of math whizzes conquered Wall Street and almost destroyed it*(New York: Crown, 2010); R. Reich, *Aftershock*(New York: Knopf, 2010); and A. R. Sorkin, *Too big to fail*(New York:

Viking, 2009).

8 이 말의 출처는 프로이트가 Carl Jung과 Marie Bonaparte에게 보낸 편지들이라고 여겨진다. 또한 1930년에 출판된 프로이트의 저서, *Civilization and its discontents* (New York: Norton, 1969)에도 있다.

9 경제학에 대한 비판. J. Fox, *The myth of the rational market: A history of risk, reward, and delusion on Wall Street*(New York: Harper Business, 2009); P. Krugman, "How did economists get it so wrong?" *New York Times Magazine*, September 6, 2009; D. Leonhardt, "Theory and morality in the new economy," *New York Times Book Review*, August 23, 2009; S. Marglin, "Why economists are part of the problem," *Chronicle Review*, February 27, 2009; and D. Rushkoff, "Economics is not natural science," August 13, 2009, 온라인에서 볼 수 있다. http://www.edge.org/3rd_culture/rushkoff09/rushkoff09_index.html.

10 학과들의 결합. E. O. Wilson, *Sociobiology*(Cambridge, MA: Harvard University Press, 1975); and *Consilience: The unity of knowledge*(New York: Vintage, 1999).

11 인문학의 인기 감소. J. Engell and A. Dangerfield, *Saving higher education in the age of money*(Charlottesville: University of Virginia Press, 2005); A. Kronman, *Education's end: Why our colleges and universities have given up on the meaning of life*(New Haven: Yale University Press, 2008); and L. Menand, *The marketplace of ideas*(New York: Norton, 2009).

12 W. Chace, "The decline of the English department," *American Scholar*(Autumn 2009).

13 실험 철학. A. Appiah, *Experiments in ethics*(Cambridge, MA: Harvard University Press, 2008).

14 유명한 토론. P. Gordon, *Continental divide: Heidegger, Cassirer, Davos* (Cambridge, MA: Harvard University Press, 2010).